Willi Reschke

Unter Gottes Führung

Lebenserinnerungen

Zusammenfassung der beiden Titel
„Er hat die Fäden in der Hand"
und
„Allezeit in Gottes Händen"

Christliches Verlagshaus
Stuttgart

ABCteam-Bücher erscheinen in folgenden Verlagen:

Aussaat Verlag Neukirchen-Vluyn
R. Brockhaus Verlag Wuppertal und Zürich
Brunnen Verlag Gießen und Basel
Christliches Verlagshaus Stuttgart
Oncken Verlag Wuppertal und Kassel

Die Deutsche Bibliothek – CIP-Einheitsaufnahme

Reschke, Willi:
Unter Gottes Führung : Lebenserinnerungen ; Zusammenfassung der beiden Titel: „Er hat die Fäden in der Hand“ und „Allezeit in Gottes Händen“ / Willi Reschke. – Stuttgart : Christliches Verl.-Haus, 1996
(ABC-Team)
ISBN 3-7675-3547-5

Umschlaggestaltung: Dieter Betz, Weissach
unter Verwendung eines Fotos von Gerd Ulmer, Hemmingen
Gesamtherstellung: Druckhaus West GmbH, Stuttgart
ISBN 3-7675-3547-5

Vorwort

Ein Leben, das nunmehr durch Gottes Güte und seine Bewahrung dreiundachtzig Jahre dauern darf, zu überschauen und vor allem zu überdenken, das ist mehr als eine alltägliche Überlegung.

Je mehr man versucht, das Besondere zu sehen und zu überdenken, umso mehr kommt man aus dem Staunen nicht heraus. An und *in* dieser langen Zeit erkennt man eine wirkende Kraft, deren Handschrift von Jahr zu Jahr deutlicher wurde. Man könnte es kurz sagen: Von Jahr zu Jahr wurde das Eingreifen Gottes immer klarer.

Schon in der Kindheit gab es Augenblicke, in denen der Hinweis, daß Gottes führende Hand tätig werden wollte, deutlich wurde.

Eine schwere Krankheit – viele Jahre später ein Unfall, der zur völligen Erblindung führte – waren immer wieder deutliche Zeichen, die Gott setzte, und die dann endlich auch dazu führten, daß mein Leben in eine ganz andere Richtung lief.

Zwei Teile sind es, die in diesem Buch davon zeugen. Sie sind überschrieben mit: »Er hat die Fäden in der Hand« und »Allezeit in Gottes Händen«.

Wenn ein Mensch glaubt, nun haben sich alle wichtigen und wegweisenden Ereignisse abgespielt, nun hat mein Leben seine von Gott gewünschte Richtung erfahren, dann kann er erleben, so wie es mir ergangen ist, daß ihm noch so manches geschieht, was ihm neue Wegweisung gibt.

Entscheidend aber ist eines: Jesus Christus, unser Herr, will uns immer wieder deutlich machen, daß das Gespräch mit ihm nicht abreißen darf, denn nur so erhalten wir immer wieder die rechte Wegweisung. Und das kann nur durch die Gebetsverbindung mit ihm und zu ihm geschehen.

Gottes Führung will nicht nur einzelne Lebensabschnitte umfassen, sondern es geht ihm um alles, was uns bewegt und geschieht.

So kann – das will auch dieses Buch sagen –, solches Reden mit und zu Gott, sich nicht nur auf einzelne Vorkommnisse beschränken – nein –, Gott will, daß wir alles aus seiner Hand nehmen, daß wir alles seiner Führung anvertrauen. Wenn wir das tun, wenn wir uns dazu durchringen – und oft genug kann dies zu einem »Ringen« werden –, dann erfahren wir auch, wie wunderbar es ist, bei ihm geborgen zu sein und aus der Kraft zu leben, die uns Jesus schenken kann und will.

Dazu soll dieses Buch helfen.

Willi Reschke

Er hat die Fäden in der Hand

Das Versprechen

Es ist schon ein eigenartiges Gefühl, auf einer schmalen Bahre vor dem Eingang zum Operationssaal zu liegen, und auf das zu warten, dem man hilflos ausgeliefert ist: auf die Operation.

Bereits fünf Tage befand ich mich in einer Klinik in Wildbad inmitten des schönen Schwarzwaldes. Durch das Fenster meines Zimmers konnte ich zum Sommerberg hinaufsehen. In den ersten Tagen war er winterlich graugrün. Seit zwei Tagen hatte ihn der Winter in Weiß gehüllt, was ihm in dieser Jahreszeit auch zukam.

Jedesmal, wenn die Visite kam, gab es für mich das Rätselraten: Komme ich morgen dran oder immer noch nicht? Fünf Tage sind keine lange Zeit, aber wenn man warten muß, können sie sehr lang werden.

Endlich war es soweit. Am Abend vorher wurde ich auf dieses Ereignis vorbereitet. In der Sprache der Menschen einer Klinik bedeutet das so mancherlei und nicht unbedingt nur Angenehmes.

Die Vorgeschichte bis zu diesem Augenblick war verhältnismäßig einfach: Schon eine Zeitlang hatte ich kleine Beschwerden. Weil sie nicht allzusehr störten, wurden sie übersehen. Doch dann kam der Augenblick – es war kurz vor Weihnachten 1977 – da setzten plötzlich starke Schmerzen ein. Ein Hustenanfall beim morgendlichen Zähneputzen war der Anlaß. Die Weihnachtsfeiertage wurden für mich zur Qual. Wenn man bemüht ist, seine Angehörigen davon so wenig wie nur möglich merken zu lassen, wird es noch schlimmer. Die eigentliche Ursache der Schmerzen war aber weder mir noch meinem Arzt klar. Niemand ahnte, daß der Bruch, der sich im Laufe der Jahre herausgebildet hatte, so tief reichte, daß mir später der Chefarzt der Klinik »fahrlässiges Handeln« vorwarf.

Trotzdem zögerte ich den Augenblick der Entscheidung hinaus, weil ich eine Studienfahrt nach Ägypten vorhatte. Doch eines Tages, ich kam gerade von einer dienstlichen Fahrt nach Hause, ging es nicht mehr. Die Schmerzen waren zu stark.

In der Klinik hatte ich dann viel Zeit zum Nachdenken. Ich habe sie auch ausgiebig genutzt. Die ersten Vorbereitungen auf die Operation beanspruchten mich nicht allzusehr, doch wiesen sie deutlich auf den Augenblick hin, der mich auf den Operationstisch bringen würde. Ich war gar nicht damit einverstanden, daß die Ärzte so viel Zeit für diese Vorbereitungen verwendeten. Auf meine Fragen wurde mir immer wieder geantwortet, ich müßte erst einmal zur Ruhe kommen, äußerlich und innerlich. Hätte der Chefarzt damals schon gewußt, was er mir nach der Operation sagen mußte, die Vorbereitungszeit hätte noch viel länger gedauert.

Obwohl es nicht meinem Wunsch entsprach, hatte ich plötzlich viel Zeit zum Nachdenken. Meine Blicke gingen oft zum Fenster hinaus auf die gegenüberliegenden Höhen. Dabei wurden sie nicht nur äußerlich hinaufgezogen, sondern ebenso auch innerlich. Schon immer hatten die Berge auf mich eine solche Wirkung. Ganz anders ist es mit dem Meer. Die Weite, die man dort überblickt, gibt mir auch ein inneres weites Sehen.

Dieses Nachdenken in den Tagen vor der Operation glich einer Art Bilanz. Ich überdachte mein Leben und die vielen Ereignisse, die es enthielt. Menschen, die mir begegnet waren und die für mich bedeutungsvoll wurden; Erlebnisse, schwere und frohmachende, die meine Wegführung mitbestimmt haben. Und so nahm ich an einem Vormittag nach der Visite Kugelschreiber und Papier zur Hand und begann aufzuschreiben, was es an Besonderem in meinem Leben gegeben hat. Ich war selbst erstaunt, was da zusammenkam. Noch mehr aber bewegte mich, was ich im Vorwort angesprochen habe: Die Führung Gottes, die ich in meinem Leben so deutlich erkennen konnte. Das Auf und Ab, die Tage und Stunden der Freude sowie jene Zeiten, in denen Schweres und Allerschwerstes bestimmend waren, machten mir Gottes lenkende und begleitende Hand sichtbar.

Als die Zusammenstellung vor mir lag und ich glaubte, alles erfaßt zu haben, was in etwa von Bedeutung war, überkam mich ein großes Erstaunen. Zugleich bewegte mich der Gedanke: Das kann man doch nicht alles einfach dem Vergessen überlassen!

Wieder blickte ich hinauf zur Höhe des Sommerberges. Ganz deutlich waren die Stufen des Berges, die einzelnen Absätze, zu erkennen. In dem beginnenden Schneefall traten sie noch deutlicher als sonst hervor. Ich stand auf und öffnete die Balkontür. Eine kräftige, gute Luft strömte ins Zimmer herein. Ich atmete tief und faßte in diesem Augenblick einen Entschluß. Eigentlich war es mehr ein Versprechen, das ich mir, vor allem aber Gott gab: Sollte alles gut vorübergehen und ich dieses Haus wieder gesund verlassen dürfen, dann würde ich die Notizen verwenden, um über die wunderbaren Führungen Gottes in meinem Leben zu schreiben.

Nun lag ich vor der Tür des OP auf jener schmalen Bahre, auf die man mich von meinem Bett hinübergehoben hatte. Einen Augenblick war ich noch allein, doch bald würde der Narkosearzt kommen und dafür sorgen, daß ich in der nächsten Zeit weder etwas empfinden noch denken konnte. Jetzt aber konnte ich noch denken. Und ich dachte: Wie seltsam ist es doch, so liegen und darauf warten zu müssen, was sich in den nächsten Stunden abspielen würde, ohne daran selbst bewußt beteiligt zu sein. Die Ärzte und Gott – besser: Gott und die Ärzte waren jetzt die Akteure, ich selbst aber blieb ausgeschaltet. Ob ich danach wieder zu mir kam, lag allein daran, was Gott über mich bestimmt hatte.

Ich könnte natürlich von der Bahre springen und sagen: »Laßt mich in Ruhe! Ich will nicht operiert werden. Ich will nicht ohne Bewußtsein unter euren Händen liegen.« Aber was würde das helfen? Die Schmerzen kämen wieder, und alles würde noch viel schlimmer werden. Also mußte ich hier liegenbleiben und hinnehmen, was kommen würde.

Es ist schon eigenartig, so ausgeliefert zu sein. Aber dann dachte ich: Ausgeliefert bin ich ja nicht irgendeinem Arzt, der mir den Leib aufschneidet, sondern ihm, meinem Herrn und Gott. Wenn man auf einer solchen Bahre endlich soweit ist, dann geht der innere Blick nach oben, dann wird alles Denken zum Gebet. Es ist die letzte Übergabe des eigenen Willens an den, der bei der Operation auch die Hand des Arztes führen kann. Dieses Gebet war bei mir aber noch mehr: Es kam zur Wiederholung meines Versprechens, das ich mir im Rückblick auf mein Leben in diesen Tagen gegeben hatte: Ich werde es aufschreiben.

Und dann stand der Narkosearzt neben mir.

»Nun«, sagte er freundlich, »wollen wir?« Ich nickte nur. Was hätte ich auch anderes tun sollen? Er stach die Nadel in die Vene ein. »Jetzt werden Sie gleich einen Knoblauchgeschmack im Mund haben«, sagte er. Ich wollte noch antworten – aber da schlief ich bereits.

1.

Ich lief durch den Wald. Ich lief und lief und weinte dabei. Das konnte ich getrost tun, denn niemand sah und hörte es. Ich war ganz allein in dem Wald, einem wundervollen, herrlichen Kiefernwald, der sich viele Kilometer weit hinzog.

Irgendwo flog ein Eichelhäher auf und jagte mir mit seinem Ruf einen mächtigen Schrecken ein. Die Folge davon war, daß ich noch mehr weinte, noch heftiger und lauter. Und dann fiel ich hin. Ich stolperte über eine dicke Baumwurzel, die sich über den Waldweg schlängelte und fiel dabei seitlich in ein Kiefernadelbett. Mein Weinen wurde zum Wehgeschrei, denn ich hatte mir arg weh getan. Der ganze Jammer meiner Welt, in der ich lebte, brach über mir zusammen. Ich war neun Jahre alt.

Schon vier Wochen mußte ich hier leben. Hier – das war die Kinderstation der Heilstätte Belzig, einer Lungenheilstätte. Vier Wochen lang plagte mich das Heimweh, wie es wohl einen Menschen – noch dazu in diesem Alter – nicht härter packen kann. Daran änderten nichts die vielen anderen Kinder, die ebenfalls Tuberkulose hatten, auch nichts die Schwestern, die uns liebevoll betreuten, und ebensowenig das gute Essen, das in dieser schweren Zeit des Jahres 1921 nicht selbstverständlich war. Daran änderte auch nichts der Besuch meiner lieben Mutter, die das wenige Geld fast zusammenkratzte, um mich wenigstens einmal im Monat besuchen zu können. Im Gegenteil, dieser Besuch, der heute mittag zu Ende gegangen war, hatte alles noch schlimmer gemacht.

Ich hatte Tb, doppelseitige Lungen-Tuberkulose. Das wußte ich, es ließ sich auch nicht verheimlichen. Wegen dieser Krankheit mußte ich hier sein. Der Arzt hatte mir gesagt, daß es eine lange Zeit dauern würde.

Das war mir sogar verständlich, denn durch meine schwere Krankheit war ich reifer als andere Kinder in meinem Alter. Doch da gab es ein Erlebnis, über das ich einfach nicht hinwegkam. Darüber hatte ich heute früh mit meiner Mutter gesprochen. Und weil meine Mutter Lügen haßte, hatte sie mir bestätigen müssen, daß ich richtig gehört habe. Es ging um folgendes: Als sich nach mehrmaligem Lungenkatharr und einer schweren Lungenentzündung herausstellte, daß bei mir etwas »nicht in Ordnung« war, meldete meine Mutter mich zu einer gründlichen Untersuchung in einem bekannten Berliner Krankenhaus an.

Vorher nahmen wir als Familie an einer Hochzeit teil. Meine Eltern, meine sieben Jahre ältere Schwester und ich fuhren mit der Bahn nach Landsberg an der Warthe und von dort mit einem Fuhrwerk meines Onkels noch einige Kilometer über Land. Dort fand die Hochzeit einer meiner vielen Cousinen statt.

Bei der Hochzeit geschah es dann. Ich war sehr müde und schlapp. Immer wieder hatte ich schwere Rückenschmerzen und mußte mich ins Bett legen. Dann bekam ich eines Tages leichtes Fieber, und plötzlich mußte ich Blut spucken.

Als wir von der Hochzeit zurückkamen, ging meine Mutter mit mir zu der vorgesehenen gründlichen Untersuchung ins Krankenhaus. Einige Tage später erhielt der Hausarzt den Befund. Er bat uns zu sich.

Sicher, ich war schlapp, hatte keine Lust zum Essen und auch keine Freude am Spielen, aber mir war als neunjähriger Junge in keiner Weise klar, welche Bedeutung das alles hatte.

Mutter sprach mit dem Arzt. Immer wieder sahen mich beide an. Diese Blicke bedrückten mich, denn ich spürte in ihnen Mitleid, und das war mir unangenehm. Jeder hatte mit mir Mitleid; jeder fragte mich, wie es mir ginge, und das war mir gar nicht recht. Plötzlich bat mich der Arzt: »Geh doch ein wenig nach nebenan. Ich habe mit deiner Mutter noch etwas zu besprechen.«

Ich ging in ein anderes Zimmer. Da die Tür aber nur angelehnt und nicht geschlossen war, hörte ich mit meinen durch die Krankheit geschärften Ohren alles mit.

»Wir schicken ihn in eine Heilstätte«, sagte der Arzt zu meiner Mutter. »Aber, liebe Frau, Sie müssen damit rechnen, daß er nicht wiederkommt. Die Krankheit ist zu weit fortgeschritten. Wir können ihm nur Erleichterung verschaffen. Weinen Sie doch nicht, liebe Frau! Weinen Sie nicht, es geht in dieser schweren Zeit vielen Menschen so.«

Ja, das habe ich damals gehört, und heute früh hatte ich meine Mutter gefragt: »Mutti, muß ich sterben?« Da hat sie mich entsetzt angesehen und meine Frage abwehren wollen. Doch ich habe nicht nachgelassen und ihr erzählt, was ich vom Nebenzimmer des Arztes aus gehört habe. Und dann hat meine Mutter nur wortlos genickt. Sagen konnte sie wohl nichts.

Die Sonne fiel durch die Kronen der mächtigen Kiefern dieses herrlichen Waldes. Sie malte Kringel auf den Waldboden, auf dem ich lag. Ich aber weinte und schrie meine ganze Not in die Stille dieses Waldes hinein.

Erst gegen Abend bin ich zurückgelaufen. Zwei Schwestern kamen mir entgegen. Sie suchten mich und machten mir Vorwürfe über mein langes Fortbleiben. Doch dann sahen sie mein Gesicht und schimpften nicht mehr. Eine der Schwestern drückte mich fest an sich und führte mich in den Speisesaal, wo schon die anderen saßen und das Abendbrot einnahmen.

Zum Glück hatte ich gute Kameraden. Sie sahen, was mit mir los war und fragten mich nicht. Doch das Essen wollte mir nicht schmecken.

Am anderen Tag, es war ein Sonntag, nahm ich wie

sonst auch am Kindergottesdienst teil. Meine Mutter hatte das mit Schwester Hertha so ausgemacht.

Eine große Anzahl der Jungen und Mädchen von der Kinderstation wanderten durch den Park der Heilstätte zum Haupthaus. Dort war der Andachtsraum. Wir kamen an einem kleinen Teich vorbei, auf dem viele Enten schwammen. Ein buntschillernder Erpel stand immer wieder Kopf, um irgend etwas aus dem Wasser zu holen. Eine Weile blieben wir dort stehen. Ich mußte dabei denken: Das alles werde ich bald nicht mehr sehen. Wenn ich tot bin, sehe ich keine Sonne mehr, keinen schönen Park mit großen Bäumen und keinen Teich mit Enten.

Die Tränen stiegen mir in die Augen.

Später, beim Kindergottesdienst – ich weiß es noch so genau, als wäre es gestern gewesen – fiel mir etwas auf. Der Pfarrer, der zu uns sprach, sagte: »Alle Dinge sind möglich dem, der da glaubt.« Er erzählte uns die Geschichte von dem Vater, der wegen seines kranken Kindes zu Jesus kam (Markus 9). Bei mir blieben nur die Worte hängen: »Alle Dinge sind möglich dem, der da glaubt!«

Dieses Wort ging mir nicht mehr aus dem Sinn, ja, ich glaubte plötzlich, der Pfarrer hatte dieses Wort nur für mich gesagt. Das mußte doch etwas zu bedeuten haben! Dieser Jesus, von dem ich im Kindergottesdienst und auch von unserem Pfarrer in Berlin gehört hatte, der wollte mir nicht nur etwas sagen, er wollte mir auch helfen.

Mit neun Jahren denkt man ziemlich geradlinig, unkompliziert. Man kennt noch keine Umwege, kein Wenn und Aber wie später als Erwachsener. Darum glaubte ich in dem Augenblick, als ich die Geschichte mit den Worten Jesu hörte, sie gelten mir. Ich müßte nur glauben, und dann sei alles möglich! Das konnte für mich nur heißen: Ich brauche nicht zu sterben, ich werde meine Eltern nicht verlassen, ich muß nicht in ein tiefes Grab hinein – ich brauche ganz einfach nur zu glauben!

Der Nachmittag und Abend wurden mir an jenem Tag sehr lang. Als es soweit war, ging ich als erster in den Schlafsaal. Ich wollte allein sein, ganz allein, und mit diesem Jesus reden. Ich hatte es mir viel leichter vorgestellt, als es dann war. Meine Mutter betete jeden Abend mit mir: »Ich bin klein, mein Herz mach rein, soll niemand drin wohnen als Jesus allein.« Wenn ich noch nicht ganz müde war, dann betete ich auch: »Müde bin ich, geh zur Ruh. . . « Aber jetzt war es mit diesen Gebeten doch nicht getan! Das empfand ich als Neunjähriger sofort. Ich faltete meine Hände und wußte plötzlich nicht, was ich sagen sollte.

In der Erinnerung bekomme ich es heute kaum noch zusammen, was ich damals gestottert habe. Aber eins steht mir deutlich vor Augen: Fortan bat ich an jedem Abend und an jedem Morgen diesen Jesus, er möge mich gesund machen; denn er habe doch gesagt, daß alles möglich ist für den, der da glaubt.

Als ich nach etwa vierzehn Tagen zur nächsten großen Untersuchung vor dem Stationsarzt stand, schüttelte der alte Herr den Kopf. Ich wurde zum Röntgen gebracht, und auch dort machte man bedenkliche Gesichter. Ich muß das alles sehr genau beobachtet haben, denn ich fing an zu weinen. Weinend stand ich kurze Zeit später wieder vor dem alten Stationsarzt. Wir hatten ihn alle sehr gern, unsern guten Doktor. Es gab wohl kein Kind auf der Kinderstation der Heilstätte, mit dem er nicht schon tröstlich gesprochen hatte.

Mich nahm er an diesem Tag zwischen seine Knie, strich mir mit der Hand über den Kopf und sagte: »Du hast keinen Grund zum Weinen, Willi, nein, bestimmt nicht! Du solltest dich freuen. Vielleicht erlebst du tatsächlich noch eine ganz große Freude.«

Ich verstand das alles nicht so recht. Ich fühlte nur, daß seine Worte für mich etwas sehr Gutes bedeuteten. Sollte am Ende – ?

Als ich nach fast einem dreiviertel Jahr aus der Heilstätte entlassen wurde, schloß mich meine Mutter fest in ihre Arme.

»Junge«, sagte sie, »es sieht so aus, als wenn du wieder ganz gesund wirst.«

Ich wurde von der schweren Tuberkulose-Erkrankung geheilt. Ein Jahr später schickte mich unser Hausarzt noch einmal für vier Monate nach Belzig. »Sicher ist sicher!« sagte er. Danach war ich wirklich gesund.

Alles ist möglich dem, der da glaubt! Das habe ich zum ersten Mal als neunjähriger Junge erfahren.

2.

Sollte jemand meinen, ich wäre ein gutes, frommes Kind geworden, der irrt sich gewaltig. Nicht nur Erwachsene, auch Kinder können vergessen, was Gott ihnen Gutes getan hat.

Ich vergaß es – so gründlich wie nur irgend möglich. Das begann bereits bei meinem zweiten Aufenthalt in den Heilstätten von Belzig. Gerade dort fing eine böse Phase meines jungen Lebens an. Das kam so:

Als ich wieder in Belzig einzog – es waren inzwischen fast eineinhalb Jahre vergangen –, hatte ich schon meinen elften Geburtstag hinter mir. Ich fand, daß sich die Verhältnisse auf der Kinderstation erheblich geändert hatten. Es waren nicht nur andere Schwestern dort – auch unser guter alter Stationsarzt war nicht mehr da. Ich weiß nicht, ob er sich zur Ruhe gesetzt hatte oder gar gestorben war.

Auf der Kinderstation herrschte ein übler Geist. Dieser Geist ging ganz sicher nicht von dem Personal aus, den Schwestern und Ärzten, sondern von einer Clique Dreizehn- bis Fünfzehnjähriger, die die ganze Station terrorisierten.

Für mich sah das so aus: Ich traf gegen Abend mit noch zwei anderen Jungen ein. Während des Abendessens wurden wir von den anderen beobachtet. Wir hatten kaum unsere Sachen aus den Koffern in die Schränke verstaut, da wurden wir auch schon von etwa zehn Jungen in den nahen Wald gedrängt. Dort fielen sie über uns her. Wir sollten sagen, wer wir wären und was wir denken würden. Diese Jungen nannten sich Kommunisten und rühmten sich vor allem damit, gottlos zu sein.

Als ich in meiner Ahnungslosigkeit sagte, daß ich jeden Abend beten würde, ging es mir schlecht. Ich bekam meine ersten Prügel. Als ich zu schreien anfing, hielten sie mir den Mund zu und drohten mir das Schlimmste an, wenn ich der Schwester auch nur einen Ton von alledem erzählen würde.

In den folgenden Wochen wurde mir mein kindlicher Glaube regelrecht ausgeprügelt, bis ich endlich schwor, niemals wieder an Gott glauben zu wollen. Ich mußte mit den anderen all die Lieder singen, die sie fast täglich in die Stille des Waldes hineinbrüllten. Eines davon war die »Internationale«, deren Text ich seitdem nicht vergessen habe.

Die Schwestern und die Ärzte wußten von dem Treiben dieser üblen Clique. Aber sie wagten nicht, dagegen anzugehen, weil sie von der Leitung der Heilstätte wahrscheinlich keine Rückendeckung erhielten. Ich weiß es nicht genau.

Als ich nach vier Monaten wieder nach Hause kam und von dem allen erzählte – wobei ich stolz betonte, daß ich nun den Quatsch vom lieben Gott nicht mehr glauben würde –, schlug meine Mutter entsetzt die Hände über dem Kopf zusammen.

Vorkonfirmandenunterricht und danach der eigentliche Konfirmandenunterricht änderten nicht viel an meinem inneren Zustand. Ich habe zwar unseren Pfarrer Stövesandt, meinen Konfirmator, sehr verehrt – aber die Verehrung galt weniger seinem Glauben und dem, was er uns davon mitgeben wollte, als seiner imponierenden Erscheinung. Da gibt es ein Erlebnis, das ich nicht vergessen habe.

»Unser Pastor«, wie wir ihn nannten, lebte in einer kinderlosen Ehe. Das war wohl sein größter Kummer und der seiner prächtigen Frau, wie ich später erfahren habe. Alles, was mit diesem Thema zusammenhing, war für ihn besonders schmerzhaft.

In unseren Reihen gab es einen Dreckfink, dessen Schandmaul vor nichts halt machte. Er stammte aus einer Seitenstraße in Berlin – aus einem Milieu, von dem nichts Gutes zu erwarten war.

Eines Tages sprach unser Pastor über das sechste Gebot. Dabei erwähnte er, daß eine Ehe eigentlich erst dann die rechte Erfüllung finde, wenn Kinder geboren würden. Das war die Gelegenheit für unseren Dreckfink, eine unschöne, gemeine Bemerkung zu machen. Er tat es nicht gerade laut, aber doch so vernehmlich, daß unser Pastor sie hören mußte. Pastor Stövesandt stand einen Augenblick still. Er, der während des Unterrichts gern vor uns auf und ab ging, hielt plötzlich inne und blickte in die Richtung unseres Kameraden. Und dann schritt er ganz langsam, als käme er wieder zu sich, um die Sitzgruppe herum bis zu der Reihe, auf der jener saß, der die abfällige Bemerkung gemacht hatte. Ganz langsam, geradezu bedächtig packte er den Erschrockenen vorn an der Jacke, zog ihn zu sich hoch und versetzte ihm dann – beinahe im Zeitlupentempo –

zwei gewaltige Ohrfeigen, eine rechts und eine links. Danach wandte er sich um, ging wieder nach vorn und setzte den Unterricht fort, als wäre nichts geschehen.

Der Übeltäter aber wurde nach dem Unterricht von der ganzen Meute so sehr verprügelt, daß er es nie mehr wagte, in der Konfirmandenstunde eine dreckige Bemerkung zu machen.

Wenn sich im Konfirmandenunterricht in meinem Innern nichts rührte, dann lag es bestimmt nicht an unserem Pastor. In Belzig war zuviel erschlagen worden.

Bei der Konfirmation selbst wartete ich – seltsamerweise – auf ein Wunder. Mir war ganz feierlich zumute, und ich glaubte, nun müßte doch etwas Besonderes geschehen. Aber es tat sich nichts, und ich verließ enttäuscht das Gotteshaus.

Gott aber läßt einen Menschen, den er einmal ergriffen hat, nicht mehr los, auch wenn er noch so viele Irrwege geht. Ich habe dies später noch oft erfahren müssen, an mir selbst und an anderen Menschen. Gott geht dabei vielfach seltsame Wege. Mir stellte er meine Mutter in den Weg, die ich sehr geliebt habe.

Ich begann eine Lehre als Glasmaler mit der Spezialrichtung Glas-Ätzmaler. Für einen weiteren Schulbesuch langte nicht das Geld meiner Eltern. Heute ist das alles ja viel leichter. Aber damals, in den zwanziger Jahren, war ein Besuch der höheren Schule und ein späteres Studium nur dann möglich, wenn dies der Geldbeutel der Eltern hergab. Deshalb mußte man durch eigene Studien mühsam nachholen, was anders nicht möglich war. Ich habe es getan.

Wenn ich am Abend nach Hause kam – ich legte den langen Weg zu Fuß zurück, um das Fahrgeld zu sparen –, traf ich meine Mutter nach dem Essen sehr oft in der Wohnstube an, wo sie auf dem alten, gemütlichen Sofa in ihrer Bibel las. Wir wohnten in der Voßstraße, kurz vor der Ecke Wilhelmstraße, im fünften Stockwerk des Reichsverkehrsministeriums. Vor einigen Jahren waren wir aus dem Norden Berlins, vom Gesundbrunnen, hierher verzogen. Mein Vater war als kleiner Beamter in diesem Ministerium tätig, ganz auf der untersten Stufe der Hierarchie des Hauses. Sein Gehalt reichte gerade zum Notwendigsten. Für irgendwelchen Komfort blieb nichts übrig. Das höchste war die alljährliche Sommerreise, die sich meine Eltern gönnten und an der ich auch zweimal teilnehmen durfte. Später ging ich eigene Wege.

So einfach es in unserer Familie auch zuging – es war bei uns gemütlich, vor allem in jener Ecke des Wohnzimmers, in der meine Mutter abends so gern saß. Neben ihr, auf einer Decke – zur Schonung des Sofas – lag unsere Katze »Lotte«. Diesen Namen hatte sie von mir in Erinnerung an ein Mädchen, das ich als Vierzehnjäriger innig liebte, ohne je auf Gegenliebe gestoßen zu sein.

Mutter saß also sehr oft dort und las in ihrer Bibel, was zu ihren schönsten Feierabendbeschäftigungen gehörte. Wenn ich es rechtzeitig mitbekam, verdrückte ich mich. Doch manchmal gelang es mir nicht mehr, und ich stolperte in die Bibellesestunde meiner Mutter.

»Ach Willi«, sagte sie dann, »lies mir doch ein bißchen vor. Meine Augen wollen nicht mehr so recht.«

Ich wußte genau, daß die Augen meiner Mutter noch ziemlich gut waren, aber sie suchte nach einer Gelegenheit, mich wieder an die Bibel heranzubringen und darüber mit mir zu sprechen. Oft genug tat ich ihr den Gefallen und las ihr vor. Aber nach dem letzten Satz stand ich sofort auf und schützte etwas Dringendes vor, weshalb ich noch einmal weggehen müßte. Einmal jedoch gelang es mir nicht.

Als ich in die Stube kam, sah ich sofort, daß meine Mutter wirklich sehr müde und abgeschafft aussah. Sie sagte diesmal nichts, sondern blickte mich nur bittend an.

Ich habe meine Mutter sehr geliebt. Sie war es, die bei aller Genauigkeit und Korrektheit und bei den vielen Krankheiten, die sie durchmachen mußte, immer das ausgleichende Element in unserer Familie blieb. Gab es einmal mit Vater Krach, dann ging sie dazwischen, damit es nicht zu arg wurde. Hatte sich jemand weh getan, dann versuchte sie mit rührender Liebe, den Schmerz zu lindern. Stimmte etwas in der Familie nicht, dann konnte man es spüren, daß sie alles im Gebet vor Gott brachte und es auf ihrem Herzen trug.

Ich sah also, daß Mutter müde war. Das alte Bibelbuch lag auf ihrem Schoß, weil es ihre abgearbeiteten Hände nicht halten konnten.

Da ging ich zu ihr hin, nahm das Buch in die Hand und blickte sie fragend an. Sie zeigte auf den Abschnitt, den sie gern hören wollte, und ich las ihn laut vor.

Ich kann nicht mehr sagen, um welche Schriftstelle es sich gehandelt hat. Als ich aber auch diesmal nach dem Lesen sofort aufstehen und fortgehen wollte, hielt sie mich fest.

»Willi«, so ungefähr sprach sie, »Willi, du solltest mir das nicht nur vorlesen, du solltest darüber auch mit mir nachdenken.«

Ich schüttelte den Kopf.

»Wozu?« fragte ich. »Ich glaube nicht an das, was da steht. Ich kann dir diesen Gefallen leider nicht tun.«

»Das solltest du nicht sagen«, entgegnete meine Mutter. »Es ist Gottes Wort, und dieses Gotteswort hat auch für dich entscheidende Bedeutung.«

»Ich glaube nicht an deinen Gott«, sagte ich. »Kannst du mir sagen, wo er ist? Ich sehe ihn nicht. Ich kann nur an das glauben, was ich sehe.«

»Junge!« Meine Mutter blickte mich erschrocken an. »Versündige dich nicht. Auch du bist Gottes Kind.«

Ich schüttelte wieder den Kopf, nun schon ein bißchen heftiger.

»Weißt du«, sagte ich, »das ist etwas für alte Leute. Mir kannst du damit nicht mehr kommen, ich weiß es besser.«

Mit diesen Worten hielt ich unser Gespräch für beendet. Aber meine Mutter war noch nicht soweit, sie gab noch nicht auf.

»Als du klein warst«, sagte sie, »da haben wir immer miteinander gebetet. Ich würde das so gern auch jetzt wieder einmal mit dir tun. Lass' uns doch ein Vaterunser sprechen.«

In diesem Augenblick sprang ich entsetzt auf. Ich vergaß alle Liebe zu meiner Mutter. Wütend blickte ich sie an und sagte aus dieser Wut heraus auch die Worte: »Lass' mich zufrieden mit deinem Quatsch! Du kannst ja glauben und beten, was du willst. Meinetwegen rede in die leere Luft hinein, wenn du glaubst, daß es einer hört, aber laß mich in Ruhe, ein für allemal.«

Nach diesen Worten bin ich aus dem Zimmer gelaufen und habe die Tür hinter mir zugeschlagen. Vorher konnte ich noch sehen, obgleich ich es bestimmt nicht sehen wollte, daß meiner Mutter Tränen über die Wangen liefen.

Es wurde für mich ein böser Abend. Ich lief durch die Straßen, blind und taub für alles, was um mich her vor sich ging. Der abendliche Verkehr in der Leipziger Straße berührte mich genauso wenig wie die vielfältige bunte Lichtreklame am Potsdamer Platz. Ich lief die Stresemannstraße hinunter, die damals wohl noch Königgrätzer Straße hieß, lief durch die Anhalter Straße und stand unversehens an der Ecke Wilhelmstraße vor meinem Freund Werner.

Der hat mir gerade noch gefehlt, dachte ich. Im letzten Augenblick versuchte ich noch, an ihm vorbeizukommen; aber der »Dicke«, wie er im Freundeskreis hieß, hatte mich schon erwischt.

»Hoppla, was ist denn mit dir los?« wollte er wissen. Dabei hielt er mich am Jackenärmel fest.

Werner wohnte in dem Häuserblock zwischen Wilhelmstraße, Voßstraße und Leipziger Straße, in dem auch unsere Wohnung lag. Sein Vater war ebenfalls Beamter, nur daß er zum Preußischen Landwirtschaftsministerium gehörte. Wir kannten uns seit etwa zwei Jahren, gingen ab und an abends miteinander durch die Straßen und tauschten unsere Erlebnisse und auch unsere Briefmarken aus. Werner ging auf die höhere Schule, doch das war kein Hinderungsgrund für unsere Freundschaft, die von Monat zu Monat fester wurde. Dazu trug wesentlich ein Ereignis bei, das für uns beide nicht gerade erfreulich war.

Wir waren – wie schon gesagt – Briefmarkensammler und wagten es ab und zu, nach Dienstschluß in die Räume der höheren Ministerialbeamten zu gehen und in den Papierkörben nach Briefmarken zu stöbern, die achtlos weggeworfen wurden. Eines Tages erwischte uns der noch einmal zurückkommende Geheimrat für die Hausangelegenheiten des Reichsverkehrsministeriums. Sein geheimrätliches Entsetzen über solche Übeltäter war erheblich und die Standpauke, die wir uns anhören mußten, nicht von Pappe. Mit hochroten Köpfen zogen wir ab. Damit aber nicht genug. Der Herr Geheimrat ließ meinen Vater kommen und hielt auch diesem eine geharnischte Strafrede. Das wiederum reichte dazu, mit gleichzeitiger Weitergabe der Sache an den Vater meines Freundes, daß wir beide anschließend daheim nicht nur Krach, sondern auch erheblich gerötete Gesichtshälften hatten. Nun, das war unserer Freundschaft eher zuträglich und ließ sie nur noch fester werden.

Werner stand also vor mir und hielt mich an. Er hatte

sofort an meinem Gesicht gesehen, daß irgend etwas nicht stimmte.

»Was ist los« wollte er wissen. Und als ich nicht antwortete, blieb er einfach an meiner Seite und erklärte: »Dann gehe ich eben mit dir.«

Es dauerte nicht lange, da erzählte ich ihm alles und fügte zum Schluß den Satz hinzu: »Aber du bist ja auch so'n komischer Heini, der den ganzen Quatsch in der Bibel glaubt. Du gehst ja sogar in deinen frommen Verein.«

Werner, zwei Jahre älter als ich, ging nicht nur in einen von mir als fromm bezeichneten Verein, er leitete ihn sogar. Es war ein »Gemeinde – CVJM«, oder wie er sich damals nannte: der »Jungmännerverein der Dreifaltigkeitsgemeinde«. In diesen Verein wollte Werner mich schon lange mitnehmen, was ich bisher aber abgelehnt hatte.

»Du«, sagte er plötzlich, ganz von unserem Gesprächsthema abweichend, »wir brauchen einen Bücherwart für unsere Bibliothek.«

Ich sah den Freund zuerst kopfschüttelnd, dann aber doch ein wenig interessiert an.

»Was hast du gesagt, einen Bücherwart braucht ihr? Du willst mich damit ja bloß einfangen. Ne, mein Lieber, spare dir die Mühe!«

Doch Gottes Wege sind seltsam, auch die Umwege, die er mit uns geht. Einer dieser Umwege hieß für mich »Bücherwart im Ev. Jungmännerverein«.

Keine vierzehn Tage später gab ich dem Drängen Werners nach und sagte ihm zu. Der Grund: Ich las schon damals für mein Leben gern und hoffte auf die vielen Bücher, die ich nun zu betreuen hatte.

Natürlich gab es in diesem Verein auch noch anderes. Da waren die Spielabende, Diskussionen über mancherlei Themen, Wochenendfahrten mit und ohne Lagerfeuer und – die Bibelabende. An diesen mußte jedes Mitglied der Jungmännergruppe teilnehmen. Das war Pflicht, darin verstand mein Freund Werner keinen Spaß. Ich habe gemeutert, gewitzelt und gemeckert. Es half nichts, ich mußte mitmachen.

Und so kam es, wie es kommen mußte – eines Tages gab es den ganz großen Krach.

Wir saßen zur Bibelstunde versammelt. Eigentlich sollte das immer eine Gesprächs- und Arbeitsstunde sein, doch das gelang manchmal nicht. Mitunter hatte mein Freund Werner so viele Gedanken, die er uns sagen wollte, daß kein Gespräch zustande kam. An diesem Abend aber gab es eine Diskussion, eine sehr heftige sogar. Mein Freund hatte das Bibelwort aus dem Alten Testament gewählt, Psalm 50, Vers 15: »Rufe mich an in der Not, so will ich dich erretten, und du sollst mich preisen.« Ich hatte in diesem Augenblick keine Ahnung, daß es das Wort war, das für mein ganzes Leben entscheidend werden sollte. Statt dessen lachte ich laut und sagte: »So'n Blödsinn – so will ich dich erretten. Wer denn – wer will denn wen erretten?«

»Hier spricht Gott zu uns«, sagte Werner ganz ruhig. »Der Psalmsänger, der dies geschrieben hat, gibt seine Erfahrungen mit Gott wieder.«

Es entstand ein lebhaftes Gespräch, ein Hin und Her im Für und Wider. Dann meldete ich mich.

»Das ist doch idiotisch«, sagte ich. »Glaubt ihr wirklich, daß da einer ist, der es hört, wenn wir rufen? Für einen solchen Kinderglauben sollten wir uns doch zu gut sein. Wer es durchaus nicht lassen will, dem soll man seinen Glauben nicht nehmen. Aber es gibt heute doch andere Erkenntnisse, in denen der liebe Gott – wenigstens für mich – keinen Platz hat.«

Damit stand ich demonstrativ auf und wollte den Raum verlassen.

Es gab einen schweren Tumult. Bestimmt nicht alle in diesem Kreis waren der Meinung meines Freundes

Werner, aber noch nie hatte es einer gewagt, ihm so zu widersprechen.

Mein Freund blieb ruhig, wenigstens bis zum Schluß des Abends. Er bekam es sogar fertig, daß ich den Raum nicht verließ. Ich wartete etwas abseits, bis die anderen mit ihrer Bibelbesprechung fertig waren. Ich versuchte indessen, nicht hinzuhören, obgleich mir nach dem Tumult gar nicht froh zumute war. Später, auf dem Heimweg, hielt mir dann Werner eine Standpauke. Ich hatte sie erwartet und mich dagegen gewappnet. Unser Streitgespräch, das bis nach Mitternacht dauerte, wobei wir immer von einer Haustür zur anderen gingen, endete scheinbar unentschieden. Doch ganz zum Schluß, ehe wir auseinandergingen, sagte mir Werner etwas, das mir sehr nachging: »Ich hoffe, daß du nicht schon bald in eine Notlage kommst, in der du an dieses Wort denken mußt. Vielleicht möchtest du dann zu Gott um Hilfe schreien und kannst es nicht.«

Ein Jahr später machte ich zusammen mit meiner Schwester Urlaub. Beide liebten wir die Berge, und ich konnte mir damals für einen Urlaub nichts Schöneres vorstellen, als eine Wander- und Klettertour durch die Bergwelt der Alpen. Wir haben solche Partien mit und ohne Bergführer unternommen, was natürlich von der Schwierigkeit der Wanderung abhing.

Einmal ging es ins Ötztal. Ich kannte es bereits von einer früheren Ferienreise mit meinen Eltern, die sich den Urlaub nur deshalb leisten konnten, weil mein Vater als Beamter im Reichsverkehrsministerium Freifahrscheine bekam. Der Acherkogel und der Pieburger See waren uns vertraute Schönheiten, die wir sehr liebten.

Dieses Mal sollte es aber weiter hinaufgehen. Geplant war eine Wanderung durch das ganze Ötztal bis

Sölden. Von dort aus wollten wir hinauf zu einer bekannten Berghütte und dann über den Grat hinweg am Zuckerhütel vorbei hinüber ins Stubaital. Natürlich benötigten wir dazu einen schweren Rucksack, derbe Bergstiefel und den unentbehrlichen festen Stock. Bei schönstem Wetter kamen wir ganz munter und fidel bis zu einem Ort im mittleren Ötztal. Hier machten wir einen Tag Pause. Dieser Ruhetag aber wurde mir um ein Haar zum Verhängnis.

Aus irgendeinem Grund, den ich nicht mehr weiß, kam es am Abend in unserem Quartier bei einem der damals bekannten Bergführer des Tales zwischen meiner Schwester und mir zu einem Krach. Sie glaubte, im Recht zu sein, und ich glaubte das auch. Mit Zorn im Herzen gingen wir zu Bett. Der andere Tag sollte ein Ruhetag sein.

Mich ließ der Krach nicht zur Ruhe kommen. Mein Zorn über die von mir angenommene Rechthaberei meiner Schwester war zu groß, woran nicht zuletzt auch der Altersunterschied zwischen uns schuld war. Meine Schwester ist sieben Jahre älter als ich. Das aber kann ein Junge manchmal schwer verkraften.

Ich schlief in jener Nacht sehr schlecht und war bereits um vier Uhr morgens völlig munter. Als ich leise aufstand und zum Fenster hinausblickte, war es schon fast hell. Die Bergspitzen wurden von den ersten Strahlen der aufgehenden Sonne in ein rötliches Gold getaucht. Ich zog mich rasch an, schrieb auf einen Zettel ein paar Zeilen und verließ dann auf leisen Sohlen das Haus.

Am Tag zuvor hatten wir davon gesprochen, daß es schön sein müßte, auf einen der nahegelegenen Gletscher einen Abstecher zu machen. Die Entfernung zu dem kleinen Seitental war nicht groß, aber der Anstieg ziemlich steil und über das Gletscherfeld hinweg auch nicht ungefährlich. Die Gefahr lag vor allem in der Jahreszeit. Oft genug kommt es vor, daß in den Wochen nach Pfingsten die Sonne dort oben riesige Felsblöcke aus dem Berg sprengt, indem sie das Eis in den Felsspalten zum Schmelzen bringt, wobei sich eine Art »Gasdruck« entwickelt.

Fast mechanisch nahmen meine Füße den Weg dort hinauf. Ich traute mir zu, es zu schaffen und den Gletscher in dem verhältnismäßig engen Hochtal zu überwinden.

Der Anstieg bis zum nächsten, ganz in der Einödshöhe gelegenen Dörfchen dauerte gut zwei Stunden. Als ich die Häuser des winzigen Fleckens hinter mir hatte, blieb ich an dem Gatter, das die Bergwiesen abschloß, aufatmend stehen und wischte mir den Schweiß von Stirn und Hals. In dieser Höhe war es schon kurz nach sechs Uhr in der Sonne recht warm.

Ich blickte mich um. Was ich sah, ließ alle Mühe vergessen. Es war ein unbeschreiblich schöner Blick auf die blaue Tiefe des Ötztales und hinüber zu den anderen Bergen sowie in die Höhe zu den Gurgeler Gletschern. Ich wandte mich um und schätzte die Entfernung ab, die ich noch auf dem von mir vorgenommenen Weg zu steigen hatte. Noch einmal zwei Stunden oder mehr würde es dauern.

Ich bemerkte den Alten nicht, der im letzten Haus des Dörfchens am Fenster stand und mich beobachtete. Er wurde mein Lebensretter.

Bald stieg ich wieder steil bergauf. Am Ende der Bergwiese führte der Weg hinein in die Wand, die von dem Gletscherabbruch gebildet wurde. Dicht neben mir brauste der eisige Bach in die Tiefe, mich ab und an mit Spritzern überschüttend. Der Weg wurde zum schmalen Pfad, kaum noch erkennbar zwischen den mächtigen Felsbrocken, die der Gletscherbach öfter in die Tiefe stürzte. Oft mußte ich auf allen Vieren kriechen. Immer wieder einmal blieb ich stehen, um Atem zu holen und den wunderbaren Blick hinunter und nach oben zu den Gipfeln zu genießen. Endlich stand ich am eigentlichen Gletscherrand. Die letzten Felsen waren überwunden, vor mir dehnte sich das Gletscherfeld.

Ich muß dazu berichten, daß es der erste Gletscher war, den ich betrat. Bei allen bisherigen Bergwanderungen hatte ich so etwas noch nicht erlebt. Soweit ich sehen konnte – bis hin zu den Bergwänden, die den Gletscher begrenzten und bis zu dreitausend Meter hoch waren – nichts als blendendes, makelloses Weiß. Ich schloß einen Moment die Augen und versuchte dann, einen Weg über Schnee und Eis hinweg zu nehmen.

Natürlich hatte ich schon von gefährlichen und tükkischen Gletscherspalten gehört. Vor denen mußte ich mich bestimmt vorsehen. Wo sie sich aber befanden, und wie man sie erkennen konnte, das wußte ich nicht. Um keine Vorsicht außer acht zu lassen, hielt ich mich links und marschierte in der Nähe der dort aufragenden Bergwände entlang.

Ich hatte wohl schon die Hälfte des Gletschers hinter mir, da geschah es.

Diese sicherlich äußerst leichtsinnige Tour kam ja aus Trotz über den Krach mit meiner Schwester zustande. Ich wollte ihr einfach beweisen, daß ich es auch ohne sie konnte. Daß dazu nicht unbedingt ein Bergführer nötig wäre, wollte ich auch dokumentieren. Während des Steigens hatte ich diese Gedanken immer wieder in mir bewegt. Je höher ich aber kam, um so weniger dachte ich daran, denn die Großartigkeit der Bergwelt nahm mich ganz gefangen.

Und dann gab es einen Knall, den ich niemals vergessen werde. Er durchbrach die Stille mit einer solchen Gewalt, daß ich im selben Augenblick wie gelähmt dastand. Unwillkürlich ging mein Blick in die

Höhe über mir, von wo der Knall gekommen war. Da sah ich den Tod auf mich zukommen – in Gestalt eines gewaltigen Felsblocks, der über mir aus einer Höhe von etwa drei- bis vierhundert Metern herunterstürzte, genau auf mich herab. Ich war vor Schreck so gelähmt, daß ich mich nicht rühren konnte. Meine Füße schienen bewegungslos zu sein. Ich muß dann einfach zusammengerutscht sein und stürzte auf das Gletschereis. Den Kopf preßte ich so tief es ging auf das Eis und wartete auf den Tod.

Was in diesen Sekunden geschah, war mehr als seltsam. Mir ging es wie vielen Menschen, von denen ich gelesen hatte: Vor meinem inneren Auge zog in Bruchteilen von Sekunden mein bisheriges Leben an mir vorüber: Elternhaus und Familie, die Heilstätten in Belzig, der Streit mit meiner Mutter um das Beten, die Gespräche mit meinem Freund und der Krach über das Bibelwort in der Vereinsstunde – alles war dabei. Dazu kam ein unendliches Bedauern und ein klein wenig auch der Gedanke: Schade, nun ist es zu spät! Was jedoch zu spät war – dazu reichte mein Denken in diesen Sekunden nicht aus.

Es gab einen zweiten Knall, vielleicht noch schrecklicher als den ersten. Danach hörte ich ein mächtiges Poltern und Prasseln um mich herum in das Gletschereis hinein – und dann war es plötzlich wieder ganz still – so lautlos still, wie es nur dort oben sein kann.

Ich habe in diesen Augenblicken wohl geglaubt, daß es die Stille des Todes sei. Bald aber merkte ich, vor allem an der Kälte, die von dem Eis her in mir hochkroch, daß ich lebte. Es mußte etwas Außerordentliches geschehen sein, das mir das Leben gerettet hatte.

Vorsichtig, noch etwas ungläubig, blickte ich hoch. Und da sah ich es: Etwa hundert Meter über mir ragte aus der Wand eine große Felsnase heraus, auf der der Felsblock wohl aufgeschlagen und dann in viele Teile zersplittert war. Diese lagen weit zerstreut um mich herum.

Fassen konnte ich es noch nicht. Ich vermochte überhaupt keinen klaren Gedanken zu denken. Mechanisch richtete ich mich auf. Meine Benommenheit war noch so groß, daß ich das nächste Unheil erst viel später bemerkte. Ich stolperte einige Schritte voran, unwillkürlich hinab in Richtung des Tales – da merkte ich es. Ich sah nichts mehr. Mein Augenlicht versagte – richtiger ausgedrückt: die Sehkraft meiner Augen. Um mich herum war alles schwarz und finster. Schneeblind! Vergeblich griff ich in die Tasche meiner Jacke. Ich hatte die Sonnenbrille vergessen, ohne die man keinen Gletscher betreten sollte.

Jetzt erst griff das große Entsetzen nach mir. Hilflos mit dem Stock tastend, versuchte ich einige Schritte zu machen, um gleich wieder stehenzubleiben. Welches war denn die Richtung, die ich einschlagen mußte? Ich wußte es nicht. Wie kam ich von diesem Gletscher herunter? Ich wußte es nicht. Und wie bemerkte ich rechtzeitig die sich bei dieser starken Sonnenstrahlung öffnenden Gletscherspalten? Ich wußte nichts mehr. Nur das eine schien mir sicher: Ich war verloren. Nie mehr würde ich von dieser Höhe herunterkommen können, wenn ich nicht etwa bei einem nächsten Schritt in die Tiefe stürzte. »O Gott, hilf mir!« Das war mein Stoßgebet, seit Jahren das erste, das ich sprach oder auch nur dachte. Ich hockte mich hin, wo ich gerade stand, legte die Hände über die Augen und ließ den Tränen tiefster Erschütterung freien Lauf.

So haben sie mich später gefunden – der Bergführer, bei dem wir wohnten, und die Männer, die mit ihm aufgebrochen waren. Der Zettel, den meine Schwester beim Erwachen fand, alarmierte sie und die anderen Menschen im Hause. Bald danach brach die kleine Truppe auf. Durch unser Gespräch am Vortage konnte meine Schwester den Männern einen kleinen Fingerzeig geben. Als sie dann durch das Hochgebirgsdörfchen zogen, erhielten sie für die eingeschlagene Richtung die Bestätigung durch den alten Mann, der mich von seinem Fenster aus beobachtet hatte. Sie fanden mich unmittelbar vor einem Spalt hockend, der sich in dem Eis aufgetan hatte.

»O Gott, hilf mir!« hatte ich gedacht, dort oben in der schrecklichen Gefahr. Tiefe Dankbarkeit kam in mir auf, als mich die Männer mit einer nicht zu knapp bemessenen Strafpredigt über meinen Leichtsinn in Empfang nahmen. Es war eine Dankbarkeit, die in mir einen ersten Bruch verursachte in das Eis, das mein Herz seit Belzig gefangenhielt.

Ein erster Riß, mehr war es nicht. Aber dieser Riß bereitete alles auf das Erlebnis vor, mit dem Gott mich mehr als ein Jahr später packte und dann nicht mehr losließ.

3.

In dieser Zeit hatte ich angefangen, die Abendschule zu besuchen. Auch belegte ich Kurse an der Akademie für Bildende Künste. Mein besonderes Hobby war Portraitzeichnen, in dem ich es zur Freude meines verehrten Lehrers zu einer gewissen künstlerischen Fertigkeit gebracht hatte. In meinem Beruf war ich inzwischen so weit gekommen, daß ich der Abschlußprüfung ohne Bedenken entgegensah. Ich hoffte, sie mit »sehr gut« zu bestehen, was dann später auch so wurde.

Im Sommer nach dem Ereignis im Ötztal (wir hatten unsere Wanderung nicht abgebrochen, sondern unternahmen eine wunderbare Hochtour in Schnee und Eis, natürlich mit Bergführer), verreisten meine Eltern in den Urlaubstagen meines Vaters wiederum ins Gebirge. Meine Schwester und ich waren allein und schlugen uns – was die Verpflegung betrifft – recht und schlecht durch. Jeder von uns ging abends seine Wege. Ich verbrachte die meiste Zeit mit den Freunden, die alle zum Dreifaltigkeits-Gemeindeverein des CVJM in der Wilhelmstraße gehörten.

Es war an einem sehr heißen Tag. In der Werkstatt, in der ich nun das letzte Jahr lernte, gab es nicht allzuviel zu tun, was auf einen pünktlichen Feierabend hoffen ließ. Kurz nach der Mittagspause kam mein Chef zu mir und meinte, er habe für mich einen guten Auftrag. Es sei mehr ein Gefallen, den ich ihm, bzw. einer Ärztin tun sollte.

»Du fährst«, sagte er, »mit dem Bus zum Wedding und gehst dann in die Straße, in der die Ärztin bisher ihre Praxis hatte. Dort befindet sich unten neben der Haustür auf einem Holzrahmen ein Glasschild. Das schraubst du ab, gehst damit zwei Straßen weiter und bringst es auf einem schon vorhandenen Holzrahmen neben dem neuen Praxiseingang wieder an. Wenn du fertig bist, kannst du Feierabend machen.«

Das ließ ich mir nicht zweimal sagen. Wenn ich mich beeilte, gewann ich mindestens eine Stunde Zeit. Das bedeutete, ich konnte früher ins Schwimmstadion hinausfahren, wo sich am Spätnachmittag der Freundeskreis treffen wollte. Ich nahm meine Tasche, steckte einen Schraubenzieher ein und machte mich auf den Weg.

Alles klappte. Ich bekam sofort den rechten Anschluß und war bereits fünfundvierzig Minuten später vor der bezeichneten Haustür in einer kleinen Seitenstraße auf dem Wedding. Weil es hier nur wenig Durchgangsverkehr gab, war sie zu einer rechten Spielstraße für Kinder geworden. Ich setzte meine Mappe ab, nahm den Schraubenzieher heraus und machte mich an die Arbeit.

Zunächst schien alles gut zu gehen. Zwei Schrauben waren bereits entfernt. Doch die dritte wollte sich nur schlecht bewegen lassen, und am Ende ging sie weder links noch rechts herum. Wie gesagt, an diesem Tag war es sehr heiß. Ich wischte mir erst einmal den Schweiß von der Stirn und setzte dann wieder an. Vergeblich, die Schraube widerstand allen meinen Bemühungen. Sicher hatte der Rost daran schuld, der sich um die Schraube in dem Loch des Eichenrahmens gebildet hatte. Hier konnte nur eine Flachzange helfen. Leider hatte ich keine mitgenommen, denn mit einem solchen Fall war nicht unbedingt zu rechnen.

Langsam packte mich der Zorn. Ein Blick auf die Uhr zeigte mir, daß der erhoffte Zeitgewinn dahinschwand. Ich mußte also etwas tun, das der Sache ein Ende bereitete.

Zunächst versuchte ich es mit den Fingern, die Schraube zu lockern. Bald gab ich es aber auf, denn ich hatte mich an der scharfen Kante der Schraube gerissen. Ich nahm wieder den Schraubenzieher und klopfte mit dem Stiel von oben nach unten. Ich wiederholte es. Als auch das nichts nützte, drückte ich endlich mit aller Gewalt von unten her gegen das widerspenstige Stück.

Und da geschah es. Plötzlich gab es einen mächtigen Ruck. Ich bekam einen Schlag gegen den Kopf und stellte im gleichen Augenblick fest, daß ich völlig im Dunkeln stand.

In den ersten Sekunden, ehe noch der Schmerz einsetzte, war mir nicht klar, was da geschehen sein mußte. Dann aber spürte ich etwas Warmes über mein Gesicht laufen, und als ich zum Kopf griff, merkte ich erst, daß ich den Schraubenzieher nicht mehr in der Hand hielt und mir etwas Klebriges über die Wangen lief.

Ich griff noch einmal zu und fühlte entsetzt, daß der

Schraubenzieher in meinem rechten Auge steckte. Von diesem Augenblick an handelte ich wohl ohne Überlegung. Ich griff zu, riß den Schraubenzieher heraus, spürte, wie mir das Blut über das Gesicht rann, griff in die Hosentasche und preßte das Taschentuch über die Augen. Ich hörte, wie hinter mir ein paar Frauen entsetzt aufschrien.

Ich muß noch meine Tasche, die zu meinen Füßen lag, gegriffen haben und bin dann an den Häuserwänden entlang auf die nächste Straßenecke zugelaufen. Gesehen habe ich nichts, auch auf dem anderen Auge nicht. Ich habe nur mit einer merkwürdigen inneren Klarheit gewußt, daß sich gleich hinter der Ecke eine sogenannte »Rettungswache« befand, wie es sie damals in Berlin gab. Die hatte ich wohl bei meinem Herweg bemerkt.

Dort fiel ich dem diensthabenden Arzt in die Arme. Alles andere ging sehr schnell. Da der Rettungswagen gerade unterwegs war, wurde ich in Begleitung einer Schwester in ein Taxi gesetzt und zum Virchowkrankenhaus gefahren.

Die Fahrt dorthin war für mich furchtbar. Jäh packte mich die Erkenntnis, ich könnte blind sein und es für mein ganzes Leben bleiben. Der Arzt auf der Rettungswache war meinen diesbezüglichen Fragen ausgewichen. Er hatte die Augen und den ganzen Kopf verbunden und auf schnellsten Transport zur Augenstation des Rudolf-Virchow-Krankenhauses gedrängt.

Bin ich blind? Muß ich blind bleiben? Was soll mit meiner Arbeit werden? Einen Beruf, wie ich ihn erlernte, konnte man nicht ohne gute Augen ausüben. Sollte mein ganzes Leben verpfuscht sein? Dann würde es nicht nur um mich herum, sondern auch in mir dunkel sein. Diese Gedanken quälten mich auf der Fahrt und brannten wie Feuer in meinem Inneren.

Man nahm mich an der Pforte in Empfang. Der Arzt

der Rettungswache hatte bereits angerufen und mich gemeldet. Eine Schwester führte mich zur Augenstation, einem Pavillon im Park des Krankenhauses. Auch der Professor war verständigt worden und würde, wie mir die Schwester sagte, sofort kommen.

Endlich saß ich auf einem großen Behandlungsstuhl. Ich wurde fest angeschnallt, auch die Hände durfte ich nicht bewegen. Langsam wurde der Stuhl nach hinten gekippt, und dann spürte ich die kühlen Hände des Arztes auf meinem Gesicht. Während er vorsichtig den Verband löste, fragte er mich nach dem Hergang des Unfalls. Ich gab Antwort, so gut es mir möglich war. Meine Gedanken aber richteten sich ausschließlich auf die eine Frage: Bin ich blind?

Plötzlich spürte ich Wärme auf meinem Gesicht und den Einstich einer Spritze. Der Professor – daß es der Chef der Augenklinik selbst war, hatte ich aus der Unterhaltung zwischen ihm und den Schwestern herausgehört – hob mit irgendwelchen Instrumenten meine Augenlider ab, und dann – ja dann kam die Frage, auf die ich die ganze Zeit gewartet hatte: »Können Sie etwas sehen?«

Der Professor ließ mir Zeit für eine Antwort, fragte dann aber noch einmal: »Können Sie etwas sehen, auch wenn es nur ein kleiner Lichtschimmer ist?«

Ich wollte den Kopf schütteln, aber der war festgeschnallt, so mußte ich mit leiser, verzweifelt klingender Stimme antworten: »Nein, ich kann nichts sehen.«

»Bitte«, sagte der Professor, »bitte, strengen Sie sich noch einmal besonders an. Es ist wichtig, auch wenn es nur ein winziger Schimmer wäre.«

Wieder mußte ich verneinen. Danach hantierten der Arzt und die Schwestern eine Weile schweigend an meinen Augen, und dann wurde mir der ganze Kopf wieder verbunden.

Man richtete den Stuhl auf und schnallte mich los. In

diesem Augenblick griff ich zu. Meine Hände bekamen den Arztkittel des Professors zu fassen.

»Herr Professor, bin ich blind, muß ich blind bleiben?» Ich schrie es aus meiner Dunkelheit heraus dem Mann entgegen, der beinahe liebevoll versuchte, meine Hände von seinem Kittel, den ich in der Erregung zerrissen hatte, zu lösen.

Er nahm meine Hände fest in die seinen, hielt sie einen Augenblick und sagte dann: »Ich weiß es noch nicht. Ich will Ihnen nicht alle Hoffnung nehmen. Aber wie es aussieht, scheint nichts mehr zu machen zu sein. Es müßte ein Wunder geschehen, und an Wunder glaube ich nicht, mein Junge.«

Das hat damals der Professor zu mir gesagt, liebevoll und doch so nüchtern, daß mir alle Hoffnung schwand. Merkwürdigerweise traf mich am härtesten, daß er sagte: »Und an Wunder glaube ich nicht!«

Später erfuhr ich, dieser Professor war damals die erste Kapazität auf diesem Gebiet, ein Jude, der bald Schweres erdulden mußte. Ich habe ihn sehr gern gehabt, trotz der Härte, mit der er zu mir sprach. Ich liebte ihn geradezu, weil er bei aller Wahrheitsliebe so zart und gut sein konnte. Nun aber traf mich dieses Urteil wie ein Keulenschlag. Blind! Ein ganzes Leben lang blind!

Die Schwester, die mich hinausführte, mußte mich festhalten. Ohne ihre Hilfe hätte ich nicht gehen können. Außerdem setzte nun das Fieber ein.

Einige Minuten mußte ich auf einer Bank im Gang sitzen, als das Bett für mich gerichtet wurde.

Da saß ich nun. Über mich war das Urteil gesprochen. Mein Leben war im Grunde zu Ende, auch wenn ich noch weiter lebte. Mein geliebter Beruf – was sollte aus ihm werden? Die Verzweiflung kam in mir hoch. Das konnte doch nicht das Letzte sein! Es mußte doch noch einen Ausweg aus diesem schrecklichen Zustand geben. Meine Eltern kamen mir in den Sinn, die im Urlaub waren und nicht ahnten, was mit mir geschehen war. An meine Schwester dachte ich, die heute abend vergeblich auf mich warten würde. Meine Freunde, mein Verein. Halt! Da war doch etwas, das ich gehört hatte. Einige Zeit war es schon her, aber jetzt kam es mir ganz deutlich in den Sinn: »Rufe mich an in der Not, so will ich dich erretten, und du sollst mich preisen!«

Wer hatte das gesagt? Werner? Nein, der Mann aus der Bibel, aus dem Volk Israel. »Rufe mich an in der Not!« Ich war doch in Not, in einer furchtbaren Not.

»Hier hilft nur ein Wunder«, hatte der Professor gesagt, doch er selbst würde an kein Wunder glauben. Aber galt das auch für mich? Konnte ich nicht an ein Wunder glauben? Ich mußte nur – ja, was denn? Ich mußte nur Gott anrufen. Wie denn? Hatte ich dazu noch ein Recht nach allem, was Gott an mir getan und was ich nicht beachtet hatte? Würde er nun, da ich in solch einer schrecklichen Not war, mein Rufen hören?

Aber plötzlich schob ich alle Fragen beiseite. Das Wort mußte doch stimmen, sonst würde es nicht in der Bibel stehen. Also konnte ich mich auch darauf verlassen und Gott anrufen.

Unwillkürlich fanden sich meine Hände zusammen, sie verkrampften sich, und ich flüsterte: O Gott, wenn du da bist, und wenn das wahr ist, was in der Bibel steht, dann mußt du mir jetzt helfen, du mußt, hörst du!«

Ich habe wohl die Zeit hindurch auf dem Flur allein gesessen, denn es gelang mir, ohne daß es jemand bemerkte, den Verband vom Kopf zu reißen, bis auch die Augen frei waren. Verzweifelt starrte ich in die Gegend. Ich mußte sehen! Es mußte doch so sein!

Aber ich sah keinen Schimmer. In diesem Augenblick brach alles in mir zusammen. Der ganze Trotz, der in mir steckte, die zornige Verzweiflung des »Gott, du mußt!« Ich sackte auf der Bank in mich zusammen und konnte nur stammeln: »Ach lieber Herr, wenn du da bist, wenn du dieses Wort den Menschen hast sagen lassen – dann bitte, bitte, dann hilf doch auch mir in meiner furchtbaren Not!«

Danach muß ich die zweite Dummheit begangen haben, eine Dummheit aber, die mir mein erschütternstes Erlebnis brachte. Irgendwie muß es mich gepackt haben, denn zugleich mit meinem Beten, das mehr ein Betteln vor Gott war, streifte ich noch einmal den Verband zurück, zog die dick verschwollenen Augenlider gewaltsam auseinander und schrie plötzlich laut auf. Immer wieder schrie ich es in die Stille des Ganges, in dem ich saß: »Ich sehe! Ich kann sehen! O Gott, ich kann doch sehen!«

Die Schwester kam aus dem Zimmer gelaufen, in dem sie mein Bett richtete. Sie stand entsetzt vor mir und wollte mir die Hände vom Gesicht reißen, aber ich ließ einfach nicht los und schrie immer wieder: »Ich sehe! Ich kann sehen!«

Was ich sah, war nichts anderes als ein schwacher Lichtschimmer, der mal heller mal dunkler wurde. Es waren die Blätter der Bäume vor dem Fenster draußen im Park, die sich bewegten.

Da ich mit meinem Schreien nicht nachließ und es der Schwester nicht gelang, mir den Verband wieder anzulegen, lief sie davon, um den Arzt zu holen. Sie hatte Angst, ich könnte bei der schrecklichen Wunde eine Blutvergiftung bekommen.

Der Professor, der noch bei einem anderen Patienten in der Nähe war, kam sofort herbei und stand kopfschüttelnd vor mir. Auch er hörte, was ich sagte, aber glaubte es wohl nicht.

Ich vernahm deutlich, wie er sich an die Schwester

wandte mit den Worten: »Das ist nicht möglich, das ist einfach nicht wahr!«

Da ich aber mit meiner Behauptung, ich könnte wirklich etwas sehen, nicht nachließ, trat er hinter mich und hielt mir die Hand vor die Augen, um sie gleich darauf wieder fortzunehmen. Da er die Hand so weit abhielt, daß ich sie nicht fühlen konnte, mußte er bald feststellen, daß ich wohl doch einen Lichtschimmer wahrnahm.

Kurze Zeit später saß ich noch einmal auf dem Operationsstuhl. Der große Reflektor über mir war eingeschaltet, und der Professor mußte auch hier feststellen, daß im Gegensatz zur ersten Untersuchung die Augen trotz der schweren Verletzung durch den Schraubenzieher, der schräg in den Kopf eingedrungen war, eine gewisse Lichtempfindlichkeit zeigten. Wieder erhielt ich Spritzen, und ein neuer Verband wurde angelegt. Dann wurde ich zu Bett gebracht. Da man mir Beruhigungsmittel gegeben hatte, schlief ich bald ein. Erst am späten Abend erwachte ich wieder, aber nur für kurze Zeit. Weil ich nichts sehen konnte, mußte sich meine Schwester, die man auf Grund meiner Aussagen gerufen hatte und die nun an meinem Bett saß, selbst bemerkbar machen. Sie weinte leise und beklagte mein schreckliches Unglück. Ich tastete nach ihrer Hand. Irgendwie war in mir tiefer Friede, auch wenn mir noch niemand hatte sagen können, ob meine Augen wieder die volle Sehkraft erlangen würden.

Die nächsten Tage verbrachte ich in einer Art Dämmerzustand. Das Fieber stieg hoch, und ich muß viel phantasiert haben. Die Stationsschwester erzählte es mir später. Dabei wiederholte sich immer wieder der eine Schrei: »Ich kann sehen!«

Dann kamen Tage des Nachdenkens. In einer seltsamen Klarheit wußte ich, daß mit mir durch den Unfall nicht nur rein äußerlich etwas geschehen war. Fünf

Wochen können eine lange Zeit sein, wenn sie mit Schmerzen erfüllt sind. Mein Gesicht und vor allem meine Augen taten mir sehr weh. Fünf Wochen in totaler Dunkelheit dauern noch viel länger. Dazu kam immer wieder die Frage: Werde ich wirklich wieder sehen können, um meinen Beruf, für den ich gute Augen brauchte, auch weiterhin ausführen zu können?

Eins aber bestimmte diese Zeit der Dunkelheit ganz besonders: Ich lernte beten. Es war nun kein Betteln mehr wie in jener Stunde höchster Not. Es wurde zu einem vertrauensvollen Reden mit Gott, in dessen Hände ich mich legte, ganz ergeben seinem Willen.

Das war aber gar nicht so einfach. Es gab Stunden, in denen das vor meinem inneren Auge stand, was Gott mir Gutes getan hatte: Gesundung von der schweren Lungentuberkulose, das Erlebnis auf dem Gletscher in fast dreitausend Metern Höhe. Mich quälte die Erinnerung an jene Stunde im Jungmännerkreis, in der ich nichts als Hohn und Spott hatte für den, auf dessen Barmherzigkeit ich mich nun ganz und gar geworfen wußte, und mich drückte der Widerstand gegen die Güte und Liebe meiner Mutter.

Wie oft habe ich in diesen Stunden und Tagen gebetet: »Herr, vergib mir! Laß mich nie wieder so werden wie vor diesem schrecklichen und doch so heilsamen Ereignis! Mache aus mir einen neuen Menschen!«

Aber es gab auch noch andere Gedanken, die mich je länger desto mehr quälten.

Was sollte werden, wenn ich aus dem Krankenhaus entlassen wurde und wirklich wieder sehen konnte?

»Rufe mich an in der Not, so will ich dich erretten, und *du sollst mich preisen!*«

Diese letzten vier Worte des Psalms trieben mich innerlich um. Konnte nun alles so bleiben, wie es bisher war? Sollte ich also meine Lehre beenden und dann in meinem Beruf arbeiten? Oder bedeutete das Wort, daß ich einen anderen Weg einschlagen mußte, zum Lobpreis Gottes?

Mir wurde klar, daß sich in meinem Leben einiges ändern mußte. Es konnte doch nicht sein, daß Gott mir immer wieder in einem besonderen Ereignis begegnete, und alles blieb beim alten!

Es kam der große Tag, an dem sich herausstellen sollte, ob an mir und meinem Leben wirklich ein Wunder geschehen war, ein Wunder, das auch äußerlich durch neues Sehenkönnen sichtbar wurde.

Inzwischen hatte ich schon hin und wieder das Bett verlassen dürfen. Meine »Zimmergenossen« nahmen sich dabei meiner an. Lange dauerten diese »Ausflüge« sowieso nicht. Einmal deshalb, weil sie mich trotz aller Hilfestellung sehr anstrengten, und zum andern darum, weil es der Professor nicht wollte. Er meinte, je mehr Ruhe im Liegen ich hatte, desto bessere Heilungsmöglichkeiten bestanden.

Aber dann war der entscheidende Tag da. Gleich nach der morgendlichen Visite wurde ich in das Untersuchungszimmer geführt. In der Zwischenzeit war der Verband zwar erneuert worden, doch das hatte auf Anordnung des Professors nur in einem dunklen Raum geschehen dürfen, und ich mußte dabei die Augen fest geschlossen halten. So hatten weder ich noch der Professor und die Schwestern eine Ahnung, was geschehen würde.

Endlich war der Verband entfernt. Ich wagte es nicht zu glauben, trotz aller Zuversicht – aber ich meinte eine seltsame Helligkeit zu empfinden.

»Öffnen Sie die Augen!« sagte der Arzt. »Die Wunden scheinen gut verheilt zu sein, Sie müßten sie aufmachen können.«

Ich tat die Augen auf, um sie mit einem lauten Schmerzensschrei sofort wieder zu schließen. Das

Licht, das schreckliche, herrliche Licht verursachte einen stechenden Schmerz. »Bitte, die Augen aufmachen!« kam wieder die Stimme des Professors. Dabei drehte er den Stuhl, auf dem ich saß, nach einer anderen Seite. Wieder hob ich die Augenlider, ganz vorsichtig. Und da sah ich sie: den Arzt, die beiden Schwestern und – ein Bild an der Wand. Ich konnte wieder sehen, auch wenn es noch sehr weh tat und ein dünner Schleier vor meinen Blicken lag.

»Herr Professor, Herr Professor«, stammelte ich, »ich kann sehen, ich kann wirklich wieder sehen.«

Ich mußte noch viele Tage Geduld haben, aber mit jedem Tag durfte ich länger ohne die schützenden Binden sein und später sogar ohne die dunkle Brille.

Inzwischen hatten mich meine Eltern besucht, die von der Reise zurückgekehrt waren. Auch meine Freunde durften kommen. Und dann kam der Tag der Entlassung. Ich konnte ihn kaum erwarten. Vorher hatte ich viele Male im Gang auf jener Bank gesessen, auf der das Neue in meinem Leben begonnen hatte. Hier dankte ich Gott für das Wunder, das geschehen war. In dieses Dankgebet hinein kamen immer mehr Gedanken an eine neue, ganz andere Zukunft.

Zunächst aber mußte ich dem Professor auf Wiedersehen sagen. Ich saß vor seinem Schreibtisch und blickte den Mann erwartungsvoll an, der sich immer wieder mit einer so großen Zartheit seiner Hände um mich bemüht hatte.

Er muß wohl gespürt haben, daß ich auf ein besonderes Wort von ihm wartete. Plötzlich sagte er: »Ja, mein Junge, nun dürfen wir Sie entlassen. Sie können gesund nach Hause gehen. Die Schmerzen, die Sie noch ab und zu haben werden, sind ohne Bedeutung. Die Schwellungen sind zurückgegangen, der Bluterguß, der noch zu sehen ist, wird eines Tages auch ganz verschwinden. Eines aber muß ich Ihnen sagen. Vor Wochen, als Sie zu mir kamen, habe ich Ihnen etwas gesagt, das ich trotz allem, was ich mit Ihnen erlebt habe, nicht zurücknehmen kann. Ich glaube nicht an Wunder, ich glaube überhaupt nicht und muß doch sagen, an Ihnen ist ein Wunder geschehen! Für mich als Arzt gibt es keine Erklärung dafür, daß Sie wieder sehen können.«

Das waren die Abschiedsworte des Mannes, der später so viel Schweres erleiden mußte. Durch »Zufall« habe ich einmal von seinem Schicksal gehört.

4.

Zunächst ging das Leben weiter wie bisher. Nein, nicht ganz. Meine Freunde spürten es, daß sich bei mir etwas gewandelt hatte. Ich nahm nicht nur wie selbstverständlich an den Bibelarbeiten teil, ich beteiligte mich daran auch durch Beiträge in der Diskussion, die nun nicht mehr negativ waren. Allerdings, ich hatte viel zu fragen, und mein Freund Werner mußte viele Abendstunden opfern, in denen wir von Haustür zu Haustür wanderten, oft bis spät in die Nacht hinein. Auch meine Mutter spürte die Veränderung. Sie vielleicht am meisten. Sie wußte es irgendwie, daß ich nun mit Gott redete und gar nicht mehr anders konnte.

Auch in meiner Werkstatt spürte man die Veränderung. Zwar hatte ich auch früher an dreckigen Witzen keinen Gefallen gefunden, die besonders am Montag kursierten. Jetzt aber erhob ich dagegen Einspruch oder setzte mich beim Frühstück oder zum Mittagessen abseits, wenn die angeblichen Wochenenderlebnisse die Runde machten. Es wurde nicht leichter für mich. Ich habe dadurch vieles einstecken müssen. »Was ist denn mit dir los? Bist du fromm geworden? Zier dich bloß nicht, du kommst schon noch dahinter! Dein frommer Verein hat dich wohl ganz verdorben!« Das waren einige Äußerungen, noch die harmlosesten.

Als ich dann aber meine Prüfung mit »sehr gut« bestand und das Stück, das ich zu arbeiten hatte, vom Verband sogar besonders ausgezeichnet wurde und mein Chef, der sonst die Ausgelernten sofort entließ, mich als Gehilfe behielt, wurden einige der Lästermäuler wieder still.

Für mich war das alles aber nicht entscheidend. Mich bewegte etwas ganz anderes, nämlich die Frage: Was soll nun werden?

In meiner Ratlosigkeit machte ich mich auf den Weg zu einem Mann, den ich zwar in seinem Äußeren und in der Art seines Handelns im Ostdeutschen Evangelischen Jungmännerwerk (so hieß das damals) nicht besonders respektierte, von dem ich aber den Eindruck hatte, daß er bei all seinen Mängeln ein von Herzen frommer Mann war. Ihm legte ich die Frage vor, die mich umtrieb: »Was soll ich tun? Gott hat mein Rufen gehört. Er hat mich aus meiner bitteren Not errettet. Wie kann ich ihm nun danken? Das Wort ›Du sollst mich preisen‹ kann doch nur einen besonderen Dank bedeuten.«

Der ältere Herr blickte mich lange schweigend an.

»Meinst du es wirklich ernst?« fragte er dann. »Hast du die Absicht, mit deinem Leben zu danken, oder soll es nur ein gelegentliches Dankeschön sein durch irgendeinen Dienst, den du mal übernimmst?«

Ich bestätigte ihm, daß es mir ganz ernst sei. Mir wäre klar, daß Gott mich gerufen habe – nicht nur einmal – und ich ihm nun Besonderes schulde.

»Nun gut«, sagte mein Gegenüber, »dann will ich dir auch einen nicht alltäglichen Rat geben.«

Ehe er es tat, erkundigte er sich nach meinen häuslichen Verhältnissen, nach meiner Schulbildung und noch manchem anderen. Als er erfuhr, wie sehr ich an meinem Beruf hing und daß ich mich durch eine Abendschule und Kurse an der Akademie weitergebildet hatte, machte er ein sehr nachdenkliches Gesicht.

»Ich fürchte«, sagte er endlich, »daß mein Rat dir weh tun wird. Er verlangt viel von dir. Ich könnte ja sagen, versuche dein Abitur nachzumachen. Durch deine bisherigen Abendkurse sollte dir das nicht allzu schwerfallen – und dann studiere und werde Pfarrer. Ich glaube aber, daß die finanzielle Belastung für deine Eltern zu groß wird. Darum will ich dir einen anderen Weg zeigen. Auch er ist lang, aber du wirst ihn besser gehen können: werde Diakon.«

Mein alter Freund hat mir dann alles gesagt, was ich über diesen Weg wissen mußte, um mir darüber klarzuwerden. Eins aber wurde mir schon während des Gesprächs deutlich: Sollte ich dem Rat folgen, dann hieße das, alles Bisherige abbrechen, das zu erwartende Unverständnis bei den Freunden und vor allem auch bei meinen Eltern zu überwinden und eine langjährige Ausbildung zu beginnen, von der ich bis zu diesem Augenblick so gut wie nichts wußte.

»Ich möchte dir noch etwas zu bedenken geben«, fuhr mein Freund fort. »Du hast mir erzählt, daß dich Gott nach deiner Meinung schon einige Male gerufen hat. Und du bist der Ansicht, daß dein letztes Erlebnis, dein schrecklicher Unfall, ein nicht zu überhörender Anruf ist. Gott hat dir dein Augenlicht wiedergeschenkt, und du willst ihm dafür mit deinem ganzen Leben danken. Nun gut, das ist alles recht. Wie steht es aber mit Jesus Christus? Welches Verhältnis hast du zu ihm? In unserem ganzen Gespräch hast du ihn nicht ein einziges Mal genannt.«

Mit diesen Worten wurde eine Stelle in meinem Innern getroffen, von der ich wußte, daß hier etwas noch völlig unklar war. Ich konnte auf seine Worte nur mit dem Kopf nicken.

»Das habe ich mir doch gedacht«, fuhr er fort. »Du mußt aber eins wissen: Gott wird in unserem Leben erst konkret, wenn wir uns der Person Jesu stellen. Um ihn müssen wir wissen, zu ihm müssen wir ja sagen, sonst ist das, was ich dir für deinen weiteren Lebensweg geraten habe, zu schwer.«

Wir haben noch lange miteinander geredet. Als ich dann heimwärts ging, hatte ich über vieles nachzudenken. Noch gab es in mir keine Klarheit, nur eins wurde mir durch dieses Gespräch deutlich: Einen Ruf Gottes hören, kann eine schwere Sache sein!

Über dieses Gespräch ging noch mehr als ein Jahr hin, ehe ich zu einem Entschluß kam. Mir lag daran, aus meinem Beruf nicht einfach wegzulaufen. Die Gaben, die ich auf dem Gebiet der Malerei und des Zeichnens hatte, waren nicht gering. Meine Weiterbildung hatte gezeigt, was ich leisten konnte. Auch sonst gab es vieles zu bedenken. Mir wurde immer deutlicher, daß mein ganzes Leben eine neue Richtung bekommen würde und der größte Teil dessen, was mir bisher lieb und wert gewesen war, zurückbleiben mußte.

Endlich fand ich den Mut, meiner Mutter meinen Entschluß mitzuteilen. Auf ihrem Gesicht spiegelten sich mehrere Empfindungen wider. Sie brachte dies auch in ihren Worten zum Ausdruck, die ich bis heute nicht vergessen habe.

»Junge«, sagte sie, »ich freue mich ja so, daß du dich für einen solchen Weg entschlossen hast. Aber, hast du auch alles gut bedacht? Und ist dir klar, was Vater dazu sagen wird?«

Sie strich mir mit der Hand über den Kopf und fügte hinzu: »Aber was du tun mußt, das sollst du auch tun! Davon laß dich nicht abhalten.«

Mein Vater war nicht einverstanden. Als ich es ihm durch einen Hinweis auf die schwere Wirtschaftskrise, in die auch mein Beruf hineingezogen wurde, leichter machen wollte, wandte er sich ab und meinte nur: »Mach, was du willst! Du mußt es wissen.« Später hat er dann zu allem wirklich von Herzen ja gesagt – aber erst sehr viel später.

In den nächsten Wochen hatte ich noch ein merkwürdiges Erlebnis.

Ich schrieb eines Abends die Bewerbung für die Diakonenausbildung. Vor mir hatte ich die Unterlagen aller Häuser, die dafür in Frage kamen. Dazu gehörte auch das Johannesstift in Berlin-Spandau. Meine Mutter blickte mir über die Schulter und meinte: »Du wirst doch nicht so weit fortgehen, wo du alles so schön in der Nähe haben kannst.«

Also schrieb ich nach Berlin-Spandau. Am nächsten Morgen sollte der Brief abgeschickt werden.

In dieser Nacht hatte ich einen merkwürdigen Traum. Da war irgend jemand, der stellte sich mir in den Weg. Er blockierte sozusagen den Weg in das Johannesstift. Statt dessen hörte ich ganz deutlich eine Stimme, die sagte: »Geh nach Neinstedt!«

Ich muß dazu sagen, daß ich keine Ahnung hatte, wo Neinstedt lag und was das für eine Einrichtung war. Als ich am anderen Morgen beim Frühstück saß, sagte ich zu meiner Mutter: »Mutti, ich gehe nach Neinstedt!«

Das gab in der Familie fast einen Aufstand. Auch meine Mutter verstand mich jetzt nicht mehr. Sie konnte nicht begreifen, daß ich mich für einen Ort entschied, der so weit von Berlin entfernt lag, wie ich inzwischen festgestellt hatte. Ich begriff es selbst nicht, aber ich mußte es tun. Irgend etwas trieb mich dazu. Heute weiß ich, daß mein Leben in vielen Dingen ganz anders verlaufen wäre, wenn ich nicht nach Neinstedt am Harz gegangen wäre. Es war für mich der richtige Weg, wenn auch kein leichter.

Vom Diakonenhaus der Neinstedter Anstalten bekam ich eine Antwort, in der es unter anderem hieß: »So möchten wir Sie bitten, sich am 1. Juni dieses Jahres in der Trinkerheilstätte Wilhelmshof bei Uchtspringe in der Altmark einzufinden. Wir halten es für gut, daß Sie dort eine Probezeit absolvieren. Dabei haben Sie die Gelegenheit festzustellen, ob der Beruf eines Diakons für Sie der geeignete ist, und auch wir können uns nach dieser Probezeit besser entscheiden, ob wir Sie zur Ausbildung aufnehmen können.«

In der Antwort des Johannesstiftes in Berlin, an das ich auf Bitten meiner Mutter doch noch geschrieben hatte, hieß es, daß man mich zur Ausbildung ab 1. April einstellen würde. Ohne Probezeit!

Es kostete noch einmal einen Kampf innerhalb der Familie und auch mit meinen Freunden. Doch ich blieb dabei: Ich gehe nach Neinstedt, das hieß also: zuerst nach Wilhelmshof.

Dort war es landschaftlich wunderschön. Die Letzlinger Heide ist ein Waldgebiet, wie es sie in Deutschland nur wenige gab oder noch gibt. Herrliche Kiefernwälder mit einem alten Baumbestand, dazwischen malerisch eingestreut Felder und Grünflächen – das alles nahm mich vom ersten Tage an gefangen. Die Arbeit dort und einige der Menschen, mit denen ich es jetzt zu tun hatte, weniger. Ein Teil der Trinkerheilstätte war nicht von Kranken besetzt und wurde zur Zeit für einen freiwilligen Arbeitsdienst des kirchlich-sozialen Dienstes der Landeskirche genutzt. Der Chef war ein Diakon. Ich selbst hatte als sein verlängerter Arm die jungen Männer des freiwilligen Arbeitsdienstes zu betreuen.

Das waren harte Burschen, damals 1932, und es war ein mehr als harter Dienst, der mir auferlegt wurde. Er begann morgens früh um fünf Uhr und ging für mich (nicht für die Arbeitsdienstler) bis mindestens zehn Uhr abends, meist wurde es Mitternacht. Alles, was gut lief, ging selbstverständlich auf das Konto des leitenden Mannes, alles was schief lief – und das war nicht wenig – ging auf mein Konto.

Mein Stübchen, das ich dort bewohnte, lag im Hauptgebäude unter dem Dach. Ich höre heute noch, obgleich es schon lange Zeit her ist, die Rufe meines Chefs um Mitternacht oder kurz vor fünf Uhr morgens, auch am Sonntag: »Willii, Williiii!«

Dann hieß es, wie ein geölter Blitz die Treppe hinab und vielleicht nichts anderes als einen Wasserhahn fester zudrehen, der in einem der Waschräume im Erdgeschoß tropfte. Ja, das war hart!

Hinzu kam eine scheußliche Furunkulose, die mich in dieser Zeit heftig quälte. Sie hat mir manche Nacht den schon knappen Schlaf genommen.

Als mich nach den ersten Monaten mein Vater besuchte – er war bestimmt kein weicher Mensch –, sagte er plötzlich: »Willi, willst du nicht wieder mit nach Hause kommen? Das hier ist doch eine zu harte Sache!« Ein solches Wort von meinem Vater hat mir von Herzen gut getan, aber nach Hause bin ich nicht gegangen. Ich mußte, ich wollte durchhalten!

Die politischen Wirren jener Zeit machten alles nicht einfacher. Unter den Arbeitsdienstlern gab es manche Schlägereien. Da sie ja freiwillig dort waren, konnte man jederzeit gehen, wenn einem irgend etwas nicht paßte. Das wiederum wäre aber auf mein Konto gekommen. Darum mußte ich mich durchbeißen, unter den vielen Radikalen, die es bei den jungen Leuten gab, und Hohn und Spott ertragen, den ich um meines Glaubens willen erhielt.

In jene Zeit fällt ein Erlebnis, das ich meinem nicht

gerade weichherzigen Chef verdanke. Wir hatten, was leider oft genug vorkam, eine Auseinandersetzung, bei der ich wie immer den kürzeren zog. In letzter Not versuchte ich mich bei diesem Streit mit einem Bibelwort zu verteidigen und – griff daneben. Als mein Chef fragte: »Wo steht denn das Wort?« konnte ich ihm nicht antworten. Das war ihm Anlaß zu der Bemerkung: »Du solltest die Bibel besser kennen. Ich würde dir raten, sie einmal ganz zu lesen, dann wirst du in Zukunft nicht wieder etwas Verkehrtes antworten.«

Leicht gesagt, meine Bibel lesen. Natürlich besaß ich eine Bibel, sogar eine sehr schöne in Leder gebunden, die ich mir letzte Weihnachten von meinen Eltern hatte schenken lassen. Wann aber sollte ich wohl darin lesen? Etwa zwischen vier und fünf Uhr morgens, oder in der Nacht nach zwölf Uhr? Trotzdem – das Wort dieses Mannes ging mir nach, und ich begann – zumeist in der Nacht – meine Bibel zu lesen, ganz von vorne. Das war für mich zuerst ein saures Geschäft. Oft bin ich darüber eingeschlafen, wenn der Tag draußen auf dem Feld oder bei der Waldarbeit, wobei ich schwer mitmachen mußte, zu lang war. Aber ich biß mich durch. Und – merkwürdig – je weiter ich in meiner Bibel kam, um so mehr wurde sie zu dem, was sie ja sein sollte: *Meine* Bibel!

Als ich im Neuen Testament angelangt war, ging es leichter voran. Wenn ich etwas nicht verstand, konnte ich meinen Freund Andreas fragen, der als Diakon die Trinker zu betreuen hatte, die in die Heilstätte eingewiesen wurden. Er war ein guter Kenner der Heiligen Schrift, von dem ich viel mitbekommen habe. Wie oft haben wir zusammen unsere Hände gefaltet und gebetet, was mir in dieser schweren Zeit ein rechter Trost und eine Quelle der Kraft war.

Aber auch die härteste Zeit nimmt einmal ein Ende. Als ich zum 1. April 1933 zur Diakonenausbildung nach Neinstedt gerufen wurde, war ich nicht nur ein Jahr älter, sondern auch um ein Jahr reifer geworden.

Nun hieß es, wieder einmal die Schulbank drücken. Aber das war so ganz anders, als ich es von früher her kannte. Hier gingen Theorie und Praxis miteinander Hand in Hand. An der Art der Ausbildung wurde mir bald klar, daß die Probezeit, die ich machen mußte, durchaus ihren Sinn gehabt hatte. Die Erfahrungen, die ich von dort mitbrachte, sollte ich bald verwenden können.

Auch in den Neinstedter Anstalten war Unruhe eingekehrt, die die politische Umwälzung mit sich brachte. Die bisherige Anstaltsleitung wurde abgelöst. Der Leiter und Hausvater des Diakonenhauses mußte ebenfalls gehen. Ein neuer Mann kam.

Neinstedt liegt im besten Sinne des Wortes am Harz, etwa auf der Mitte zwischen Quedlinburg und Thale. Dort hat die Familie Nathusius vor mehr als hundert Jahren das erste Haus dieser großen Einrichtung der Inneren Mission errichtet. Wo man geht und steht, kann man in Neinstedt die Harzberge sehen: drüben bei Gernrode, Suderode und Stecklenberg, und auf der anderen Seite bei Thale, vor allem die Roßtrappe und den Hexentanzplatz. Im Frühling breiteten sich die Berge mit ihren vielen Laubwäldern vor unseren Augen im herrlichen Grünschmuck aus, um dann zum Ausgang des Sommers und im Herbst ein wunderbar buntes Kleid anzulegen, das eine Symphonie in rot und braun und gold war. Nach dem glitzernden Rauhreif hüllte ein schneereicher Winter alles in ein weißes weites Laken ein. Ein Blick zurück ließ zur Linken die Teufelsmauer entdecken und in der Ferne die Türme und Häuser von Quedlinburg, vor allem den hochragenden Dom. So lag, so liegt Neinstedt!

Für mich wurde das alles bald zum zeitweiligen Aufenthalt, denn mit dem neuen Mann des Diakonenhauses kam auf mich ganz unerwartet eine Aufgabe zu.

Kaum war der Neue da, und kaum hatte sich die Aufregung über den Wechsel in der Leitung der Anstalten ein wenig gelegt, da wurde ich ins »Büro» bestellt, wie wir das Dienstzimmer des Hausvaters nannten.

»Sie müssen sofort nach Quedlinburg«, war die kurze, fast lakonische Anweisung, der allerdings noch einige Erklärungen folgten. Am Schluß stand die Frage: »Können Sie blasen und einen Posaunenchor leiten?«

Als ich es verneinte, hieß es wieder sehr kurz und bestimmt: »Dann werden Sie es sofort lernen. Bis Weihnachten möchte ich von Ihnen die Nachricht haben, daß alles klappt.« Das waren nicht mehr viele Wochen.

Mir kam der Auftrag, nach Quedlinburg zu gehen, sehr ungelegen. Zwar kam ich aus der CVJM-Arbeit, die ich dort sofort übernehmen sollte, aber von der Leitung einer solchen Arbeit hatte ich kaum eine Ahnung.

Es geht vieles; es geht vor allem besser, als man denkt, wenn dahinter ein ernsthafter Auftrag steht, noch dazu ein solcher, der beinhaltet, jungen Menschen von Gott und Jesus Christus zu sagen und ihrem Leben eine Führung zu geben.

Zunächst schaffte ich es mehr schlecht als recht, aber ich schaffte es. Zu Weihnachten 1933 bliesen die Posaunenbläser unter meiner Leitung den Weihnachtschoral vom Turm der Nikolaikirche.

Die Zeit in Quedlinburg, in der ich das volle Unterrichtspensum an den Vormittagen in Neinstedt absolvieren mußte, brachte sehr viel Schönes, aber auch einiges Schwere. Zwei Begebenheiten wurden für mich und meinen weiteren Weg von besonderer Bedeutung. Sie sind es wohl wert, daß ich sie berichte.

Zu meiner Arbeit in Quedlinburg gehörte neben einer sehr großen Jungschar (150 Jungen) und einem Jugendkreis der Vierzehn- bis Siebzehnjährigen auch ein Kreis junger Männer, von achtzehn bis zu fünfundzwanzig Jahren. In diesem Kreis der Älteren war ich mit meinen zwanzig Jahren einer der Jüngsten. Trotzdem hatte ich bei unserer zweimaligen wöchentlichen Zusammenkunft die Bibelarbeiten zu halten und damit das Gespräch über einen Abschnitt der Bibel einzuleiten. Ab und zu wurde dies auch von einigen Freunden dieses Kreises übernommen, soweit sie sich dazu in der Lage glaubten. Wir nahmen es nicht so tragisch, wenn einmal etwas danebenging, aber alle waren doch sehr erschrocken, als eines Tages der unter uns, der einen schweren Sprachfehler hatte, darum bat, das nächste Mal die Bibelarbeit leiten zu dürfen.

»Ich – ich – ich ka- kann das – das – sch – sch – schon!«

Nach dem Abend, als die meisten gegangen waren, blieb noch ein kleiner Kreis zurück, der sich zusammen mit mir verantwortlich fühlte und zu dem auch der Vorsitzende gehörte.

»Das ist unmöglich«, sagte dieser. »Wir können den Erwin nicht sprechen lassen. Der bekommt kein Wort im Zusammenhang heraus. Der kann das einfach nicht.«

Die anderen Freunde waren der gleichen Meinung. Wir redeten lange hin und her. Plötzlich hatte ich ein seltsames Gefühl. Ob ich wollte oder nicht, ich mußte aussprechen, was mir in den Sinn gekommen war.

»Wir sollten es doch versuchen«, sagte ich. »Gott kann alles. Er kann auch dem Erwin helfen, zu uns zu sprechen. Und außerdem sind wir ja auch noch da, wir können ihm doch helfen.«

Die andern blickten mich ganz entgeistert an. Später sagte mir einer von ihnen, er habe in diesem Augenblick an meinem Verstand gezweifelt. Ich erhielt auch heftigen Widerspruch. Warum ich mit meiner Meinung trotzdem nicht zurücktrat, das konnte ich zuletzt nur mit dem Wort begründen, das mir in meinem Leben schon einmal so intensiv begegnet war. Ich sagte ganz schlicht: »Jesus hat einmal gesagt: Alle Dinge sind möglich dem, der da glaubt! Warum sollten wir es nicht aus dem Glauben heraus wagen und dem Erwin die Stunde überlassen? Vielleicht geht es besser, als wir denken.«

Dabei blieb es dann auch, aber alle hatten wir Herzklopfen.

Der fragliche Abend kam heran. So voll war unsere Stunde »Für den jungen Mann« nur selten. Alle wollten sehen und hören, wie es mit Erwin gehen würde. Als Erwin dann kam und mit mir vor Beginn des Abends sprach, stotterte er schrecklich. Mir wurde dabei angst und bange, denn ich wußte doch, wie schwer es oft war, sich das Lachen zu verbeißen.

Die Stunde begann. Erwin sagte das Lied an, das wir zu Beginn singen sollten. Er stotterte, daß es Gott erbarmen mußte. Und es hat ihn erbarmt. Wir alle, die wir dabeiwaren, erlebten ein Wunder! Von dem Augenblick an, da Erwin uns wie üblich das Bibelwort las, über das er sprechen wollte – von diesem Augenblick an stotterte er nicht mehr, nicht ein einziges Mal. Es war so seltsam, daß wir im Laufe des Abends vergaßen, daß Erwin sonst stotterte. Als er nach Schluß der eigentlichen Bibelarbeit und nach dem Gebet ein weiteres Lied ansagte und auf einmal wieder seinen alten Sprachfehler hatte, da ging es uns erst richtig auf, was wir soeben erlebt hatten.

Für mich bedeutete dies eine schlaflose Nacht. Immer wieder faltete ich die Hände zum Gebet, und immer wieder mußte ich sagen: »Herr, wenn du solche Wunder tun kannst, dann nimm dich unser auch an in den anderen, viel schwereren Dingen, die jetzt auf uns zukommen!« Ich war so bewegt von dem unbegreiflichen Erlebnis, daß ich Gott alles zutraute. Ich ahnte damals, daß uns schwere Zeiten bevorstanden.

Aus jenen Tagen berichtet das zweite Erlebnis. Man hatte uns in die Hitlerjugend eingegliedert. Aller Protest war nutzlos geblieben. Wollten wir nicht alles zerstören lassen, dann mußten wir mitmachen und sehen, wie sich die Sache entwickeln würde. Das aber gehörte zu dem Schweren, daß mich in diesen Wochen umtrieb. Ich selbst wurde in die HJ als kleiner Kameradschaftsführer übernommen, doch als einer, den man von vornherein kaltstellte. Nur an einem mußte ich unbedingt teilnehmen: an den Schulungen, die aus mir noch »etwas« machen sollten. So erhielt ich eines Tages den Befehl, mich zum Wochenende in Magdeburg, der zuständigen Schulungsstätte, einzufinden. Ich will ehrlich zugeben: Ich hatte vor dieser Schulung ein wenig Angst, denn es hieß, dieses Mal käme der Gebietsführer selbst. Er kam wirklich, leider oder auch Gott sei Dank!

Zunächst schien alles in der üblichen Weise zu verlaufen. Was dort gesagt wurde, ließ sich bei einigermaßen kühlem Verstand und nüchternem Denkvermögen noch verkraften. Doch danach ging es los. Am Sonntag vormittag würde der Gebietsführer sprechen, wurde uns gesagt. Außer mir gab es noch andere Kameraden, denen das nicht paßte. Auch sie kamen aus der evangelischen Jugend und hatten die Absicht, am Sonntag den Gottesdienst im Magdeburger Dom zu besuchen. Unsere Bitten, uns dafür freizustellen, wurden rundweg abgelehnt. Mit einiger Empörung sogar, denn es schien den höheren HJ-Führern undenkbar, statt der Rede eines Gebietsführers der Predigt eines »Pfaffen« zu lauschen. Diese Meinung wurde uns mit gehörigem Nachdruck gesagt.

Der hohe Herr kam. Offensichtlich hatte man ihn

von dem unbilligen Ansinnen einiger Teilnehmer unterrichtet, denn er stieg sofort in das Thema Kirche und Glauben ein.

Es lohnt sich nicht, alles wiederzugeben, was dieser Mann sagte. Das Schlimmste kam auch erst gegen Schluß, und damit provozierte der Gebietsführer einen öffentlichen Krach, was er vielleicht nicht für möglich gehalten hatte. Ich habe mir seine Worte sehr gut gemerkt: »Zusammenfassend muß ich sagen, die ganze Geschichte mit dem christlichen Glauben ist Quatsch! Den hat so'n Mensch mit Namen Paulus oder Saulus fabriziert. Natürlich ein Jude. Und der ging dann hin, um sich in Rom auf den Papststuhl zu setzen. Leider gibt es auch in unserem Staat noch Menschen, die –« Weiter kam er nicht.

An dieser Stelle platzte mir der Kragen. Was daraus entstehen konnte, habe ich in diesem Augenblick nicht bedacht. Ich schrie einfach in den Saal, in die Rede des Gebietsführers hinein: »Es ist unerhört, was hier für Lügen verzapft werden! Kameraden, glaubt von diesem Unsinn kein Wort, ihr solltet –« Weiter kam ich nun nicht. Der Saaldienst, einige sehr kräftige HJ-Freunde, packten mich und brachten mich trotz versuchter Gegenwehr aus dem Saal. Einen Augenblick später erschien der Oberbannführer mit dem für mich zuständigen Bannführer. Sie überhäuften mich mit Vorwürfen, und mein Bannführer, der an sich nicht schlecht war, fragte mich ein wenig verzweifelt, ob ich denn lebensmüde sei.

Nun, das war ich bestimmt nicht. Ihr Ansinnen aber, vor allen meine Worte zurückzunehmen und mich zu entschuldigen, wies ich zurück. Das war mir nicht möglich.

Man ließ mich sofort heimfahren und sagte mir, ich würde Weiteres erfahren.

Als ich dann gegen Abend in meinem Zimmer in

Quedlinburg saß, wurde mir erst richtig bewußt, was mir geschehen könnte. In solchen Dingen ließen die neuen Herren nicht mit sich spaßen.

Seltsamerweise geschah zunächst nichts. In vielen Gesprächen mit Gott hatte ich ihm meine Not gesagt und war darüber ruhiger geworden. Dann aber begannen doch die ersten Verhöre. Zunächst wurden sie von Hitlerjugendführern durchgeführt, später von Beamten der Gestapo. Zu jeder Vernehmung ging ich mit der Angst im Herzen: Nun werden sie uns die evangelische Jugendarbeit in Quedlinburg und Umgebung verbieten, denn dafür bin ich ja verantwortlich. Doch nichts dergleichen geschah.

Ein Jahr ging darüber hin, und das Jahr 1937 brach an. Kurz vor der Jahreswende wurde mir, obgleich ich mein Abschlußexamen noch nicht gemacht hatte, eine Stelle als Kreisjugenddiakon und Mitarbeiter am Predigerseminar in der Lutherstadt Wittenberg angeboten. Nach meiner Vorstellung bei dem dortigen Superintendenten, Professor Meichsner, wurde ich angestellt. Dahinter stand sicher die Absicht, mich aus den Augen der Quedlinburger HJ-Führung und der dortigen Gestapo zu entfernen. Wie wenig wir aber noch von den Methoden des Dritten Reiches wußten, das wurde uns im Januar klar. Ich erhielt die Mitteilung, daß ich vor dem HJ-Gericht des zuständigen Gebietes angeklagt sei. Ich hätte den Staat verächtlich gemacht und auch seine Vertreter verunglimpft.

Nun, ich erlaubte mir, ein gutes Gewissen zu haben, denn ich war mir nicht bewußt, das von dem, was die »Anklage« hervorhob, wirklich etwas geschehen war. An meiner neuen Arbeit hatte ich Freude. Besonders der Unterricht über Fragen der evangelischen Jugendarbeit, den ich am Predigerseminar erteilte, bereitete mir viele gute und frohmachende Stunden. Die jungen Theologen waren angewiesen, in der Jugendarbeit des

Kirchenkreises unter meiner Leitung mitzuarbeiten, und das taten sie wirklich mit großem Eifer.

In meinem nunmehrigen Vorgesetzten, dem Superintendenten Professor Meichsner, gewann ich sehr bald einen väterlichen Freund. Diese Freundschaft hat über viele Jahre gehalten und ist mir in schweren Tagen eine unentbehrliche Hilfe gewesen.

Es dauerte nur einige Monate – ich hatte unterdessen geheiratet – da bekam ich das Urteil. Ohne selbst die Möglichkeit gehabt zu haben, mich vor dem »Gericht« verteidigen zu können, wurde ich aufgrund dieses Urteils aus den Reihen der Hitlerjugend ausgestoßen und zugleich zu einem Menschen erklärt, der den Ideen des neuen Staates feindlich gegenüberstand. Als ich das schriftliche Urteil erhielt, war die Einspruchsfrist längst verstrichen.

Mein Superintendent, dem ich das »Dokument« zeigte, zuckte nur die Schultern und sagte: »Haben Sie etwas anderes erwartet?« Er drückte mir fest die Hand und fuhr fort: »Ab heute stehen Sie noch mehr unter meinem besonderen Schutz.« Den sollte ich bald brauchen.

Im Frühjahr 1937 hatte ich auch mein Examen gemacht und war nun Diakon. Meinem alten Freund in Berlin, der selbst Diakon war, konnte ich nur von Herzen dankbar sein, daß er mich diesen Weg gewiesen hatte. Zu meinem himmlischen Herrn aber vermochte ich nun von Herzen zu sprechen: »Du siehst es, Herr Jesus, ich versuche wirklich, dich zu preisen!«

In Wittenberg habe ich mich schnell eingelebt. Nicht nur mein verehrter Professor Meichsner, sondern noch manche anderen Pfarrer wurden mir zu Freunden. Gerne war ich mit den vielen jungen Menschen zusammen, denen ich dienen durfte.

Weniger schön war es, daß ich meine Post seit einiger Zeit mit Verspätung erhielt. Zunächst achtete ich nicht darauf, dann aber hielt ich eines Tages einen Brief in der Hand, auf dem ein Kontrollstempel zu sehen war. Erst jetzt wurde mir klar, warum meine Post seit Wochen mit Verzögerung eintraf. Die Gestapo überwachte mich auch hier. Ich versuchte, diese Tatsache nicht so tragisch zu nehmen, bemerkte dann aber, daß hin und wieder bei größeren Veranstaltungen fremde Männer dabeiwaren, die mich wohl bespitzeln sollten.

Bald gab es die ersten Verhöre. In jener Zeit besuchte mich der Leiter der gesamten ostdeutschen evangelischen Jugendarbeit: Arnold Dannenmann. Mit ihm verband mich schon bald eine feste Freundschaft. Ihm hatte ich es auch zu danken, daß ich nach einer Auseinandersetzung mit dem Leiter und Hausvater des Neinstedter Diakonenhauses nicht einfach herausflog. Er hatte sich damals rechtzeitig eingeschaltet und mein mit mir durchgehendes Temperament ins rechte Licht gerückt!

Nun kam er nach Wittenberg, um mit mir über die entstandenen Schwierigkeiten zu sprechen und mir Ratschläge für die große Arbeit zu geben.

Am Abend dieses Tages gingen wir noch ein Stück spazieren, um ein wenig Bilanz zu ziehen. Plötzlich wandte sich mein Feund Arnold mir zu, hielt mich mitten auf der Straße an und sagte: »Du hast doch noch irgendeine Sorge auf dem Herzen. Ich meine jetzt nicht die Gestapo, sondern etwas anderes.«

Ich nickte und erwiderte: »Ja, du hast recht. Ich habe eine Sorge und weiß nicht, wie ich damit fertig werden soll.«

»Also dann heraus mit der Sprache!« Mein Freund ließ nicht locker.

»Du hast sicher gesehen, daß wir ein Kind erwarten«, fuhr ich fort. »Das Kind wird gegen Ende Februar dasein, aber ich habe keine Ahnung, woher ich das Geld für einen Kinderwagen nehmen soll. Du weißt ja, mit einhundertneunzig Mark netto im Monat bleibt einfach nichts übrig, und meine Schwiegereltern möchte ich nicht anborgen.«

Über Arnold Dannenmanns Gesicht glitt ein Lächeln.

»Du«, sagte er, »da weiß ich einen Rat. Du schreibst für unsern Verlag in Berlin ein kleines Buch – ein Heft für unsere gerade begonnene Heftreihe. Das Honorar dafür dürfte für einen Kinderwagen reichen.«

Ich blickte ihn entsetzt an.

»Das kann ich nicht«, sagte ich, »das habe ich noch nie gemacht.«

Ich habe es dann doch getan und in den nächsten Wochen unter vielen Zweifeln an meinen schriftstellerischen Fähigkeiten ein kleines Manuskript verfaßt zu dem Titel »Junge Deutsche beten«. Es wurde mein erstes Druckerzeugnis, ein Heft von zwanzig Seiten. Ihm sind später viele Jugendbücher gefolgt. Zunächst aber bekamen wir das Geld, das wir für den Kauf eines Kinderwagens so nötig brauchten. Mir aber wurde das Selbstvertrauen gestärkt, anderen Menschen zur Freude und Gott zur Ehre etwas schreiben zu können.

Eines Tages war es dann soweit. Die Gestapo schlug zu. An einem Nachmittag – es war ein sehr heißer Tag, und meine Frau begleitete mich mit unserer Tochter, die im Kinderwagen lag – wurde ich ins Schloß bestellt, wo die politische Polizei ihre Diensträume hatte. Vor dem Tor verabschiedete ich mich schweren Herzens von meinen Lieben.

Ich ahnte nichts Gutes.

Der Mann, der im Zimmer saß, in das man mich führte, sah eigentlich ganz normal aus. Auf der Straße hätte sich niemand nach ihm umgedreht. Die Unterhaltung begann in einem vernünftigen Ton. Erst viel später, beim Staatssicherheitsdienst der DDR, hatte ich dann schon soviel Erfahrungen mit derartigen Verhören, daß ich wußte, wie harmlos sie zumeist anfingen.

Ich mußte zuerst meine Personalien angeben, obgleich sie bei der Gestapo bestens bekannt waren. Danach fragte mich der Beamte nach meiner beruflichen Tätigkeit.

Für mich bestand keine Veranlassung, irgend etwas zu verschweigen. Ich erzählte also ausführlich, was zu meinen dienstlichen Obliegenheiten gehörte. Allerdings betonte ich sehr stark, ich würde in keinem Fall aus eigener Verantwortung handeln, sondern im Auftrag meiner Kirche, meines vorgesetzten Superintendenten. Das muß dem Verhörenden aufgefallen sein, denn er unterbrach mich plötzlich sehr scharf mit den Worten: »Lassen Sie diese Bemerkungen! Wir wissen ganz genau, was Sie tun, und daß Sie es mit Begeisterung machen. Hier handelt es sich ganz allein um Sie und um niemand anderes.«

Ich widersprach dem. Mein Dienstvertrag schreibe mir meine Tätigkeit vor, sagte ich.

Darauf aber wurde der Gestapo-Beamte grob: »Ich will Ihnen etwas sagen«, meinte er kurz angebunden. »Sie werden mir jetzt hier in diesem Zimmer in meiner Gegenwart eine Verpflichtung unterschreiben, und daran haben Sie sich in Zukunft zu halten. Damit Sie sehen, daß ich es ernst meine« – bei diesen Worten stand er auf und öffnete die Tür zum Nebenzimmer, in dem ich SS-Leute sehen konnte –, »diese Männer dort drüben haben den Auftrag, Sie sofort in ein KZ zu bringen, wenn Sie sich sträuben sollten, Ihre Unterschrift zu geben.«

Er setzte sich wieder und fügte hinzu: »Ich nehme an, Sie sind so vernünftig, mir zu glauben. Sicher wollen Sie doch nicht sich und Ihre Frau und Ihr Kind unglücklich machen, die unten warten. Sie haben zehn Minuten Bedenkzeit.«

Ich wußte damals nicht viel von Konzentrationslagern, wie die meisten Menschen in den Jahren vor dem Krieg davon wohl kaum eine Ahnung hatten. Ich spürte nur, daß dieser Mensch es ernst meinte und daß hinter seiner Drohung etwas sehr Böses stand. In mir begann in diesem Augenblick ein furchtbarer Kampf, verbunden mit einer schrecklichen Angst. Nur mit Mühe konnte ich die Erklärung lesen, die bereits fertig vorlag und in der ich mich verpflichtete, ab sofort jegliche kirchliche Jugendarbeit in der Stadt und im Kreis Wittenberg zu unterlassen. Ich wußte genau, daß dies für mich unmöglich war. Mein Dienstvertrag und mein innerer Auftrag ließen mir gar keine Wahl. Zugleich aber war mir klar, daß eine Weigerung zur Unterschrift die Einlieferung in ein Konzentrationslager bedeutete, die Trennung von meiner Aufgabe und von allen Menschen, die mir lieb und wert waren. Unten aber, vor dem Tor, stand meine Frau mit unserem Kind.

Ich las das Ganze noch einmal durch. Leider erbrachte das nichts Neues. Der Revers, den ich unterschreiben sollte, ließ keinen Ausweg zu.

In solchen Augenblicken sind Gebete sehr kurz, aber auch von großer Dringlichkeit. »Herr, hilf mir! O Herr, hilf mich doch, zeige mir den Ausweg!« hieß meine Bitte in diesen Augenblicken.

»Nun?« Der Gestapobeamte, der am Fenster gestanden hatte, drehte sich um. Die mir gewährte Bedenkzeit war zu Ende.

In diesem allerletzten Augenblick kam mir der rettende Gedanke. »Was nützt es Ihnen, wenn ich dieses Papier unterschreibe?« sagte ich mit einer Stimme, die so fest wie nur möglich klingen sollte. »Ich habe dazu gar kein Recht. Mein Superintendent würde mich sofort aus meinem Amt entlassen oder in einen anderen Dienst versetzen und einen anderen Mitarbeiter mit meinem bisherigen Dienst beauftragen. Auf jeden Fall muß ich zuvor mit Herrn Professor Meichsner sprechen.«

Der Gestapomann kniff die Augen zu. Dann brüllte er mich an: »Sind Sie wahnsinnig geworden? Wollen Sie ein Spielchen mit mir treiben? Los, unterschreiben Sie, oder ich lasse Sie sofort wegbringen.«

Ich spürte an dem Ton, in dem der Mann mit mir sprach, daß ich genau das Richtige getroffen hatte. Sicher brüllte er mich nur deshalb so an. Jetzt hieß es, Mut zu behalten und diesen Augenblick mit Gottes Hilfe durchzustehen.

So ruhig, wie es mir möglich war, sagte ich: »Bitte, entschuldigen Sie, daß ich Ihnen nicht folgen kann, aber meine Unterschrift unter diesem Papier ist ohne das Einverständnis meines Vorgesetzten völlig wertlos. Sie tun mir unrecht.«

Betroffen blickte der Mann mich an. Vielleicht hatte er es noch nicht oft erlebt, daß ihm ein Mensch, den er in seinen Händen hatte, einen solchen Widerstand leistete und dabei auch noch von Unrecht sprach.

Plötzlich sprang er auf. Er drückte mir das Papier in die Hand, riß die Tür zum Gang auf und brüllte: »Raus! Gehen Sie zu dem Professor und sagen Sie ihm, daß ich morgen nachmittag pünktlich um drei Uhr Ihre Unterschrift entgegennehmen will.«

Es war alles ganz entsetzlich. Meine Frau und ich liefen, so schnell wir konnten, zum Kirchenamt. Der Kinderwagen mit unserer Tochter mußte natürlich mit. Ich erfuhr im Amt, daß der Superintendent heute nicht da war. Was nun?

Auf dem Marktplatz, über den wir in unserer Verzweiflung in Richtung unserer Wohnung liefen, befand sich ein Telefonhäuschen. Als ich es sah, kam mir ein Gedanke.

»Bitte, warte«, sagte ich zu meiner Frau und trat schnell in das Häuschen. Vorher blickte ich mich um.

Ich wollte sehen, ob mich jemand beobachtete. In dem einsetzenden Feierabendverkehr war nichts zu erkennen. Ich ließ mich mit einer Nummer verbinden, die ich zum Glück im Kopf hatte.

Niemand kann sich vorstellen, wie tief ich aufatmete, als sich mein Freund Arnold Dannenmann selbst meldete. Er hatte gerade das Büro verlassen wollen, als er von der Tür aus das Telefon läuten hörte. Ich erzählte ihm so kurz wie möglich, was vorgefallen war und wartete auf seine Antwort. Sie blieb eine ganze Weile aus, aber dann sagte er mir, er würde in Berlin sofort etwas unternehmen. Spätestens am nächsten Morgen sollte ich Bescheid erhalten. Auf jeden Fall müßte ich versuchen, auch mit meinem Superintendenten Verbindung aufzunehmen.

Um einiges erleichtert trat ich aus dem Telefonhäuschen. Wir gingen langsam heim. Für mich stand fest: Mein Freund in Berlin würde alles tun, was überhaupt möglich war.

Um es kurz zu machen: Als ich am nächsten Tag pünktlich um drei Uhr nachmittags das Dienstzimmer des Vernehmungsbeamten betrat, empfing mich dieser mit einem furchtbaren Gebrüll: »Wenn Sie glauben, Sie können mich in Berlin anschwärzen, dann haben Sie sich geirrt. Raus! Raus! Sie hören noch von uns.«

Da mußte jemand in Berlin den richtigen Draht gefunden haben. Ich hatte keine Ahnung, wer dies war und erfuhr es auch erst viele Jahre später. Eines aber stand für mich unerschütterlich fest: Gott hat überall die Fäden in seiner Hand, auch in Berlin in der Prinz-Albrecht-Straße.

5.

Das Jahr 1939 brachte mir ein bißchen Luft. Im Blick auf den kommenden Krieg hatte die Gestapo anderes zu tun. Ein Diakon war da nicht wichtig.

Allein mit der Hilfe aus Berlin war es damals nicht getan. Ich mußte auf den Rat des mir unbekannten Freundes für vier Wochen von der Bildfläche verschwinden. Nur Arnold Dannenmann wußte, daß ich mich in dieser Zeit am Ostseestrand in Bansin erholte. Das hatte ich mehr als nötig. Leider wurde diese unverhoffte zusätzliche Urlaubsfreude dadurch getrübt, daß auch meine Familie nicht wissen durfte, wo ich mich befand. Alle Post lief über A. D. (d. h. Arnold Dannenmann). Nachdem dann noch vier alte CVJMer gefunden waren, die als Parteigenossen, z. T. mit goldenem Abzeichen, für mich gutsagten, konnte ich wieder meiner Arbeit nachgehen.

Der Krieg, auf den Hitler zusteuerte, kam und änderte vieles. Mit einem Schlage wurden viele Männer zur Wehrmacht eingezogen, so daß auch in der Kirchengemeinde Wittenberg und im Kreis manche Lücke entstand.

Mein Superintendent bat mich, neben der verminderten Jugendarbeit vertretungsweise das Küsteramt an der Stadtkirche zu übernehmen. Da ich keine militärische Ausbildung hatte, wurde ich UK gestellt. Merkwürdigerweise verursachte der Sieg über Polen eine neue Mißtrauenswelle im Land. Die Gestapo wurde wieder verstärkt tätig. Anfang 1940 gab es kaum eine Veranstaltung, die ich abhielt, in der nicht ein »Abhörer« saß. Auch die Post wurde kontrolliert. Allmählich nahm dies alles eine Form an, wie sie nicht übler sein konnte. Das alles ging mir arg auf die Nerven. Hinzu kamen unverhüllte Drohungen, so daß ich die Jugendarbeit langsam auf ein Mindestmaß verringern mußte.

Die Ankündigung meines Gestellungsbefehls kam mir wie eine Erlösung vor. Ich erinnere mich an ein Gespräch mit dem Wehrbezirkskommandanten, der mir sagte, einerseits habe ich es bei der Wehrmacht gut, denn dort wäre die Macht der Gestapo gleich Null, andererseits lohne es sich fast nicht mehr, denn der Krieg sei beinahe zu Ende.

Beinahe! Als ich später in Rußland war, habe ich an dieses Wort noch oft denken müssen.

Zunächst brachte die Veränderung eine erhebliche Umstellung in mein Leben. Das begann schon bei der Rekrutenausbildung in Guben. Nur derjenige, der sie in jener Zeit mitmachen mußte, kann ermessen, welch ein lächerliches Stück Mensch damals ein Rekrut vor dem Ausbilder im Dienstgrad eines Unteroffiziers oder eines Feldwebels war. Die Type, die uns mit den unflätigsten Ausdrücken über den Kasernenhof jagte, machte eine so lächerliche Figur, daß ich trotz der furchtbaren Anstrengung, die das mit sich brachte, immer wieder laut lachen mußte. Bald stellte ich fest, daß mein Lachen nicht unbemerkt blieb. Die Rache kam.

Eines Abends, etwa eine halbe Stunde vor dem Zapfenstreich, saß ich auf dem Bettrand vor meinem Spind und las in meinem Neuen Testament. Ich war so vertieft, daß ich unseren Ausbilder nicht hereinkommen hörte. Plötzlich vernahm ich seine Stimme, und schon ihr Tonfall verhieß mir nichts Gutes.

»Aha, so, so, sieh mal einer an, da haben wir also ein frommes Kerlchen unter uns! Jetzt weiß ich auch, warum der so lachen kann. Du meinst wohl, du bist etwas Besseres als andere Menschen. Sie – hören Sie mal, stehen Sie auf, wenn ich mit Ihnen rede! Nehmen Sie Haltung an! Machen Sie erst einmal Meldung!«

Erschrocken sprang ich auf, knallte, so gut es mit meinen Hausschuhen ging, die Hacken zusammen und meldete dem Feldwebel: »Stube vier, belegt mit sechs Mann, gefegt und Staub gewischt. Schütze Reschke beim Lesen.«

»So – so, beim Lesen ist der Schütze Reschke. Was liest er denn da? Will der Schütze Reschke seinem Feldwebel das vorenthalten? Mensch!« Er brüllte nun mit voller Stärke. »Sagen Sie es laut, was Sie da lesen, die anderen wollen es auch gern hören!«

»Jawohl, Herr Feldwebel. Schütze Reschke beim Lesen in der Bibel!«

»Aha, Schütze Reschke liest in der Bibel. Habt ihr das gehört?« Er drehte sich zu den Stubenkameraden um und fuhr höhnisch fort: »Ich dachte, die gibt's gar nicht mehr. Unser Führer hat doch die frommen Brüder längst ausgerottet.«

Unter den Stubenkameraden wurde ein Murren hörbar.

»Was, ihr wollt wohl etwas dazu sagen? Sieh mal einer an. Da hat der Schütze Reschke wohl noch Genossen, Glaubensgenossen auf dieser Stube? Na wartet, wir werden einmal euren Glauben prüfen, wie gut er ist. Aber ihr könnt euch darauf verlassen, wenn euch der Arsch auf Grundeis geht, dann ist der ganze Glaube futsch.«

In jener Nacht mußten wir es ausbaden, daß ich es wagte, in der Freizeit in meiner Bibel zu lesen. Es gab einen »Maskenball«, wie man ihn sich schlimmer nicht vorstellen kann. In Abständen von einer halben Stunde jagte uns dieser Teufel in Menschengestalt aus den Betten, um mit uns Antreten zu üben, und dies jedesmal in anderer »Verkleidung«.

Ich darf sagen, daß meine Kameraden es mir nicht übelgenommen haben, daß ich der Anlaß für solchen Spuk wurde. Im Gegenteil, wir rückten nur noch fester zusammen, was bei ihnen mit Glauben gar nichts zu tun hatte.

In diesen Wochen in Guben hatte ich noch ein Erlebnis, das mir sehr zu denken gab.

In der alten »Schleifmühle«, wie wir die Kaserne nannten, lag ein ganzes Bataillon Rekruten. Das dazugehörige Gelände bot genügend Möglichkeiten, mehr als tausend Männer kriechend, robbend, hüpfend oder auch marschierend zu bewegen. Nur beim Essen wurde es kritisch. Der Speisesaal konnte die Menschen nicht alle auf einmal fassen. Es gab eine bestimmte Einteilung für die Kompanien, doch wollten alle möglichst schnell an das Essen kommen, um noch ein bißchen Mittagspause zu haben. Das Mobiliar des Speisesaales bestand aus langen rohen Tischen und Bänken, zwischen die man sich quetschte, wenn man sein Essen endlich im Napf hatte.

Ich hatte es mir von Anfang an zur Pflicht gemacht, nicht feige zu sein, sondern auch hier vor dem Essen mein Gebet zu sprechen. Das geschah auf der engen Bank ohne viel Pathos.

Eines Tages, wir waren etwa vier Wochen in der Ausbildung, entdeckte ich, daß neben mir ein Mann ebenfalls seine Hände zum Gebet faltete, ganz verstohlen unter dem Tisch.

Als wir mit dem Essen fertig waren und Napf und Löffel abgegeben hatten, erwischte ich ihn – ich kannte ihn noch nicht –, ehe er den Speisesaal verlassen konnte.

»Sag mal, Kamerad, kann ich dich mal sprechen?« fragte ich ihn.

Der Mann sah mich ganz erstaunt an und meinte draußen vor der Tür: »Was willst du denn? Ich kenne dich nicht.«

»Ich dich auch nicht«, sagte ich. »Trotzdem habe ich eine Frage. Wenn ich richtig gesehen habe, hast du vor dem Essen deine Hände gefaltet und gebetet.«

Der andere ging sofort hoch, denn er glaubte, ich

wollte ihn verhöhnen oder mich sogar über ihn lustig machen.

»Laß mich in Ruhe«, schrie er mich an. »Was ich mache, das geht dich einen Dreck an!« Damit wandte er sich von mir ab.

Ich ließ mich nicht so schnell abschütteln. Ich lief hinter ihm her, holte ihn auch wieder ein und sagte, daß ich gar nichts gegen das Beten habe. Ich hätte es doch auch getan. Mich interessierte nur, ob ich mich geirrt oder richtig gesehen habe.

Es kam dann doch noch zu einem vernünftigen Gespräch zwischen uns. Wir stellten uns vor und entdeckten, daß wir zur selben Kompanie gehörten, ohne uns schon einmal gesehen zu haben. Ich kam noch einmal auf meine Frage zurück, und als der Kamerad bestätigte, daß ich mich nicht geirrt hätte, fragte ich ihn, warum er vor dem Essen beten würde.

Vielleicht war meine Frage nicht berechtigt, aber die Antwort, die ich darauf erhielt, hat mich veranlaßt, das Ganze hier wiederzugeben.

»Ja, weißt du«, sagte er, »ich bin das aus meinem Elternhaus so gewöhnt. Dort wurde vor dem Essen immer ein Tischgebet gesprochen. Als ich dann heiratete und wir Kinder hatten, habe ich das in meiner Familie auch eingeführt. Ich meine, es kann den Kindern nichts schaden. Später können sie sich dann selbst entscheiden, wie sie es halten wollen. Für die Erziehung der Kinder ist es jedenfalls gut.«

Beten – gut zur Kindererziehung. Mir ging das Gespräch noch lange nach. Trotzdem, wir wurden gute Freunde, solange wir in der Ausbildungskompanie zusammen waren. Vielleicht schon deshalb, weil er Bayer und ich Berliner war, während alle anderen Kameraden unserer Kompanie aus Sachsen kamen. Die Sachsen aber hatten – wenigstens damals – neben vielen guten eine ganz schlechte Eigenschaft: Sie konten auch bei

»Stillgestanden« nicht den Mund halten. Das brachte uns viele Meter auf dem Bauch kriechend über den Kasernenhof ein.

Das Leben im Krieg – in Polen und Rußland und sicher auch anderswo – war hart. Aber es gab auch Tage und Stunden, in denen war es glücklicherweise einigermaßen erträglich.

Infantrie-Nachrichten-Männer sind immer ganz vorn. In Polen hatten wir es aber verhältnismäßig gut. Abgesehen von Übungen und gelegentlichen Partisaneneinsätzen, hatten wir viel Ruhe. Das wurde in Rußland anders.

Ich kann mich noch lebhaft erinnern, wie es war, als die Nachricht durchs Radio kam, daß wir uns nun mit Rußland im Krieg befinden. Bestimmt nicht nur mir, sondern sehr vielen anderen fuhr der Schrecken in die Glieder. Rußland, das Land mit den ungeheuren Weiten, den riesigen Wäldern, den großen Steppen, den mächtigen Strömen. Wohin wollte man uns noch jagen?

Bald waren wir mitten drin. Und eines Tages lag ich mit meiner ersten Ruhr danieder. Gleichzeitig stellte sich ein arger Herzfehler ein. Um ein Haar hätte man mich nach Hause geschickt, aber eben nur um ein Haar. Statt dessen kam ich zum Divisionsstab und wurde »Führer des Ordonanzenkommandos«. Wer glaubt, daß dies ein Druckposten war, der irrt sich; denn wir lagen mitten im ärgsten Partisanengebiet im Mittelabschnitt. Auch der Divisionsstab stand unter ständiger Alarmbereitschaft.

Wir waren wieder einmal von einem Einsatz zurückgekommen. Noch bewegten uns die Bilder, die wir sehen mußten: Bis zur Unkenntlichkeit verstümmelte Kameraden, die wir in einem Dorf vorfanden.

Ich hatte mich in unserer Panjebude gerade gewaschen und wollte mich über meine Verpflegung hermachen, da ging die Tür auf und ein Hauptmann unseres Stabes trat ein. Es war der sogenannte Ic. Ich sprang auf, machte eine vorschriftsmäßige Meldung, weil ich wußte, daß dieser Offizier darauf besonderen Wert legte, und wartete der Dinge, die da kommen sollten. Jeder von uns kannte diesen Mann als einen »Hundertfünfzigprozentigen«, dem es Freude machte, die Gesinnung anderer zu prüfen.

Der Hauptmann ging durch die Stube, in der sich nur ein Feldbett, ein wackliger Tisch, zwei Stühle und ein Spind befanden. Er blickte hierhin und dorthin. Dann blieb er vor dem Feldbett stehen, deutete auf eine Postkarte, die ich an die Wand geheftet hatte und auf der ein Wort von Luther stand, und fragte: »Gefreiter Reschke, glauben Sie diesen Quatsch?«

Blitzschnell durchzuckte es mich, und immer noch im »Stillgestanden« fragte ich zurück: »Herr Hauptmann, ist das eine dienstliche oder eine private Frage?«

Der Mann sah mich verblüfft an und sagte: »Rühren Sie, natürlich ist diese Frage privat.«

Daraufhin bewegte ich mich wieder ganz normal und sagte: »Dann gestatten Sie sicher, Herr Hauptmann, daß ich Ihnen auch privat antworte.« Ich muß einfügen, daß ich genau wußte, welch ein Spötter und Verächter des christlichen Glaubens dieser Mensch war.

Ich fuhr fort: »Sie, Herr Hauptmann, glauben, daß zwei Pfund Rindfleisch eine gute Suppe geben. Für mich aber ist entscheidend, was auf dieser Karte steht. Das Wort ist ein Kernstück *meines* Glaubens.«

Das Gebrüll, in das dieser Mensch daraufhin ausbrach, war bis auf die Straße zu hören. Er warf mir alles mögliche an den Kopf, nur nichts Gutes. Zum Schluß drohte er mir, er werde dem Major, unserm Divisionsadjutanten, dem das Ordonanzenkommando unmittelbar unterstellt war, Meldung machen und meine sofortige Bestrafung verlangen. Gleich darauf flog die Tür meiner Stube mit hörbarem Krach hinter ihm zu.

Dieser Knall brachte mich zur Besinnung. Mir wurde bewußt, daß meine Art der Verteidigung meines Glaubens böse Folgen haben konnte. Dieser Hauptmann war bei uns nicht nur wegen seiner Gesinnung verhaßt, sondern auch wegen seiner Hinterhältigkeit und Rachsucht. Hier konnte, hier mußte mir einer helfen, der über ihm stand: Der Major selbst, von dem er gesprochen hatte.

Mein Major, wie ich ihn gern nannte, kam aus einem evangelischen Pfarrhaus. Er hat sich bestimmt allerlei geleistet, wenn wir in Ruhe lagen, besonders mit Frauen, aber er war trotzdem ein »feiner Kerl«, ehrlich, geradezu, und konnte vor allem Spott über Glaubensdinge nicht vertragen. Da ich jederzeit zu ihm kommen durfte, machte ich mich sofort auf den Weg und berichtete ihm den Vorfall.

Der Major schüttelte bedenklich den Kopf, brach dann aber doch in ein unbändiges Gelächter aus.

»Mensch, Reschke«, sagte er endlich, »was Sie sich da geleistet haben, ist nicht ganz leicht zu nehmen, vor allem dann, wenn der Hauptmann wirklich offiziell Meldung macht. Trotzdem, ich will versuchen, die Sache abzubiegen, denn es war wirklich höchste Zeit, daß der Kerl mal was auf die Schnauze bekam. Sie haben übrigens Glück: Wir stehen ab morgen in erhöhter Alarmbereitschaft und sind morgen abend sicher schon im Einsatz.«

Der Major behielt recht. Die Alarmbereitschaft setzte bereits am Abend dieses Tages ein. Von diesem Augenblick an hatte der Ic der Division anderes zu tun, als einen kleinen Gefreiten wegen einer solchen, sicher auch für ihn nicht ganz astreinen Sache, zur Meldung zu bringen.

Dieser Alarm erhielt für mich besondere Bedeutung.

Allgemein war es üblich, daß das mir unterstellte Kommando in solchen Fällen in der Ruhestellung blieb. Dieses Mal aber wurde es anders. Auf ausdrücklichen Befehl unseres Generals kam die ganze Division mit allen Stäben und rückwärtigen Diensten zum Einsatz. Eine umfassende Aktion gegen die im rückwärtigen Heeresgebiet Mitte operierenden Partisanenverbände sollte gestartet werden. Die Verluste bei Transporten jeglicher Art, die die Front mit wichtigem Nachschub versorgen sollten, waren inzwischen so groß geworden, daß endlich die Menschen und Material kostenden Störaktionen unterbunden werden mußten. Dazu waren zwei Divisionen bereitgestellt.

Gegen Abend rückten wir aus und bezogen in einem verlassenen Dorf am Rande eines riesigen Waldgebietes Stellung. Die andere Division sollte von Süden her auf dasselbe Waldgebiet vorgehen.

Die Posten waren aufgestellt, alle übrigen in unserem Stab hatten sich in den Häusern des Dorfes einquartiert und versuchten, wenigstens ein paar Stunden zu schlafen.

Etwa gegen Mitternacht wurde ich geweckt. Aus dem Schlaf auffahrend, wußte ich zunächst nicht, wo ich war. Dann aber erkannte ich im Schein einer Taschenlampe meinen Kameraden Erhard, der mir zuflüsterte, ich sollte sofort zum General kommen. So schnell es mir möglich war, zog ich mich wieder vollständig an, nahm meinen Karabiner, setzte den Stahlhelm auf und lief hinter Erhard her zu dem Haus, in dem sich der General einquartiert hatte.

Unser General, ein baumlanger, hagerer Wiener, der einen herrlichen österreichischen Dialekt sprach, wurde von allen Soldaten der Division wie ein guter Vater verehrt. Wo er auch auftauchte, an der Front, im dicksten Schlamassel, oder irgendwo hinten in Ruhestellung, sprach er jeden Mann an, der ihm begegnete und fragte nach seinem persönlichen Ergehen. Solche Fragen waren nicht belanglose Floskeln, sondern echte Anteilnahme. Sie gingen manchmal so weit, daß er dafür sorgte, wenn er von einem Mann den Eindruck hatte, er habe echte Sorgen, er ihn außer der Reihe zu einem kurzen Urlaub heimschickte. Im übrigen wußte jeder, daß er ein frommer Katholik war, der nicht scheute, sich zu seinem Glauben zu bekennen.

Zu diesem General mußte ich mich in jener Nacht durch die Dunkelheit tasten, denn außerhalb der Häuser durfte nicht der geringste Lichtschein zu sehen sein. Was er von mir wollte, konnte mir auch mein Kamerad Erhard nicht sagen. Es mußte aber etwas Besonderes sein, sonst hätte der General einen seiner Männer nicht aus dem Schlaf wecken lassen.

Das Generalsquartier lag in tiefer Dunkelheit. Kein Lichtschimmer drang durch die Fenster nach draußen. Als ich eintrat, konnte ich beim Schein einer Kerze in dem Mann, der da mit Hose und Hemd bekleidet hinter einem Tisch saß, nur mit Mühe unseren Divisionskommandeur erkennen. Ich machte vorschriftsmäßig Meldung und wartete.

Der General stand auf, kam hinter dem Tisch hervor, trat auf mich zu und legte mir seine Rechte auf die Schulter. Als Führer des Ordonanzenkommandos kannte er mich.

»Reschke«, sagte er in seiner bedächtigen wienerischen Art, »ich muß Sie leider mit einem Auftrag 'rausschicken, der nicht sehr angenehm ist. Aber zu Ihnen habe ich das Vertrauen, daß Sie meinen Befehl auch wirklich korrekt ausführen werden.«

Er blickte mich einen Augenblick lang an, während mir das Herz klopfte.

»Kommen Sie doch her an den Tisch. Ich will versuchen, Ihnen unsere Lage zu erklären.«

Der General zeigte mir auf der Karte die Stellungen

unserer Division und die vermutliche Stellung der Nachbardivision. Dann sagte er: »Wir haben den ganzen Abend auf eine Nachricht gewartet, doch da scheint irgendwie der Wurm drin zu stecken. Sie müssen, um es kurz zu machen, mit einem Wagen so weit wie möglich diesen Weg in den Wald hineinfahren. Dann steigen Sie aus und laufen Sie, soweit Sie dazu Mut haben. Dann schießen Sie Leuchtkugeln, die Ihnen der Feldwebel noch geben wird. Nehmen Sie sich einen Fahrer mit, der solange im Wagen bleibt, und kommen Sie sofort zurück, wenn Sie ein Antwortsignal gesehen haben, aber auch dann, wenn es ausbleiben sollte. Unter allen Umständen muß der Fahrer sofort zurückkommen.

Bei diesen letzten Worten lief es mir kalt über den Rücken. Ich muß den General ein wenig entsetzt angesehen haben. Plötzlich legte er mir noch einmal die Hand auf die Schulter und sagte: »Gehen Sie mit Gott, Reschke! Er behüte Sie!«

Es war schwer für mich, einen Fahrer zu finden. Keiner hatte Lust mitzukommen. Jeder ahnte, daß es sich um ein sogenanntes »Himmelfahrtskommando« handelte. Ich mußte schließlich dem Karl den Befehl geben, aufzustehen und mich zu begleiten.

Wir fuhren so leise, wie es der Kübelwagen zuließ. Außer dem Karabiner hatten wir das Koppel voller Handgranaten. Um uns her war tiefste Finsternis. Wir konnten uns nur nach oben an der Lücke zwischen den Baumreihen orientieren. Nach einer Weile mochte Karl nicht weiterfahren. Ich stieg aus und befahl ihm, den Wagen zu wenden und den Motor laufen zu lassen. Mir war klar, daß Partisanen, die vielleicht im Dunkel des Waldes lauerten, uns längst bemerkt haben mußten.

Zum größten Erstaunen meines Kameraden ließ ich den Karabiner und die Handgranaten zurück und nahm nur die Leuchtpistole. Auf seine leise Frage sagte ich ihm, daß mir das Zeug wohl wenig nützen würde, wenn die anderen im Dunkel des Waldes wären. Beim Laufen aber konnte es mich nur hindern.

Und dann ging ich los. Ich konnte mich des Gefühls nicht erwehren, daß tausend Augen aus dem Dunkel heraus meinen Weg verfolgten. Sicher standen mir, wie man so sagt, die Haare zu Berge, aber innerlich gab es für mich in dieser grausigen Stunde nur einen Gedanken: Wenn ich hier wieder heil herauskomme, dann verdanke ich dies weder meinem General noch mir selbst noch einem anderen Menschen, sondern einzig und allein dem, der die Menschenherzen lenkt und auch machen kann, daß kein Finger den Abzug eines Karabiners durchzieht.

Die drei- oder vierhundert Meter, die ich gegangen bin, waren mit allen möglichen Gedanken gepflastert, die ein Mensch, auch ein glaubender, in solcher Situation denken kann. Im Grunde war es eine Schlußabrechnung über mein Leben.

Dann konnte ich nicht mehr. Auch meinte ich, die Entfernung zu dem Wagen sei nun weit genug. Ich reckte den Arm hoch und schoß die Leuchtkugeln ab. Jetzt würde ich noch ein letztes Knallen und Rattern hören, und dann war alles vorbei.

Aber es blieb totenstill. Nichts regte sich in dieser tiefen furchtbaren Dunkelheit. Oben am Himmel standen die Leuchtkugeln, die langsam tiefer sanken und verloschen. Eine Antwort von irgendwoher konnte ich nicht entdecken.

Dann bin ich zurückgegangen. Das war noch viel schwerer als der Weg in den Wald hinein. Mir war, als würde jemand in diesem Augenblick sagen: Wenn du jetzt rennst, dann knallt es!

Als ich im Wagen saß, rann mir der Schweiß am ganzen Körper herab. Ich war am Ende meiner Kraft.

Man mußte den General wecken. Er war wohl gerade

ein bißchen eingeschlafen. So verschlafen blickte er mich auch an, und in seinem Blick lag so etwas wie ein großes Wundern.

»Reschke«, sagte er nur, »Sie sind wirklich wieder da?« Und plötzlich hob er die Hand zur Mütze, die er gar nicht aufhatte, und grüßte mich. Dann durfte ich unter meine Decke kriechen.

Der andere Tag zeigte es: Mein Signal war nicht vergeblich gewesen. Es hatte der Nachbardivision den Weg gewiesen. Als wir nach einem schweren, verlustreichen Gefecht noch einmal jenes Waldstück durchkämmten, stellten wir an vielen Merkmalen fest, daß links und rechts von jenem Weg schon in der Nacht der Feind in Bereitschaft gelegen hatte. Keiner jedoch hatte den Finger krumm gemacht. Warum?

Neben tiefster Dankbarkeit, die mein Herz bewegte, brachte mir dieses Unternehmen die unmittelbare Beförderung zum Unteroffizier. Der General selbst sprach sie am nächsten Tag in einer Einsatzpause aus.

Ein Erlebnis, das meine Männer und mich sehr erschüttert hat, will ich noch berichten. Von einem neuerlichen schweren Einsatz zurück, stellten wir fest, daß auch die Stabskompanie viel Material eingebüßt hatte. Das sollte so schnell wie möglich wieder ergänzt werden. Ein Ordonanzenkommando war – wenigstens bei uns – Mädchen für alles. Während die anderen Kameraden sich ausruhen konnten und ihre Sachen in Ordnung brachten, mußten wir uns um die Offiziere kümmern, für sie das Notwendige beschaffen, und hatten darüber hinaus für besondere Aufgaben zur Verfügung zu stehen.

So erhielt ich eines Morgens den Befehl, mit meinen Männern auf einem LKW in ein etwa dreißig Kilometer entferntes Waldlager zu fahren und dort eine Menge wichtiger Gegenstände zu holen. Von diesem Lager hatten wir bis dahin keine Ahnung, d. h. wir wußten gar nicht, daß es existierte.

Nach einer Stunde Fahrt über oft fast grundlose Wege, von denen die letzten zehn Kilometer nur durch Wald führten, kamen wir dort an. Zu unserer Verwunderung wurde das Tor der sehr hohen Umzäunung von SS-Männern bewacht. Da die Papiere, die der Stabsfeldwebel uns mitgegeben hatte, in Ordnung waren, durften wir passieren. Zuvor aber war uns noch eingeschärft worden, den uns gewiesenen Weg auf keinen Fall zu verlassen und nach Beladen des Wagens sofort wieder zurückzukommen.

Wir blickten uns verwundert an. Einige meiner Männer machten Bemerkungen, die ich aber sofort verbot, da mir die ganze Sache mehr als merkwürdig vorkam.

Unsere Arbeit war bald beendet. In der Baracke, in der wir die gewünschten Ersatzteile bekamen, hatten wir es nur mit Deutschen zu tun, allerdings waren es ebenfalls SS-Männer.

Wir waren bereits auf dem Rückweg zum Tor, da hörten wir Gesang, besser gesagt: ein heiseres Gebrüll. Karl, der den Wagen fuhr, sah sie zuerst.

Er stieß mich an.

»Mensch, sieh mal, das sind ja Juden«, sagte er. Zugleich fuhr er den Wagen rechts heran, denn die Kolonne kam uns mitten auf dem Weg entgegen.

Es war entsetzlich! Keiner von uns wußte vorher davon. Niemand hatte ähnliches gesehen. Zerlumpt, mit um die Glieder schlotternden Kleidungsstücken, taumelten jämmerliche Gestalten in Marschkolonne über die Straße. Dabei bemühten sie sich zu singen, immer wieder von den sie begleitenden SS-Wachsoldaten aufgefordert, lauter in das Lied einzustimmen. »Es zog ein Hitlermann hinaus, der ließ sein Mütterlein zu Haus«, sangen sie. Die seitlichen Wachen hatten große Schäferhunde bei sich, die ab und zu ins Glied fuhren und irgendwo zubissen, was jedesmal ein jämmerliches Geheul auslöste. Blieb aber etwa eine dieser Elendsgestalten zurück, dann hagelte es Schläge mit hölzernen Schlagstöcken, die einfach von oben herabsausten. Mehrere dieser armen Menschen blieben blutend am Wegrand liegen.

Ehe ich es noch verhindern konnte, war mein Fahrer Karl hinausgesprungen, auf einen SS-Wachmann zugelaufen und im Begriff, ihm den Schlagknüppel aus der Hand zu reißen. Mich durchfuhr es siedend heiß. Das konnte böse Folgen haben. Also sprang ich hinterher und brüllte: »Karl, zurück! Du kommst sofort in den Wagen.«

Der SS-Mann hatte sich indessen von seiner Überraschung erholt und wollte gerade die Alarmpfeife an den Mund setzen, da war ich bei ihm.

»Lassen Sie das«, sagte ich leise, aber sehr eindringlich. »Sie sehen doch, mein Kamerad ist so erschüttert, daß er gar nicht anders handeln konnte. Sie werden ihn deswegen doch nicht noch unglücklich machen wollen.«

Ich hatte Glück. Der Mann war anscheinend nicht nur als Wachhund gedrillt worden, sondern hatte noch ein bißchen Herz behalten.

»Einverstanden, Herr Unteroffizier«, sagte er, »aber ich bekomme Ihr Wort, daß Sie von dem Vorfall bei Ihrer Einheit Meldung machen.«

Ich sagte es dem SS-Mann sofort zu, und noch ehe sich andere in den Vorfall einmischen konnten, saßen wir auf unserem LKW und rollten dem Tor zu. Aufatmen konnte ich aber erst, als wir endlich draußen waren und so schnell, wie es auf diesen Wegen möglich war, den Rückweg antraten.

Wir waren alle tief erschüttert. Einer der Männer faßte diese Bewegung für sich mit den Worten zusammen: »Es ist schrecklich, wenn Menschen zu Tieren degradiert werden und andere Menschen sich dazu hergeben.«

Ich benutzte die Gelegenheit zu der Bemerkung: »Das kommt daher, daß es Menschen gibt, die keine Verantwortung mehr vor Gott kennen, bei denen jeder Glaube zerschlagen wurde. Vielleicht ist es gut, daß wir dies einmal gesehen haben. Wir sollten darüber nachdenken.«

Wir fuhren sehr nachdenklich zurück. Es wurde kaum noch ein Wort gesprochen.

Leider mußte ich den Vorfall melden. Ich ging damit gleich zum Major, weil ich bei ihm am ehesten auf Verständnis hoffen konnte. Mein Major schüttelte nur den Kopf. Dann ging er hinüber ins Quartier des Generals. Ich wunderte mich, daß er mit dieser, mir belanglos erscheinenden Sache den General belästigte. Einige Wochen später sah ich es anders, als nämlich dieser General, der väterlich-gütige Mann aus Wien, nach einem ähnlichen Vorfall, bei dem er seine ganze Autorität zugunsten der gequälten Menschen in die Waagschale warf, ganz plötzlich von seinem Posten abgelöst und zur sogenannten Führungsreserve nach Wien versetzt wurde.

Karl bekam wegen Einmischung in einen fremden Befehlsbereich einen Verweis, und ich selbst, als der verantwortliche Unteroffizier, durfte zwei Wochen lang zusätzlich des Nachts die Wachen kontrollieren. Wir haben uns beide aus dieser Bestrafung nichts gemacht, aber der Vorfall selbst ging uns sobald nicht aus dem Sinn. Ich selbst habe dieses Erlebnis lange nicht loswerden können. Was konnte ich tun? Ich habe für diese armen gequälten Menschen gebetet, aber auch dafür gedankt, daß mein Kamerad Karl nicht in die Hände der dortigen SS-Offiziere gefallen war. Es wäre ihm sicher schlecht ergangen.

Im Herbst 1943 wurden wir verlegt. Wir kamen in die

Ukraine und bezogen unsere Stellungen direkt am Djnepper, eine Linie, die zum Auffang vorgesehen war. Nur wenige Tage hatten wir dort Ruhe, dann begann die große Herbstoffensive der Russen. Zuerst aber erlebten wir die zurückkommenden, geschlagenen Truppenverbände, die den Russen weichen mußten. Es waren oft keine Verbände mehr, sondern wilde Haufen erschütterter und zumeist verwundeter Menschen.

Dann aber kamen die Angriffe auf Tschernigow, und es dauerte nicht lange, da hieß es, die Stadt sei eingeschlossen. Der neue Divisionskommandeur, ein Generalleutnant, befahl Verteidigung bis zur letzten Patrone. Der Neue war übrigens einer von den hundertfünfzigprozentigen Typen, eine seltsame Mischung von Zivilist und Militär. Es hieß, er sei irgendwo Polizeipräsident gewesen und auf Grund seines hohen Ranges in der SS als Generalleutnant vom Heer übernommen worden. Ich lernte ihn näher kennen und entdeckte dabei, daß er für sein Leben gern Kartoffelpuffer aß. Nach einer solchen Mahlzeit, die sich verhältnismäßig leicht herstellen ließ, war er stets gut aufgelegt und viel besser ansprechbar als sonst. Nicht nur mein Major, sondern auch andere Offiziere des Stabes nutzten das aus und baten mich ab und zu um »Kartoffelpufferhilfe«.

Während die Russen mit ihrer Artillerie schon in die Stadt hineinschossen, bekam ich meinen dritten schweren Ruhranfall. Der zweite war erst vor einigen Wochen abgeklungen. Unser Oberfeldarzt, der mich untersuchte, als ich vor Schmerzen fast besinnungslos war, ordnete sofortigen Abtransport ins Lazarett an. Das ging zwar einigermaßen schnell, da die Weisungen vom höchsten Arzt der Division selbst kamen, nützte mir aber sehr wenig. Bei der letzten Verlegung des Lazaretts waren ein großer Teil der schmerzstillenden

Mittel verlorengegangen und noch nicht ersetzt worden.

Unser Oberfeldarzt, der am nächsten Tag nach mir sah, während draußen die schweren Geschosse der Russen in die Häuserfronten einschlugen und unter meinen Kameraden schwere Verluste verursachten, sagte zu mir: »Hier krepieren Sie, Reschke. Wenn Sie hier liegen bleiben, können Sie sich ebenso gut nach vorn begeben und vom Russen eins verpassen lassen.« Er überlegte, dann sagte er plötzlich: »Gegen Abend soll noch ein Ju auf den Dnjepperwiesen landen, das heißt, wenn der Pilot es schafft. Die fliegt Verwundete nach Minsk. Vielleicht kann ich Sie mitschicken.«

Der Abend kam. Plötzlich verbreitete sich das Gerücht, eine Ju 52 sei auf den Wiesen gelandet. Der Russe habe die Wiesen aber bereits unter Beschuß. Die Maschine müßte sofort weiterfliegen.

Ich lag mit schweren Schmerzen in einem Dämmerzustand. Der Oberfeldarzt war irgendwo an einem Frontabschnitt der Division. Niemand kümmerte sich um mich. Plötzlich kam ein Feldwebel in den Raum gelaufen.

»Ist hier ein Unteroffizier Reschke?« schrie er und lief bereits wieder weiter. Ich selbst bekam von dieser Frage nichts mit, aber der neben mir liegende Kamerad schrie dem Feldwebel nach, daß ich der Gesuchte wäre.

Als letzten brachten sie mich auf einer Bahre zum Flugzeug. Weil für die Bahre einfach kein Platz mehr war, wurde ich so zur Tür hineingeschoben, wobei ich mich vor Schmerzen krümmte. Die Maschine rollte an – und in dem Augenblick, da eine ganze Lage Geschosse in den gegenüberliegenden Rand der Wiesen hineinrauschte, hob die Ju 52 ab, gewann mühsam an Höhe und verschwand, tief über den Baumwipfeln fliegend, in westlicher Richtung über dem Waldgebiet hinter dem Fluß.

Eine Stunde später landeten wir in Minsk, wurden in Sanitätswagen verladen und zu einem Lazarett gefahren, das eine Fahrtstunde südlich von Minsk lag. Über diesen Abend weiß ich nur noch, daß ein anderer Kamerad aus meiner Division, der als Verwundeter auch dabei war, versucht hatte, seine Einheit anzurufen. Ihm wurde gesagt, daß seit einer Stunde jegliche Verbindung unterbrochen sei. Wochen später erfuhr ich, daß die meisten Angehörigen meiner Division gefallen wären. Ich habe nie wieder mit einem von ihnen Verbindung bekommen.

Nachdem unter sachkundiger Behandlung die Schmerzen etwas nachgelassen hatten, nahm ich auch an den Vorgängen in meiner neuen Umgebung wieder Anteil. Im Zimmer lagen wir zu viert, darunter zwei schwere Typhusfälle, die aus Platzmangel nicht verlegt werden konnten. Man hatte sie durch eine Zwischenwand ein wenig von uns anderen isoliert.

Das Lazarett selbst war merkwürdig gebaut. Es lag inmitten eines Eisenbahndreiecks. Daraus war zu entnehmen, daß an einen Kriegsgebrauch nicht gedacht worden war. Wir sollten bald merken, welche Katastrophe das für uns werden konnte. Zunächst aber war es still, und in dieser wohltuenden Ruhe und Versorgung schien sich auch mein Bauchinneres wieder zu beruhigen.

Eines Abends aber gab es plötzlich Fliegeralarm. Niemand nahm dies allzu tragisch. Wer laufen konnte, wanderte in den parallel zum Hauptgebäude zwei Meter unter der Erde ausgebauten Deckungsgraben ab. Die Transportfälle wurden von uns gleich mitgenommen. Die schwerer Verwundeten blieben einfach oben. Für sie hatte man noch keine Möglichkeit schaffen können.

Die Ursache dieses Fliegeralarms war eine sogenannte »Nähmaschine«, ein kleineres Flugzeug des

Russen, das wohl mehr zur Aufklärung flog und selten eine vergleichsweise harmlose Splitterbombe abwarf. Das seltsame Geräusch, das diese Maschine machte, hatte ihr den Spitznamen »Nähmaschine« eingebracht. Von da ab kam die Nähmaschine jeden Abend und immer um die gleiche Zeit. Zuletzt nahm den Alarm niemand mehr ernst. Wir zogen uns zwar befehlsmäßig an, blieben aber auf unseren Betten liegen.

So geschah es auch an dem Abend, der so vielen Menschen in diesem als Lazarett gekennzeichneten Gebäude das Leben kostete. Wieder gab es Alarm. Wir spielten gerade Skat und ließen uns nicht weiter stören. Aus dem unteren Stockwerk, in dem ein scharfer Stationsfeldwebel regierte, hörten wir die Geräusche des Abwanderns in den unterirdischen Deckungsgraben.

Mitten im Spiel legte ich mit einem Mal die Karten hin und erklärte, ich müßte dringend auf einen gewissen Ort. Trotz Protestes der Mitspieler zog ich meine viel zu weiten Militärunterhosen an und machte mich auf den Weg. Kaum aber stand ich draußen auf dem Gang, der durch die ganze Länge des Gebäudes an der Innenseite entlanglief, da fühlte ich mich plötzlich gepackt. Mit einem ungeheuren Druck flog ich durch die ganze Länge des Flures und landete mit Wucht in einem an dessen Ende stehenden Schrank, der mit mir umkippte und mich unter sich begrub. Der Schlag, den ich dabei gegen den ganzen Körper erhielt, war so stark, daß ich die Detonation der Bombe überhaupt nicht wahrnahm. Nach einem Augenblick der Stille folgte ein Inferno von Schmerzens- und Todesschreien. Das war so entsetzlich, daß ich dort unter dem Schrank unwillkürlich versuchte, mir die Ohren zuzuhalten, was sich aber nicht machen ließ. Ich stellte jedoch fest, daß ich, abgesehen von Hautabschürfungen und Beulen, wohl keine weiteren Verletzungen erlitten hatte.

Nur schnell hier hinaus! war mein Gedanke. Ich versuchte mich aufzurichten und den Schrank von mir abzuwälzen. Zum Glück gelang dies einigermaßen, und ich konnte sehen, was die Bombe angerichtet hatte.

Von irgendwoher flackerte Feuerschein auf. Die Schreie der Verletzten klangen unvermindert furchtbar durch die Trümmer, die meine Augen sehen konnten. Die ganze Fensterfront zum Innenhof lag in Trümmern. Der Fußboden hing zum Teil nach unten durch und – soweit ich dies in dem Halbdunkel übersehen konnte – einige Zimmer in diesem obersten Stockwerk waren durch den Explosionsdruck wie weggeblasen, darunter auch die Stube, in der ich noch vor wenigen Minuten Skat gespielt hatte.

Wie ich dann in den Deckungsgraben gekommen bin, weiß ich nicht mehr. Ich muß ihn über die Trümmer hinwegkriechend erreicht haben. Hier unten herrschte eine gespannte, angsterfüllte Stille. Wir Soldaten in Rußland waren wohl an jegliche Art von Artilleriebeschuß, nicht aber an Bombenangriffe gewöhnt. Die Dunkelheit in dem gerade nicht sehr geräumigen, dafür aber sehr langen Deckungsgraben, wurde durch sogenannte Hindenburglichter schwach erhellt.

Plötzlich schrie jemand laut. »Sie kommen!« Auch hier, knapp zwei Meter unter der Erde, hörten wir die Flugzeuge herankommen. Niemand konnte sagen, wie weit sie noch entfernt waren. Aber gleich darauf vernahmen wir die dumpfen Einschläge der abgeworfenen Bomben, die eine schwere Erschütterung im Balkenwerk unseres Grabens mit sich brachten.

»Das war drüben hinter dem Bahndamm«, sagte eine Stimme neben mir. Sie gehörte einem Oberleutnant, der auf einer Bahre lag. Man hatte ihm beide Beine amputiert.

»Wenn die so weitermachen, dann trifft die nächste oder übernächste Lage direkt hier herein. Der einzelne

Abwurf vorhin war bestimmt nur eine Art Generalprobe.«

Ich schauderte, denn ich wußte, daß diese sogenannte Generalprobe bestimmt ein paar hundert Menschen das Leben gekostet hatte.

»Keine Angst haben, Kamerad!« sagte der Oberleutnant plötzlich zu mir. »Einmal trifft es doch jeden. Es ist nur die Frage, wie es danach aussieht.«

Wieder wurde es ganz still. »Sie kommen wieder«, sagte eine Stimme. »Vielleicht haben wir diesmal noch Glück.«

Wir hatten Glück, wenn man es so bezeichnen kann. Die nächste Lage mußte genau den Bahndamm vor unserem Lazarett getroffen haben, denn wir hörten zugleich mit der Explosion ein schreckliches Heulen. Das waren wohl die Eisenbahnschienen, die durch die Luft gewirbelt wurden. Die Stille aber, die danach einkehrte, ähnelte der in jenem Waldgebiet, in dem ich damals ein Signal zu schießen hatte.

Mit einem Mal wurde die Stille durch ein seltsames Raunen durchbrochen, das von den Hunderten kam, die auf den nächsten Bombenschlag warteten. Es kam mir aus der Dunkelheit entgegen, es klang neben mir auf und war hinter mir zu hören: es wurde gebetet – ganz laut, still vor sich hin und so leise, daß es kaum jemand verstehen konnte. Tausend Männer, dazwischen ein paar Frauen – die Schwestern – beteten, jeder so gut er es konnte oder danach, was er einmal gelernt und noch behalten hatte. Das ging vom »Vaterunser« über »Lieber Gott, mach mich fromm, daß ich in den Himmel komm« bis hin zu einzelnen Wortfetzen und einem Wortgestammel, das nur noch für den verständlich war, der es in dieser Not von sich gab. Tausend Menschen beteten! Und ich betete auch.

Die Flugzeuge kamen wieder. Wir hörten das Rauschen und Pfeifen der herabstürzenden Bomben. Jeder fiel dort auf den Boden, wo er dafür ein Fleckchen fand. Alle warteten auf den Tod.

Das Krachen und Bersten war furchtbar! Aber daß wir es hörten, zeigte uns sehr schnell, daß wir noch einmal davongekommen waren. Die Lage der Bomben war jenseits des Lazarettgebäudes in den anderen Bahndamm gefahren.

Ich kann nicht sagen, wieviel Tote dieser Angriff kostete, Tote unter verwundeten und kranken Lazarettinsassen, die durch große rote Kreuze auf den Dächern geschützt sein sollten. Ich kann aber etwas anderes bezeugen: Ich habe gehört, wie Hunderte dieser Männer und auch Frauen in der letzten Not beteten, weil ihnen plötzlich klar geworden war, daß nur einer das Unheil abwenden konnte – der lebendige Gott, der je und dann auch Bomben in eine andere Richtung lenkt und das Leben weitergehen läßt. Ja, natürlich, je und dann. Viele Gebete wurden in gleicher Not gesprochen, und Gott hat sie nicht erfüllt. Sein Ratschluß bleibt oft genug unerforschlich. Er gibt und nimmt das Leben. Er hat die Fäden in der Hand, er allein!

6.

Die letzten Kriegsmonate brachen an. Für viele Menschen, auch für mich, brachten sie etwas Neues, nicht weniger furchtbares: die Gefangenschaft.

Zuvor kam ich nach Breslau. Das Lazarett bei Minsk wurde aufgelöst, wir übriggebliebenen Verwundeten und Kranken abtransportiert. Das Standortlazarett I in Breslau am Südpark war in den nächsten neun Monaten mein Aufenthaltsort. Ich habe dort sehr schwere, aber auch frohe Stunden verlebt. Ich lernte neue Menschen kennen, vor allem manche Ärzte. Einer von ihnen, ich weiß seinen Namen nicht mehr, hat sich um meine völlig zerrüttete Gesundheit verdient gemacht. Er ruhte nicht eher, bis er nach langwierigen Untersuchungen im Labor die Ursache meines schrecklichen Darmblutens fand, das nicht aufhören wollte. Er entdeckte »Lamblien« im Gallensaft, ein winzig kleiner Parasit, der nur bei stärkster Vergrößerung und ganz bestimmter Einfärbung von Flüssigkeit aus der Galle sichtbar wurde. Zugleich wurde festgestellt, daß eine meiner Nieren ganz außer Funktion war, was aber fast wie eine Nebensache anmutete. Die Niere sollte entfernt werden, doch ich gab dazu nicht mein Einverständnis. Wieder war es jener Arzt, der sich mit den damals bekannten Mitteln und Möglichkeiten mühte, bis die Niere wieder zu arbeiten anfing.

Als ich nach einem dreiviertel Jahr soweit hergestellt war, daß man es wagen konnte, mich dienstfähig zu schreiben, war aber an Frontdienst nicht mehr zu denken. Ich kam zu meiner neuen Ersatzabteilung nach Halle an der Saale und damit ganz in die Nähe von Wittenberg, wo sich meine Familie befand. Leider stellten sich bald wieder Beschwerden ein. Die Darmfunktion war erheblich gestört. Ich bekam keine Ruhe. Als ich mich in Halle im Lazarett melden mußte, sagte man mir, es sei durchaus möglich, mich nach Wittenberg zu verlegen. Zuvor aber verlebte ich noch in Halle Weihnachten.

Es wurde ein seltsames Weihnachtsfest, ein Fest mit »Christbäumen«, die nicht aus einem Walde stammten.

Da ich durch die Nähe meiner Heimatstadt oft Besuch haben konnte, war ich über Heiligabend zum Dienst eingeteilt worden. Als UvD hatte ich freiwillig die Wache übernommen, da ich die Kaserne sowieso nicht verlassen durfte, und mich mit einem Buch und meinem kleinen Neuen Testament in der Wachstube »eingerichtet«. So gegen zehn Uhr abends zündete ich mir eine Kerze an, die ich auf einem Tannenzweig befestigte und las die Weihnachtsgeschichte aus Lukas 2. Ab und zu klingelte das Telefon, irgendeine Meldung kam durch, oder ich mußte selbst zum Hörer greifen, um die neueste Luftlage zu erfahren. Um elf Uhr machte ich einen Rundgang. Das ganze Kasernengelände lag wie tot da. Die für die Kasernenwache eingeteilten Männer hatten sich, natürlich in Uniform, ein bißchen aufs Ohr gelegt. Nur aus einer Stube erscholl leiser Gesang. Dort feierte man.

Ich blickte zum Himmel auf. Ob die amerikanischen oder englischen Bombengeschwader heute ein Einsehen hatten und die Heilige Nacht respektierten? Ich war mir nicht ganz sicher. Darum ging ich anschließend auch hinauf auf den Boden und kletterte an einer Stelle, die dafür ausgebaut worden war, aufs Dach hinaus.

Halle lag im Dunkeln. Die Verdunkelung war so gut wie lückenlos, bis auf einige wenige unvermeidliche Lichtpunkte, die eine Stadt solcher Größe nicht ahnen ließen.

In dem gleichen Augenblick, da ich aus der Ferne das erste Motorengeräusch wahrnahm, heulte auch schon die Alarmsirene los. Ich raste hinunter ans Telefon, erhielt die Nachricht über erhöhte Alarmbereitschaft, gab diese an die übrigen Kompanien weiter und ging nach draußen vor die Tür. Jetzt konnte man nur noch abwarten. Dieses Warten dauerte nicht allzulange. Ich sah bereits, zunächst als einen Schatten, dann aber klar erkennbar den Wachoffizier für die ganze Kaserne über den Innenhof kommen. Er rief mir schon von weitem zu, ich solle Kasernenalarm auslösen.

In wenigen Minuten standen die Männer, die als Wachkommando eingeteilt waren, angetreten auf dem Platz. Die Befehlsgewalt war nun ganz von den dafür eingeteilten Offizieren übernommen worden. Ich selbst stand auch bei meinen Männern.

Der Wachoffizier gab bekannt, daß es sich um einen schweren Luftangriff auf eine benachbarte kleinere Stadt mit wichtigen Industrieanlagen handeln würde. Wir wären zur sofortigen Hilfe dorthin beordert worden. Nur ein kleines Kommando bliebe zum Schutz der Kaserne zurück.

Bald rasten wir auf LKWs durch die Nacht, den Bombenexplosionen und dem Feuerschein der brennenden Stadt entgegen. Und noch etwas sahen wir: Die »Christbäume«, so nannten wir damals die Leuchtkörper, die von den Flugzeugen zur Orientierung abgeworfen wurden und die sich wie ein Weihnachtsbaum entfalteten.

»Christbäume!« Einer stieß den anderen an und machte ihn, mit Bitterkeit in der Stimme, darauf aufmerksam.

Als wir den Stadtrand des von vielen Bränden erleuchteten Ortes erreichten, kam noch einmal eine Welle von Bombern und lud ihre Tod und Verderben bringende Fracht ab. Unsere Kolonne mußte halten. Wir liefen wie Hasen über die Felder und suchten Schutz hinter lächerlichen Bodenerhebungen.

Es war die letzte Angriffswelle. Wir konnten weiterfahren – in das Inferno dieser Stadt hinein. Wir alle waren Soldaten von der Front und an schwerstes Artilleriefeuer gewöhnt. Aber vor einem solchen verheerenden Bombenangriff fühlten wir uns macht- und hilflos. Trozdem mußten wir helfen, wo immer es nur ging.

Wir bekamen einen begrenzten Bezirk zugeteilt. Dort waren die rauchenden oder auch noch brennenden Trümmer durchzukämmen nach Überlebenden, Eingeschlossenen und vor allem Verwundeten. Bis zum Morgengrauen arbeiteten wir ohne aufzuschauen. Jeder dachte dabei wohl an eigene Angehörige und hoffte, daß auch ihnen, wenn nötig, solche Hilfe zuteil würde.

Endlich kam der Befehl zum Sammeln. Wir waren alle total erschöpft und am Rande unserer Kräfte. Viele Männer, die noch zu den Genesenden gehörten, mußten sich irgendwo hinhocken, um wieder Kräfte zu sammeln. Unser Hauptmann aber, der diesen Einsatz mitmachte, drängte auf Abfahrt.

Ich war noch einmal ein Stück zurückgegangen, um etwas zu holen, das mir bei dem letzten Trümmerhaufen entfallen war. In diesem Augenblick hörte ich es. Zunächst klang es nur wie ein ganz schwacher, kläglicher Ton, wie das leise Jammern eines Kätzchens. Aber von einer Unruhe getrieben, ging ich dem Ton nach und hörte bald deutlicher, daß da ein Mensch weinte, laut und hoffnungslos.

Ich schrie, es sollten noch einige zu Hilfe kommen, unter diesem Trümmerhaufen müßten noch Menschen sein.

Zunächst wollte man mir nicht glauben, denn gerade diese Ecke war gründlich durchsucht worden. Aber ich ließ nicht locker und nahm auch einen heftigen Anpfiff meines Hauptmanns in Kauf, bis ich mit meiner Bitte durchdrang. Dann gingen wir das Trümmerfeld noch einmal systematisch durch. Nun hörten auch die anderen Männer das Weinen. Zuletzt waren wir den Tönen so nahe, um feststellen zu können, daß es sich um ein Kind handeln mußte.

Wir haben sie dann gefunden – die bewußtlose Mutter und ihr weinendes, etwa fünfjähriges Töchterchen. Ich konnte als erster durch das Loch kriechen, das wir in dem Trümmerhaufen freigelegt hatten, und fand die beiden in einem bis zur Hälfte eingedrückten Kellerraum, in dem allerdings das Wasser bis zu einer lebensbedrohenden Höhe angestiegen war. Wir konnten die Mutter und das Kind befreien. So manchem hartgesottenen Landser liefen dabei die Tränen über die Wangen.

»Stille Nacht, heilige Nacht«, flüsterte einer von ihnen, und die anderen nickten dazu.

Ende Januar 1945 wurde ich in das Lazarett in Wittenberg verlegt. Dort traf ich auch meinen Schwager, den Mann meiner Schwester, der eine schwere Schulterverwundung ausheilte. Da seine Frau und sein Sohn bei uns in Wittenberg untergekommen waren, nachdem der Feuersturm über Hamburg hinweggebraust war, hatte auch er sich nach dorthin verlegen lassen. Es gab einige verhältnismäßig friedliche Wochen, bis es eines Tages hieß, die Russen stehen schon in der Nähe von Torgau, auch Wittenberg sei bedroht. Das Lazarett mit allen Insassen würde evakuiert. Wohin das geschehen sollte, war uns Soldaten schleierhaft, denn vom Westen her rückten die Amerikaner vor und trafen kaum noch auf nennenswerten Widerstand. Dieser Evakuierungsbefehl für das Lazarett brachte auch die Bevölkerung der Stadt in Bewegung. Täglich sah man Menschen mit Leiterwägelchen und anderen Gefährten einen kleinen Teil ihrer Habe und sich selbst in Sicherheit bringen. Davon ließen sie sich auch von noch so vielen Befehlen und Kontrollen nicht abhalten.

Mein Schwager und ich hatten uns auch einen Wagen besorgt. Da wir vom Lazarett aus viel Freiheit genossen und mit dem Hauptfeldwebel auf gutem Fuß standen, durften wir uns selbständig machen und unsere Familien mitnehmen. Wir hatten uns nur zu einem bestimmten Zeitpunkt in der Nähe von Wolfen an der Mulde einzufinden, wo wir die Lazaretteinheit wieder treffen würden.

Dieser Marsch mit Sack und Pack, dem Wagen und drei kleinen Kindern war ein Drama für sich. Ich zog, und mein Schwager, der wegen seiner schweren Schulterverletzung nicht ziehen konnte, schob den Wagen, wobei ihm die Frauen halfen. Mitten in der Nacht, auf der vom Mondlicht beschienenen Straße, schob sich plötzlich eine kleine Hand in die meine. Meine älteste Tochter, damals gerade sieben Jahre alt, flüsterte mir zu: »Vati, wenn du nicht mehr kannst, ich bin doch bei dir, ich helfe dir!« O ja, das war wirklich eine Hilfe! Mehr Kraft als viele gute Worte kann eine kleine Kinderhand vermitteln.

Und an der Mulde wurde dann das ganze Lazarett, d.h. seine Insassen, den Amerikanern übergeben. Im stillen lobten und dankten wir Gott in der Meinung, nun sei für uns alles Furchtbare vorbei und wir in Sicherheit. Irrtum!

Ich muß nun etwas berichten, was zu den furchtbarsten Erlebnissen in meinem Leben gehört: das Lager »Bad Kreuznach«, das schrecklichste aller Vergeltungslager, das jene Großmacht damals errichtete, nachdem sie zum »Kreuzzug« gegen das unchristliche Dritte Reich aufgerufen hatte. Hier wurde wirklich Böses mit Bösem vergolten, und nur die unendliche Gnade Gottes hat auch dort Menschen das Überleben geschenkt, die zum größten Teil nichts anderes getan hatten, als ihrer Pflicht als Soldaten nachzukommen.

Warum wir von der Mulde aus, dem kleinen Flüßchen bei Bitterfeld, mit einem Zwischenaufenthalt bei

Eisleben bis nach Bad Kreuznach transportiert wurden, wird wohl immer rätselhaft bleiben. Als wir dort im Morgengrauen eines Apriltages auf dem Bahnhof ausgeladen wurden – wir hatten zwei Tage auf Kohlenloren zugebracht –, sahen wir nicht mehr wie Menschen aus. Abgesehen davon hatten wir auf dem ganzen Transport nichts zu essen und zu trinken bekommen, bis auf die Liebesgaben, die uns mitleidige Menschen in die offenen Waggons warfen und bis auf die schnell mit Wasser gefüllten Feldflaschen bei irgendeinem Halt. Die meisten von uns taumelten mehr, als daß sie gingen. Mein Schwager hatte heftige Schmerzen in seiner Schulter, und bei mir fing sich wieder der Bauch an zu rühren. Zum Glück waren meine Schmerzen zunächst noch erträglich.

Die uns begleitenden amerikanischen Soldaten hatten wohl die Weisung, uns wie Vieh zu behandeln, denn anders waren die Schläge in die dahintrabende Kolonne hinein nicht zu verstehen.

In den Weinbergen, oberhalb des Nahetales, war das Lager errichtet worden. Ich weiß nicht, wie viele Menschen dort zusammengetrieben wurden – natürlich unter freiem Himmel. Mir ist nur in Erinnerung, daß schon bei unserer Ankunft Tausende dort waren. Von den Weinbergen war nur noch der Boden übrig, alles andere war zertreten.

Vierzehn Tage unter freiem Himmel, bei Tag und Nacht. Vierzehn Tage bei Regen, Hagelschlag und Schneefall – es war noch einmal unangenehm kalt geworden –, vierzehn Tage ohne warme Mahlzeit oder Getränk und in den letzten acht Tagen ganz ohne Verpflegung. Regen- und Schneewasser stillten den ärgsten Durst. Die Rinden einiger noch stehengebliebener Bäume und die in das Erdreich getrampelten Wurzeln der Weinstöcke waren die einzige Nahrung.

Das riesige Lager war in Camps unterteilt, in denen je

einige Tausend Mann lagen. Alles war mit Stacheldraht umzäunt, der an den Außenseiten elektrisch geladen und zusätzlich mit Wachtürmen gesichert wurde. Der Erdboden war bald ein grundloser Morast. Wohl dem, der noch ein paar Schuhe an den Füßen hatte oder gar einen Mantel besaß. Vielen waren diese Kleidungsstücke auf dem Transport abgenommen worden. Es waren ja Deutsche, an denen Vergeltung geübt werden sollte.

Solange es irgendwie ging, haben wir gestanden. Wer einen Mantel hatte, gab ihn als Regendach her, damit darunter drei oder vier Mann notdürftig geschützt waren. Löcher durften wir nicht graben, um uns hineinzuhocken – auch mit den Händen nicht. Zeltplanen, die hier und da einer einschmuggeln konnte, wurden sofort weggenommen. Sogenannte Uhrenappelle ließen die meisten Kameraden die letzten Wertsachen einbüßen.

Leider ist nichts so schlimm, daß es der Mensch selbst nicht noch schlimmer machen würde. Eines Nachts hörten mein Schwager und ich unterdrückte Hilferufe. Wir hockten auf der Erde, eng aneinandergelehnt, um uns gegenseitig ein wenig zu wärmen. Wir rappelten uns hoch und gingen dem Rufen nach. Leider kamen wir zu spät. Der Mann, der um Hilfe gerufen hatte, war bereits tot.

Dieser nun tote Mensch hatte unvorsichtigerweise am Vorabend, ehe es noch richtig dunkel war, einen Kanten hartes Brot aus der Hosentasche gezogen und daran ein bißchen gekaut, um seinen ärgsten Hunger zu stillen. Sicher hatte er das Stück Brot bisher ängstlich verborgen, dann aber alle Vorsicht außer acht gelassen.

In der Nacht fielen sie über ihn her. Das Brot bekam wohl keiner. Bei dem Handgemenge wurde es bestimmt zertreten und in den Morast gestampft. Der

Mensch aber büßte dabei sein Leben ein, als er um Hilfe rief.

Ich muß sagen, mir hat das innerlich den Rest gegeben. Hunger und Durst taten ein übriges, außerdem mein Darm, der trotz Mangels an Masse in einer vierten Ruhr revoltierte. Ich konnte einfach nicht mehr. Immer wieder riß mich mein Schwager hoch. Nur nicht der Länge nach in diesem Dreck versinken! Wer sich soweit gehenließ, der stand nie mehr auf, sondern wurde am nächsten Morgen tot fortgetragen, mit vielen anderen in eine Grube geworfen, mit Chlorkalk bestreut und zugebuddelt.

Die Hilfe meines Schwagers hatte aber Grenzen. Auch er war zu Tode erschöpft und hielt sich nur noch mit Mühe aufrecht.

Alle Qual konnte sehr schnell ein Ende haben. Es gehörte nur ein bißchen Mut und vor allem letzte Verzweiflung dazu. Seit einigen Tagen hatte man vor dem Außenzaun Schilder aufgestellt, auf denen zu lesen war, daß derjenige, der näher als drei Meter an den Zaun herantrat, erschossen würde. Wir haben zur Genüge erlebt, daß ein Schuß aufpeitschte, und vor dem Zaun der »Selbstmörder« zusammenbrach, zumeist tot.

Ich hatte immer wieder in meinem kleinen Neuen Testament gelesen, ein braunes Büchlein, das auch heute noch existiert. Es steckte in meiner oberen äußeren Uniformtasche. Bald aber war mein Bewußtsein so getrübt, daß ich die Worte nicht mehr begriff. Hunger und Durst hatten mich mürbe gemacht.

Da entschloß ich mich zu dem Weg an den Außenzaun.

»Lieber Herr, vergib mir!« waren wohl meine letzten Gedanken, ehe ich loskroch; denn laufen konnte ich nicht mehr.

Die Gelegenheit war günstig. Mein Schwager war

auf die Suche nach etwas Eßbarem gegangen, einer Wurzel oder ähnlichem.

Ich kroch in Richtung Zaun. So schwer hatte ich mir diesen Weg nicht vorgestellt, weder körperlich noch seelisch. Immer wieder hielt ich an, immer wieder wanderten meine Gedanken nach Hause zu meinen Lieben. Ob sie noch lebten? Ob die Russen sie noch eingeholt hatten – dort in dem Dorf, in dem wir sie zurückließen?

Endlich trennten mich nur noch etwa zehn Meter von dem Ende. Noch einmal raffte ich mich auf. Auch diese letzten Meter würde ich schaffen. In diesem Augenblick fiel mir etwas auf die Hände. Beim Kriechen hatte sich mein Neues Testament in der Tasche hochgeschoben und war hinausgefallen. Nun lag es vor mir. Meine Augen sahen es ganz deutlich. Ich weiß nicht, ob ein Buch sprechen kann – ein Neues Testament gar. Aber dieses Büchlein sprach zu mir. Es redete eine sehr deutliche Sprache. Es hat mich in diesen Augenblicken vieles gefragt. Ich kann nicht mehr sagen, was das alles war. Diese Fragen waren aber so klar und so eindringlich, daß ich einfach nicht mehr weiterkriechen konnte, dort liegenblieb und bewußtlos wurde.

Fünf Tage später kam ich wieder zu mir. Durch mein eigenes Geschrei. An meiner Pritsche saß ein Mann, der in der ihm eigenen, mir von früher vertrauten Art sagte: »Brüderchen, warum schreist du denn so?« Es war ein alter Freund von mir, Mitarbeiter der Berliner Stadtmission, ein Pfarrer. Auch er erkannte mich im gleichen Augenblick. Er packte mich bei den Schultern und meinte entsetzt: »Um Gottes willen, willst du hier verrecken, Willi?«

Ich versuchte, mein Schreien zu unterdrücken, meine Schmerzensschreie, verursacht durch die Ruhr, die in meinen Eingeweiden tobte. Ich bemühte mich auch zu sprechen, aber es gelang nicht. Die Wellen der Schmerzen spülten alle Versuche hinweg. Ich mußte schreien, ob ich wollte oder nicht.

Mein Bruder Raeder, denn um ihn handelte es sich, sprang inzwischen auf und lief die Reihen der Pritschen entlang, die zu beiden Seiten des schmalen Ganges in dem langgestreckten, niedrigen Zelt standen. Bald darauf kam er mit einem Mann zurück, in dem ich einen Sanitäter der amerikanischen Armee erkannte. Ich bekam eine Spritze und versank gleich darauf in wohltuende Bewußtlosigkeit.

Ich lag in einem amerikanischen Feldlazarett für Gefangene, das unten im Nahetal in Richtung der Stadt Kreuznach aufgestellt worden war. Wie ich dort hingekommen war? Pfarrer Raeder brachte die Tatsachen zusammen:

Wie so viele andere Gefangenen, hatte man auch mich am anderen Morgen dort oben dicht vor dem Zaun aufgelesen und als vermeintlich tot hinaustransportiert. Mein Schwager hatte mich wohl vergeblich gesucht. Aus irgendeinem Grunde stand an jenem Tag und auch die Tage darauf kein Beerdigungskommando zur Verfügung. Der wieder einsetzende Frost hatte die Erde gefroren, so daß man die Toten einfach unten im Tal, nicht weit von diesem Feldlazarett, an einer Scheune stapelte. Vier Tage muß ich unter den Toten gelegen haben. Diese toten Kameraden schützten mich vor dem Erfrieren.

Am Vorabend jenes Tages, an dem ich wieder zur Besinnung kam und an meiner Pritsche Pfarrer Raeder entdeckte, ging ein amerikanischer Arzt auf der Talstraße spazieren, sah den Haufen Toter und entdeckte zu seinem Entsetzen, daß sich unter diesen jemand befand, der sich noch bewegte. Er hat mich hervorziehen lassen und veranlaßt, daß ich in das Lazarett transportiert wurde, das nur aus Zelten bestand. Auch das gab es also, dicht neben der Hölle der Kamps auf den Weinbergen.

Am nächsten Morgen saß Pfarrer Raeder, der erste deutsche Pfarrer (soweit mir bekannt), der von den Amerikanern die Erlaubnis erhalten hatte, sich um die kranken deutschen Gefangenen zu kümmern, wieder an meiner Pritsche. Die Morphiumspritze, die ich gerade erhalten hatte, ermöglichte es, daß wir uns kurz unterhielten.

»Mensch«, sagte Raeder in seiner mir bekannten, immer etwas humorvollen Art, »wenn du hier bleibst, dann wirst du hier verrecken. Du mußt 'raus!«

Ich blickte ihn fragend an. »Aber wie? Wie willst du das anstellen?«

»Auf völlig legale Art«, antwortete er. »Bitte, gib einmal genau acht.« Und dann setzte er mir seinen Plan auseinander. Er würde am Abend das Papier, das inzwischen durch seine Vermittlung über mich angelegt worden war, unter diejenigen schmuggeln, die denen gehörten, die am anderen Morgen in ein deutsches Reserve-Gefangenenlazarett verlegt wurden. Ich müßte nur alles tun, daß ich nach dem Aufruf meines Namens nicht zurückgewiesen wurde. Er meinte, das würde der Sanitäter sicher versuchen, wenn ich zum Zeltausgang gekrochen käme, denn gehen konnte ich nicht. Es gäbe nur ein einziges Mittel, die Zurückweisung zu verhindern: Ich sollte so laut wie nur irgend möglich nach dem Arzt schreien. Er würde diesen Arzt noch verständigen. Mit dem könnte man reden.

Noch eine andere Schwierigkeit mußte überwunden werden: Ich sollte die Spritze, die ich am Abend bekam, möglichst weit wieder hinausdrücken, damit ich morgens zwischen vier und fünf Uhr, wenn die Verlegungen vorgenommen wurden, meinen Namen auch hörte. Während er dies sagte, drückte er mir heimlich einen chemischen Wärmebeutel unter die Decke. Ich sollte versuchen, ihn in der Nacht gegen die größten Schmerzen zu verwenden.

Wir haben dann noch miteinander gebetet, Bruder Raeder und ich. Das konnte man in diesem Elendszelt, in dem jeder mit seinen Schmerzen zu tun hatte, ganz ungehindert tun. Ich war allerdings so furchtbar schwach, daß ich kaum ein paar Worte herausbrachte.

Am anderen Morgen geschah alles, wie es Raeder gesagt hatte. Nach einer entsetzlichen, schmerzerfüllten Nacht, versuchte ich nach Aufruf meines Namens zum Zeltausgang zu kriechen. Als mich der Sanitäter mit einem Fluch zurückstieß, brüllte ich aus Leibeskräften den Namen des amerikanischen Arztes. Der kam dann zwar nicht, aber um unnötiges Aufsehen zu vermeiden, hoben mich die Sanitäter auf, legten mich auf eine Bahre und schoben mich in den Sanitätskraftwagen.

Alle, die wir zu diesem Transport gehörten, landeten in dem unter deutscher ärztlicher Leitung stehenden Gefangenenlazarett in Langen bei Frankfurt am Main.

Als wir dort ausgeladen und in das Haus getragen wurden, geschah etwas Entsetzliches. In der Tür, zu der als Lazarett umfunktionierten Schule, stand der leitende deutsche Arzt. Der amerikanische Sanitäter übergab ihm das Papier, das über mich angelegt worden war. In der Meinung, ich liege in tiefer Bewußtlosigkeit, wandte sich der Arzt an die neben ihm stehende Schwester und sagte, indem er auf meine Bahre deutete: »Na, vielleicht noch zwei Tage, wenn er es solange schafft.«

Das kam einem Todesurteil gleich, das ich, da ich nicht bewußtlos war, mit anhören mußte.

Später, als wir uns ein wenig angefreundet hatten und manchmal miteinander Skat spielten, habe ich es ihm gesagt. Er war sehr erschrocken und meinte, einen solchen Lapsus könnte er sich kaum verzeihen.

Die Zeit in Langen war schrecklich und schön zugleich. Inzwischen wußten wir, daß der Krieg offiziell beendet war. Wie dieser Kriegsschluß aussah, das ahnten wir noch nicht. Das Ende des Krieges änderte aber nichts an der Tatsache, daß dieses Lazarett nur mit dem Allernotwendigsten versorgt wurde. Im Blick auf seine Insassen wurde es offensichtlich mit der Vergeltungsaktion Bad Kreuznach in Verbindung gebracht. Was aber für viele, denen es besser ging, sehr schlecht war, wurde meine Rettung.

Der Bürgermeister des Ortes oder irgendeine von den Amerikanern beauftragte Stelle hatte angeordnet, daß die Bauern der Umgebung, die sehr viel Spargel anbauten, diesen im Lazarett abzuliefern hatten. Es war gerade die beginnende Spargelzeit. So bekam ich, weil für einen solchen Fall wie mich nichts anderes zur Verfügung stand, jeden Vormittag ein paar amerikanische Zwiebäcke und am Abend eines jeden Tages eine Schüssel Spargelsuppe mit vielen Spargelstücken. Diese Suppe konnte ich gut essen, und je länger desto besser nahm sie auch mein Körper an.

Immer wieder schüttelte der Arzt bei seiner Visite den Kopf, wenn er mich noch lebend vorfand und bald darauf von Tag zu Tag ein wenig gebessert. Es ging tatsächlich aufwärts mit mir, und zwar nicht, wie der Doktor gemeint hatte, in Richtung Himmel, sondern auf dem mühsamen Weg der Genesung. Dabei half noch etwas anderes.

Die Frauen des Ortes und seiner Umgebung brachten mit rührender Treue einmal in der Woche ein bißchen von dem in das Lazarett, was sie erübrigen konnten. Wohl alle hatten sie Männer oder Söhne, auf deren Heimkehr sie warteten. So ging eines Tages auch an unserem Zimmer die Tür auf, und eine Frau stand auf der Schwelle, die gleich darauf mit einem Aufschrei ins Zimmer stürzte und auf mein Bett zulief. Sie schrie dabei einen Namen und hielt damit erst unmittelbar vor meinem Bett ein, als sie wohl erkannte, daß ich nicht der Gesuchte war. Sie hatte geglaubt, in mir den Sohn zu sehen, von dem sie seit Monaten nichts wußte.

Später saß sie weinend an meinem Bett und erzählte mir, daß ihr Sohn bei der Waffen-SS gewesen sei und sie kaum noch Hoffnung auf die Heimkehr ihres Einzigen hatte. Von diesem Tage an brachte sie mir aber regelmäßig Milch, die ich ein wenig erwärmt trinken durfte. Ich habe die alte Dame – das war sie im besten Sinne des Wortes – nicht vergessen und später auch einmal besucht.

Die Zeit im Lazarett in Langen hatte für mich noch etwas sehr Gutes. Als die Schmerzen endlich nachließen und ich wieder klarer denken konnte, griff ich nach meinem kleinen, braunen Neuen Testament, das man in meinen verkrampften Händen gefunden und in meine Tasche gesteckt hatte. Das erste, was ich aufschlug, ohne danach gesucht zu haben, war das Johannesevangelium. Ich habe es dort auf meinem Krankenlager Wort für Wort gelesen. Jeden Tag kam ein kleiner Abschnitt dran. Das wurden für mich segensreiche Stunden, die ich keineswegs missen möchte. In dieser Zeit wurde mir beim Lesen des Johannesevangeliums noch einmal ganz besonders deutlich, wie wichtig für den Glauben das unmittelbare Verhältnis zu Jesus ist. Er hat in diesen Stunden zu mir sehr deutlich und eindringlich gesprochen, und ich habe mit ihm im Gebet geredet.

Das waren unendlich tröstliche Stunden, in denen ich auch die in mir nagende Sorge um meine Familie immer wieder vor Gott brachte. Ich konnte natürlich nicht wissen, wie es den Meinen ging, ob sie noch lebten. Aber ich wurde ruhig über dem Gedanken, daß alles in des großen Vaters Hand liegt, Freud und Leid. Alles schwere Erleben, auch das, was mir vielleicht noch bevorstand, nahm ich letztlich aus seiner Hand. Er allein konnte es zum Segen wenden.

Damals habe ich etwas Entscheidendes gelernt: Wir Menschen sollten uns, wenn wir in Nöten sind, nicht zuerst an unsere Mitmenschen wenden, wie wir es meistens tun. Der Weg zum Vater im Himmel durch das Gebet ist nicht nur viel wichtiger, sondern der einzig erfolgreiche. Menschen stehen wie wir selbst in gleichen Nöten und sind mit gleichen Fehlern und Schwächen behaftet. Gott aber kann alles – die Dinge und die Menschenherzen wenden, allerdings nach seinem Willen; denn er blickt weiter, als unsere kurzsichtigen Menschenaugen es vermögen.

Der Weg nach Hause ließ sich nur über einen Umweg gehen, den ich nicht bestimmen konnte. Meine Entlassung aus dem Lazarett in Langen bedeutete noch nicht die Entlassung in die Heimat. So leicht ging das bei den Amerikanern nicht. Zunächst mußte ich zurück in ein Lager, und zwar in die Nähe von Bingen. Auch dort war es nicht schön, aber wir hatten nun meistens gutes Wetter und vor allem eine einigermaßen ausreichende Verpflegung. Zu dieser Versorgung, bei der es sich fast nur um sogenannte amerikanische »Marschverpflegung« handelte, gab es auch Zigaretten. Ich habe in jener Zeit auch geraucht, aber es wäre mir nie eingefallen, für eine Zigarette bis zu achtzig Mark zu bezahlen oder gar wertvolle Nahrungsmittel herzugeben. Für viele jedoch waren Rauchwaren wichtiger als das tägliche Brot.

In diesem Lager, aus dem wir dem Vernehmen nach entlassen werden sollten, war vieles schon »in alter Weise« organisiert. Darin sind wir Deutschen ja groß und wohl kaum zu übertreffen. Zwar fand auch hier alles im Freien statt, aber es gab nicht nur sportliche Veranstaltungen, Vorträge und Schulungen zur Weiterbildung in Sprachen und vielem anderen, sondern auch Gottesdienste.

Bei der Gruppe, die Gottesdienste organisierte, fand ich mich eines Tages ein und bot meinen Dienst an.

Fast in der Mitte des Lagers lag ein kleiner Hügel. Auf diesem Hügel standen einige Bäume. Nach der einen Seite hin stieg der Boden allmählich an, so daß die Fläche mit dem Hügel sich von selbst für gottesdienstliche Veranstaltungen anbot. An einem Sonntag sollte ich sprechen. Einige Kameraden gingen durch das Lager und luden ein. Ich war überrascht über die vielen, die kamen und sich am Hügel lagerten. Unter ihnen waren solche, die kaum laufen konnten, teils wegen ihrer Verwundungen, teils aus Schwäche, die auch die jetzt halbwegs gute Verpflegung noch nicht hatte beseitigen können. Es war ein buntes Bild, das sich da zu meinen Füßen darbot.

Ich sprach über jenes Psalmwort, das meinem Leben eine so ganz andere Richtung gegeben hatte: »Rufe mich an in der Not, so will ich dich erretten, und du sollst mich preisen!« Zum Schluß wagte ich es vorzuschlagen, das Lied »Lobe den Herren, den mächtigen König der Ehren« zu singen. Ich war mir darüber klar, daß dies in zweierlei Hinsicht ein Wagnis bedeutete: einmal im Blick auf den fehlenden Text, denn wir hatten ja weder Liederbücher noch Liederblätter zur Verfügung, vor allem aber in Hinsicht auf den Zustand, in dem wir zur Zeit leben mußten.

Ich war tief bewegt darüber, daß so viele aus voller Kehle mitsangen. Dieses Lied wurde wirklich zu einem Lob- und Dankchoral, wie man ihn sich bewegender nicht vorstellen kann. Ich habe viele Männergesichter gesehen, über die die Tränen liefen.

Nach diesem Gottesdienst kamen viele, die sich vor mir aussprechen wollten. Ich hatte damit den ganzen Tag zu tun. Was da alles an Not und Schuld zum Vorschein kam, kann und soll nicht berichtet werden. Eines aber ist mir unvergeßlich geblieben: Viele dieser Männer, die mit mir sprachen, schlossen die Aussprache mit den Worten: »Von jetzt an – wenn ich meine Lieben wiederfinden sollte – wird es bei mir ganz anders. Du kannst dich darauf verlassen!« Einige gaben mir ihre Heimatanschriften, so wie ich ihnen die meine gab. Sie versprachen es mir in die Hand, daß sie mir aus ihrem neu gestalteten Leben bestimmt schreiben würden. Ich habe keine einzige Nachricht erhalten. War alles wieder so schnell vergessen? Nahm ihnen der Wiederaufbau die Zeit? Ist das Danken für die Errettung aus der Not so schwer? Oder war es nur die Ergriffenheit einer Stunde, die schnell wieder verflog? Ich weiß es nicht. Wer will da urteilen? Ich bestimmt nicht, denn auch bei mir hat es lange gedauert, ehe ich die Güte Gottes in meinem Leben begriff.

Der Tag der Entlassung kam heran. Inzwischen wußten auch wir Gefangenen, daß Deutschland in Besatzungszonen aufgeteilt worden war. Wir konnten uns nur in die amerikanische Zone abmelden und wurden dadurch geradezu gezwungen, Deckadressen anzugeben, die oft genug nicht stimmten.

Ich aber wollte nach Hause, nach Wittenberg. Nach einem kurzen Besuch bei jener Frau, die mich im Lazarett in Langen zunächst für ihren Sohn gehalten hatte, nahm ich den Heimweg unter die Füße. Und das buchstäblich; denn einen normalen Betrieb der Verkehrsmittel jeglicher Art gab es noch nicht. Ich kam auf dieser langen Wanderung bis an die Mulde, hinter der die russische Besatzungszone begann.

Da stand ich nun, hinter einem Gebüsch versteckt, und starrte in den recht hochgehenden Fluß und hinüber zum anderen Ufer, um zu sehen, wo die russischen Posten standen.

Plötzlich tauchte ein kleiner Junge auf. Ich hatte ihn nicht kommen sehen und erschrak. Er aber griff ganz zutraulich meine Hand und sagte, indem er plötzlich zu weinen anfing: »Onkel, willst du auch hier sterben? Bleib doch hier! Die Russen erschießen alle.« Dabei zeigte er zum jenseitigen Ufer auf ein Gebüsch, unter dem tatsächlich im Wasser eine Leiche lag, die sich in den tiefhängenden Zweigen festgehakt hatte. Sie trug deutsche Uniform.

»Der ist erst heute morgen erschossen worden«, fuhr der Junge fort und hielt meine Hand noch fester.

Mir wackelten die Knie. Sollte ich soweit gelangt sein und nun hier auf diese Weise ums Leben kommen? Ich konnte mir nicht denken, daß das Gottes Weg mit mir war.

Ich setzte mich hinter das Gebüsch und zog das Kind zu mir herunter. Ich sagte dem Jungen, wie dankbar ich ihm sei, daß er mich gewarnt habe. Trotzdem müßte ich hinüberschwimmen, denn drüben ginge mein Weg weiter zu meinen beiden Kindern, die auch etwa so alt seien wie er, und zu meiner Frau. Eins aber könnte er doch tun: Er sollte an der Biegung des Flusses achtgeben, wo sich der russische Posten gerade befinde, und mir zuwinken, wenn es für mich günstig sei.

Der Kleine hat noch einmal gebettelt. Als er aber merkte, daß dies wohl keinen Erfolg habe, war er ebenso schnell zur Hilfe bereit.

So bin ich durch die Hilfe eines kleinen Jungen auf den Weg in die russische Besatzungszone und damit nach Hause gekommen. Einen Augenblick mußte ich noch befürchten, von dem reißenden Wasser fortgetrieben und heruntergedrückt zu werden. Aber dann ging doch alles gut. Als der Posten am jenseitigen Waldrand stand, von dem aus er mich nicht sehen konnte, jagte ich, nackt wie Gott mich geschaffen hat, über die Wiese an der Mulde in den Wald hinein und bis in das nächste Dorf. Dort haben mir gute Menschen etwas zum Anziehen gegeben, bis meine Kleider getrocknet waren. Ich konnte mich auch ein paar Stunden erholen, ehe ich meinen Marsch fortsetzte.

Der Weg wurde noch schwer genug. In Wittenberg fand ich das Haus, in dem wir gewohnt hatten, nicht mehr vor. Es war ein Trümmerhaufen, aus dem so gut wie nichts geborgen wurde. Nachbarn, die mich dort erschüttert stehen sahen, riefen mir zu, daß meine Familie am Leben sei. Sie konnten mir auch ihre Adresse geben.

So ging eine böse Zeit zu Ende. Die danach kam, war auch nicht gerade leicht, vor allem unter der Herrschaft der russischen Besatzung. Doch man konnte sich das Leben wieder neu einrichten, den Beruf aufnehmen und vor allem das Wort Gottes verkünden – denen, die Gott über manchem Erleben dafür das Herz aufgeschlossen hatte, aber auch denen, die ihm für so manche Bewahrung zu danken hatten.

7.

Der Wiederaufbau der evangelischen Jugendarbeit in der sowjetischen Besatzungszone war schwer. Zwar standen die Stellen der Besatzungsmacht in jener Zeit den Kirchen in einer wohlwollenden Neutralität gegenüber, doch viel Verständnis hatten sie nicht. Als ich mich bei meinem Superintendenten Professor Meichsner zurückmeldete, erfuhr ich erst einmal ausführlich, wie hart es seiner Familie im Zusammenhang mit dem 20. Juli 1944 ergangen war. Sein Sohn, ein Oberst, wurde in Berlin erhängt.

Der alte Herr schien trotzdem ungebrochen, nur je und dann sprach er auch einmal über dieses

Leid, das ihn getroffen und ihn vorzeitig hatte altern lassen.

Mich begrüßte er wie einen heimgekehrten Sohn. Schon nach wenigen Tagen der Ruhe bat er mich zu einem Gespräch, in dem er mir deutlich machte, daß ich wenigstens vorläufig neben der aufzubauenden Jugendarbeit ein Pfarramt im Kirchenkreis übernehmen müßte. Dabei gab es für ihn von vornherein keine Unklarheit darüber, daß ich dieses Amt mit allen Konsequenzen, also auch mit den damit verbundenen Amtshandlungen, auszuüben habe. Eine Predigt war für mich nichts Neues, aber Trauungen, Taufen, Beerdigungen und Abendmahlerteilung lagen mir bisher fern.

Zu dem Pfarramt gehörten zwei Orte, Dobien und Reinsdorf. Der eine war eine reine Bauerngemeinde, der andere Ort war durch das große Sprengstoffwerk bekannt. Hier lebte industrielle Arbeiterbevölkerung. Hier habe ich in den Gottesdiensten eine viel größere Besucherzahl gehabt. Trotzdem stammen die drei Erlebnisse, über die ich vor allem berichten möchte, aus dem Dorf Dobien.

Der Weg in diese Dörfer war recht beschwerlich. Ich besaß zwar ein altes Fahrrad, hatte aber keine Reifen. Nur mit großer Mühe gelang es mir, zwei Schläuche und zwei Mäntel aufzutreiben, die zwar vielfach geflickt, aber doch noch einigermaßen brauchbar waren. So habe ich dann die Wege meistens auf diesem Fahrrad zurückgelegt. Zehn bis fünfzehn Kilometer über sandige Wege zu fahren ist nicht gerade ein Vergnügen. Aber diese Wege wurden mir wie bisher noch nie in meinem Leben zu einer Möglichkeit, mit Gott zu reden. Alles, was mich in dieser schweren Zeit bewegte, der Hunger, der uns oft quälte, die Kinder, die manches Mal ins Bett gehen mußten, ohne satt geworden zu sein, meine alten Eltern, die wir bei uns hatten und die meiner Frau viele Sorgen bereiteten, die Arbeit selbst und alles, was mit dem Pfarramt zusammenhing, die Bedrängnis durch die Russen, die das Leben in der Stadt unsicher machten, und vieles andere mehr. Das alles konnte ich in diesen einsamen Stunden zwischen den Feldern und durch den Wald mit meinem Herrn bereden und mir bei ihm Kraft holen. Ja, diese Fahrten wurden wirklich zu einer Kraftquelle. Ich habe damals gelernt, daß solche Zeiten mechanischen Tuns von uns viel besser genützt werden können.

Wie schon gesagt, Dobien war ein Dorf, das im wesentlichen von der Landwirtschaft bestimmt wurde. Bald durfte ich das auch für meine Lieben merken, wenn ich hier mal ein paar Eier und dort ein wenig Mehl geschenkt bekam, das die schmale Kost daheim verbesserte. Ich habe mich in beiden Orten schnell eingelebt. Dabei halfen mir die vielen Besuche, die ich vom ersten Tage an in den Häusern machte.

Eines Tages kam ich wieder nach Dobien hinaus. Kaum saß ich im Pfarrhaus, im Amtszimmer des Pfarrers, der sich noch in Gefangenschaft befand, da wurde ich durch eine Frau dringend gebeten, in ein Haus der Dorfstraße zu kommen. Dort läge ein Mädchen, das einzige Kind seiner Eltern, im Sterben. Ich ging sofort hin und traf den Vater und die Mutter in der Wohnstube weinend an. Ihr Kind, ein Mädchen von dreizehn Jahren, hatte Tbc im letzten Stadium. Der Arzt hatte ihnen gesagt, es würde wohl noch an diesem Tag zu Ende gehen. Ich selbst kannte das Mädchen nicht, wahrscheinlich infolge seiner Krankheit. Nun mußte ich in das Sterbezimmer hineingehen. Ich hatte diesem Menschenkind, das noch am Anfang seines Lebens stand, den letzten Weg so leicht wie nur möglich zu machen. Sicher würde ich es in entsetzlicher Not vorfinden. Die wenigen Schritte bis zur Tür des Schlafzimmers, in dem Ursula lag, wurden mir sehr schwer.

Es kam so ganz anders. Aus dem Bett, in dem das Mädchen mehr saß als lag, blickte mir ein fröhlicher junger Mensch entgegen, der allerdings vom Tod gezeichnet war. Noch ehe ich etwas sagen konnte, sprach mich Ursula an. Ihre Worte kamen stockend aus ihrem Mund. Die immer wieder einsetzende Atemnot machte ihr schwer zu schaffen, aber ich konnte doch deutlich jedes Wort verstehen.

Sie sagte: »Das ist schön, Herr Pfarrer, daß Sie zu mir kommen. Meine Eltern sagten, es hätte keinen Zweck mehr, ich muß ja doch sterben. Ich weiß das, Herr Pfarrer, und ich habe davor auch gar keine Angst. Ich habe in meiner Bibel gelesen, daß Jesus uns zu sich ruft. Das stimmt doch, Herr Pfarrer?«

Ich konnte nur mit dem Kopf nicken und sagte dann, während das Kind wieder mit einem schweren Anfall von Atemnot kämpfte: »Ja, das stimmt. Wenn wir Menschen sterben müssen, dann ist das nicht das Letzte. Gott nimmt uns auf in sein Reich. Jesus hat es selbst gesagt, daß er zum Vater im Himmel vorausgeht, um für uns, die wir an ihn glauben, alles vorzubereiten. Das hat er auch für dich getan.«

»Sehen Sie, Herr Pfarrer«, antwortete Ursula, »darum kann ich auch gar nicht traurig sein. Wenn Gott uns ruft, dann müssen wir uns doch nicht fürchten.« Ihre Augen glänzten bei diesen Worten in einer Freude, die schon aus einer anderen Welt kam. Sie mußte nach Luft ringen und hielt dabei meine Hände ganz fest umschlossen. Aber dann wollte sie unbedingt noch etwas sagen, obgleich ich sie bat, lieber zu schweigen, denn sie mußte sich unendlich quälen. Aber sie schüttelte den Kopf, winkte mir, daß ich ganz nahe zu ihr herankommen sollte, und sprach dann leise: »Nicht wahr, Herr Pfarrer, Sie sagen meinen Eltern, daß sie nicht weinen müssen. Und wenn ich gestorben bin, soll man an meinem Grab nur fröhliche Lieder singen.«

Bei solch einem starken Glauben konnte ich nur noch eines tun: Ich habe mit der sterbenden Ursula die Hände gefaltet und das schlichte Kindergebet mit ihr gesprochen, das ich selbst so gern habe, und das auch diesem Kind wohlbekannt war: »Müde bin ich, geh zur Ruh, schließe meine Augen zu...«

Nur wenige Augenblicke später durfte Ursula ganz friedlich einschlafen. Sie hat nicht mehr kämpfen müssen. Auf dem Kindergesicht, das die böse Krankheit noch kleiner werden ließ, lag tiefer Friede. Auch die erschütterten Eltern, die ich hereinrief, sahen dies und konnten darüber ihre Tränen trocknen.

Als ich gegen Abend heimfuhr, leuchtete mir die untergehende Sonne in besonderer Schönheit. Das Land lag wie vergoldet da. Die Wipfel des Waldes wiegten sich im Abendwind und bekamen von dem späten Sonnenlicht einen rotgoldenen Schimmer. In mir selbst aber war ein tiefer Friede eingezogen. Ich hatte etwas erlebt, was sonst uns Menschen großen Kummer bereitet, was in jenem Hause aber zu einem Lobpreis Gottes wurde. Das schwere Sterben eines so jungen Menschen war zum fröhlichen Heimweg in eine andere Heimat geworden. Ich nahm mir vor, dies bei der Beerdigung allen deutlich zu machen, besonders denen, die so oft in lautes Klagen und Weinen ausbrechen.

Ganz anders gestaltete sich eine Beerdigung, die einige Zeit später, auch in Dobien, auf mich zukam.

Ich hatte im Pfarrhaus gesessen und mich auf die Sonntagspredigt vorbereitet. Nun wollte ich nach Wittenberg zurückfahren, denn ich hatte am Abend noch eine Stunde in einem Jungmännerkreis zu halten. Als ich aus dem Haus trat, kam eine Frau auf mich zu, die ganz in Schwarz gekleidet und tief verschleiert war. Ich kannte sie nicht. Erst als sie mich ansprach und um eine Unterredung bat, erkannte ich sie an ihrer Stimme. Es war die Frau des am Vortage verstorbenen Ortsgruppenleiters der KPD.

Meine Verwunderung über ihren Wunsch, mit mir zu sprechen, war groß; denn ich wußte ja, daß nicht nur der Verstorbene, sondern auch seine Frau aus der Kirche ausgetreten waren. Darüber hinaus hatte der ehemalige Leiter der Dobiener KPD keine Gelegenheit außer acht gelassen, seine Gegnerschaft zur Kirche zu betonen. Oft genug war das in übler Hetzrede und Verleumdung, auch meiner Person gegenüber, geschehen. Trotzdem bat ich die Frau, mit mir in das Amtszimmer zu kommen und fragte sie dort nach dem Grund ihres Besuches.

Sie sagte es frei heraus: »Bitte, Herr Pfarrer, beerdigen Sie meinen Mann. Ich möchte nicht, daß er wie ein Hund verscharrt wird.«

Ich erschrak über solches Ansinnen; denn ich wußte, daß dies nach der kirchlichen Ordnung nicht möglich war. Zunächst aber sagte ich: »Liebe Frau, das kann ich doch gar nicht. Es wäre ganz gegen den Willen Ihres verstorbenen Mannes. Bedenken Sie doch, wenn er Ihren Wunsch hören könnte, wie heftig er dagegen protestieren würde.«

Sie schüttelte den Kopf und sagte dann: »Ach, Herr Pfarrer, es geht doch gar nicht um meinen Mann. Ich selbst möchte es!«

Meine Verwunderung wurde noch größer, und meine Antwort war: »Aber Sie sind doch auch aus der Kirche ausgetreten, und ich weiß, daß Sie das in Ihren Frauenversammlungen immer betont haben.«

Die Frau hatte unterdessen den Schleier zurückgeschlagen, blickte mich aus verweinten Augen hilflos an und verlegte sich aufs Betteln.

«Ach, lieber Herr Pfarrer, das alles habe ich doch nur für meinen Mann getan. Allein hätte ich die Kirche niemals verlassen. Ich bin auch bereit, sofort wieder einzutreten. Bitte, beerdigen Sie ihn doch! Was sollen denn meine Angehörigen denken!«

Da war es wieder, was ich so oft hören mußte: Was werden die Leute sagen? Ich wurde zornig.

»Wenn das alles ist, was Sie mir dazu zu sagen haben, dann hätten Sie sich den Weg ins Pfarrhaus ersparen können.«

Ich stand auf und ging zur Tür. Die Frau aber fing nun an laut zu weinen. Sie bat mit bewegten Worten, einmal eine Ausnahme zu machen.

Plötzlich sagte sie: »Wir haben es doch für die Partei getan. Mein Mann war hier der Leiter der Ortsgruppe. Wie konnte er da in der Kirche sein? Aber ich habe immer gedacht, es ist das gute Recht der Kirche, den Menschen ihre Fehler zu vergeben.«

Ich setzte mich wieder auf meinen Platz und versuchte, der Frau die Lage klarzumachen, in der sie und ich mich befanden.

»Glauben Sie wirklich«, fragte ich sie, »daß Ihr Mann damit einverstanden wäre, wenn ich an seinem Grabe spreche und ihn gar einsegne? Was werden seine Parteifreunde dazu sagen? Machen Sie ihn nicht nachträglich lächerlich? Ihr Mann hat sich so oft gegen die Kirche gestellt, sie hart angegriffen und mir und den Gemeindeältesten das Leben schwer gemacht. Wie kann ich da jetzt etwas tun, das er beinahe tagtäglich verdammt hat?«

Die vor mir Sitzende fing immer stärker an zu weinen. Ich hatte den Eindruck, daß dieses Weinen nicht nur Selbstmitleid war oder mich beeindrucken sollte, sondern daß es je länger desto mehr aus dem Herzen kam. Sie tat mir leid.

Weil ich diesem Gespräch ein Ende machen wollte, sagte ich: »Gut, ich werde mit dem Herrn Superintendenten sprechen. Letztlich hat er allein die Möglichkeit, in diesem Fall eine Entscheidung zu treffen.«

Am nächsten Tage saß ich mit einigem Herzklopfen vor Professor Meichsner und trug ihm das Anliegen der Frau aus Dobien vor. Der alte weißhaarige Herr, der die Güte in Person sein konnte, schüttelte den Kopf.

»Nein«, sagte er, »lieber Bruder Reschke, auch in der Kirche muß es eine Ordnung geben. Die kann nicht einfach von und für jeden umgestoßen werden, wenn danach einmal der Wunsch besteht.«

Als ich mich für die Frau und ihr Anliegen einsetzte und betonte, daß sie mir leid täte und daß man durch Nachgiebigkeit in diesem Fall vielleicht andere Menschen gewinnen könnte, machte mir mein Vorgesetzter einen Vorschlag, den wir ausführlich durchsprachen und den ich dann auch ausgeführt habe.

Die Beerdigung sollte drei Tage später sein, also an einem Montag. Am Sonntag nach dem Gottesdienst, den sie besuchte, sprach ich noch einmal mit der Frau. Ich war sehr froh, daß sie mit der Entscheidung des Superintendenten einverstanden war, und so konnte ich dem Beerdigungstag etwas ruhiger, wenn auch sehr gespannt, entgegensehen.

Am Montag nachmittag war ich pünktlich im Pfarrhaus und erwartete die Frau. Inzwischen wußte ich, was alles geschehen sollte: Ein Redner einer Freidenkervereinigung würde da sein, außerdem sollte der bisherige stellvertretende KPD-Leiter sprechen, und die Kapelle der Kommunisten würde spielen.

Die Frau kam ins Pfarrhaus. Wir gingen dann zusammen zum Friedhof. Auf Anweisung des Superintendenten hatte ich nicht den Talar an, sondern meinen schwarzen Anzug.

Der Friedhof war überfüllt. Zum Glück lag das Grab an einer freien Stelle, so daß die vielen Menschen Platz fanden. Ich hatte den Eindruck, viele waren aus reiner Neugier gekommen. Sie wollten sehen, was sich abspielte.

Die Angehörigen des Toten und auch die Verwandtschaft von Seiten der Frau rückte zu der Stelle herüber, wo ich – ein wenig im Hintergrund – stand. Die Kapelle spielte ein Lied. Ich weiß nicht mehr, was sie spielte, gesungen wurde jedenfalls nicht. Dann sprach der Redner der Freidenker. Es war die übliche Einheitsansprache, die ich schon von anderen Gelegenheiten her kannte. Danach trat der stellvertretende Leiter der örtlichen KPD-Gruppe an die Gruft. Er wirkte sehr verlegen, denn er merkte, was auch mir schon aufgefallen war, daß die Menschen weder auf die Worte seines Vorredners noch auf seine eigenen hörten, sondern unentwegt zu mir herübersahen. Darum machte er es sehr kurz, und dann trat Stille ein. Die Sargträger standen da und rührten sich nicht. Sie machten keine Miene, den Sarg in die Gruft hinabzulassen. Die Fahnenträger mit den vielen blutroten Fahnen hielten diese gerade in die Höhe, und die vielen Menschen in dem weiten Rund schwiegen.

Ich trat auf den Hügel hinauf. Mein Herz klopfte mir bis zum Halse, und ich mußte erst einmal tief Luft holen, ehe ich die Worte fand. Dann sagte ich: »Ihr wißt, daß ich hier eigentlich zu Unrecht stehe. Unser Verstorbener wäre damit möglicherweise nicht einverstanden. Ich weiß aber, wie viele von euch das auch wissen, daß der Tod manches verändert und der Verstorbene, der auf dem Weg zum Richterstuhl Gottes ist, vielleicht jetzt schon eine andere Entscheidung treffen würde, als er es einst tat. Wir aber, die wir noch leben, wollen an einem Grab nicht richten, sondern um Gottes Vergebung bitten. Das tun wir nun alle miteinander, indem wir laut das Vaterunser beten.«

Ich begann, und wohl alle, die da standen, haben mitgebetet, Gläubige wie Ungläubige. Als das Gebet vorbei war, sagte ich zu den Fahnenträgern: »Nun könnt ihr dem Toten die letzte Ehre erweisen, zuvor aber will ich Gott um seinen Segen bitten. Bitte, nehmt dazu alle die Hüte ab!«

Sie haben es alle getan und Gott die Ehre gegeben.

Danach spielte die Kapelle das Lied vom guten Kameraden.

Keiner von den Anwesenden verließ das Grab, ehe ich den Hügel hinabgegangen war. Dann aber kamen viele, die mich zu einer Nachfeier im Gasthof einluden. Sie haben es wohl verstanden, warum ich ihnen diese Bitten abschlug. Am nächsten Sonntag aber waren sehr viele von denen im Gotteshaus, die ich bisher noch nicht gesehen hatte. Entscheidend war für mich, daß sich Hunderte von Köpfen vor Gott neigten, die sonst in Glaubensdingen eine andere Auffassung vertraten.

Wie seltsam sind oft Gottes Wege. Er schafft auch dort noch Gelegenheit zur Verkündigung seines Wortes, wo wir Menschen sie nicht mehr für möglich halten. Seine Gnade möchte sie alle einschließen, nicht nur die Glaubenden, sondern auch die, die ihm fern stehen.

Dieses Ereignis verbesserte die ganze Atmosphäre in der Gemeinde Dobien. Wenn sich der Kirchenbesuch auch nicht allzusehr erhöhte, so gab es seitdem doch so manche Möglichkeit zum Gespräch, die vorher nicht da war. Oft geschah es heimlich. Die Furcht vor der Partei war nicht gering. Ich wußte nur eins: Die Leitung der KPD in diesem Ort war mir nicht gerade freundlich gesinnt und suchte immer wieder nach einer Möglichkeit, mir die Ausübung meines Amtes zu erschweren. Gott aber tat oftmals gerade da eine Tür auf, wo durch Menschen, die ihm feindlich gegenüberstanden, eine andere zugeschlagen wurde.

Der Winter von 1945 zu 1946 war sehr hart. Er holte sich viele Opfer: Menschen, die durch Unterernährung bereits am Rande ihrer Kräfte waren, hielten der Kälte nicht stand. War in der sowjetischen Besatzungszone die Versorgung mit Lebensmitteln schon miserabel, besser gesagt: völlig ungenügend, so war sie mit Heizmaterial noch schlechter. Das bißchen Rohbraunkohle, das zugeteilt wurde, reichte kaum dazu, ein warmes Mittagessen zu bereiten. Seine Wohnung konnte man damit nicht warm bekommen. Viele Familien lebten in einem einzigen Raum und zogen sich vor dem Zubettgehen ihre Mäntel an und setzten eine warme Kopfbedeckung auf.

Dieser Zustand bildete auch den Hintergrund zu dem dritten Erlebnis in Dobien, das ich berichten möchte.

Ich hatte vierzig Konfirmanden zu betreuen. Der Unterricht fand zweimal in der Woche statt. Dafür stand uns ein kleiner Raum in der Schule am Nachmittag zur Verfügung. Die Konfirmanden selbst waren gutwillige Jungen und Mädchen, die gerne zum Unterricht kamen und sich darüber hinaus mit mir so manche Stunde unterhalten haben. Unter ihnen befand sich auch mein besonderer Freund Martin, ein sehr aufgeweckter Junge, der sich nicht so leicht mit einer Antwort zufriedengab, wenn er eine Frage gestellt hatte, die ihn bewegte. Immer wieder bohrte er, besonders wenn es sich um ein Problem handelte, das mit seiner Erwartung von der Zukunft zusammenhing. Ich sagte den Kindern, daß wir natürlich alles tun müßten, um unser Leben zu gestalten und voranzukommen. Dazu sei alle Mühe einzusetzen, auch im Blick auf das Lernen. Aber ich versuchte, ihnen auch deutlich zu machen, daß all unser Rechnen und Planen da eine Grenze habe, wo Gottes Wille für uns einen anderen Weg vorzeichnen würde. Dazu sei eine starke innere Bindung an Jesus Christus so wichtig, um mit ihm alle Dinge im Gebet besprechen zu können.

Bei solchen Worten unterbrach Martin mich oft. Er war der Ansicht, sein Leben läge allein in seiner Hand. Eine Rechenschaft vor Gott lehnte er strikt ab. Bestenfalls sei er sie seiner Mutter schuldig. Sein Vater war gleich nach Kriegsausbruch gefallen.

Ich habe mich gern mit Martin unterhalten. Auch wenn er manches nicht begreifen wollte, so konnte doch nicht gesagt werden, daß er sich allen Erkenntnissen verschloß. Er wollte nur unbedingt überzeugt sein. Ein sogenannter »Ja-Sager« war Martin nie.

Wenn der Unterricht am Dienstag zu Ende war, verabschiedete ich mich von den Kindern vor der Tür mit dem Hinweis auf Freitag. Hatten wir am Freitag gearbeitet, dann hieß es: »Auf Wiedersehen am Dienstag!« So war es auch an dem Tage, der für Martin zu seinem letzten wurde. Er gab mir die Hand und sagte: »Auf Wiedersehen, Herr Pfarrer!« Das bedeutete: Auf Wiedersehen am Dienstag. Für ihn gab es keinen Dienstag mehr.

Martin hatte es recht eilig. Er rief mir noch zu, er müsse Kohlen besorgen, da sie keine mehr hätten.

In der Nähe des Dorfes befand sich ein verlassenes Braunkohlenflöz. Kurz vor Kriegsbeginn war der Abbau, der sich eigentlich nie rentiert hatte, endgültig eingestellt worden. Den größten Teil der Grube hatte man zugeschüttet. Niemand kümmerte sich mehr darum. Als aber jetzt nach dem Krieg der große Mangel an Heizmaterial eintrat, erinnerten sich die Dorfbewohner der Grube und des Stollens, aus dem zuletzt, halb unter Tage, aber doch von der Seite her begehbar, die Kohlen gefördert wurden. Einige Männer machten sich an die Arbeit und legten den Stollen wieder frei, durch den man in geringer Tiefe an das Braunkohlenflöz herankam. Es war nicht sehr ergiebig, aber die Menschen, die sich dort täglich mit Hacke und Schaufel zu schaffen machten, holten das nötige für ihren Bedarf heraus.

Dorthin ging auch Martin. Am Morgen hatte ihn die Mutter gemahnt, Brennmaterial zu besorgen, denn der kleine Vorrat sei zu Ende gegangen. Martin lief also nach Hause, nahm die kleine Handkarre, belud sie mit einigen Säcken, einer Hacke und einer Schaufel und fuhr zum Braunkohlenstollen. Dort fand er viele Menschen vor, und es dauerte einige Zeit, bis er die Säcke voll hatte. Er schaffte sie aus dem niedrigen Stollen und belud den Handwagen. Plötzlich schrie ein Mann, der hier früher einmal gearbeitet hatte und sich auskannte: »Alles 'raus! Der Berg kommt 'runter!« Er hatte wohl das Knistern in den Holzverstrebungen vernommen, die die Stein- und Sandmassen hielten. Alles stürzte hinaus, um sich in Sicherheit zu bringen.

In diesem Augenblick entdeckte Martin, daß er da drinnen seine Hacke vergessen hatte. Ohne auf die Warnungen zu achten, lief er zurück und in den Berg hinein. Im gleichen Augenblick brachen die Holzverstrebungen zusammen. Gewaltige Mengen Sand und Gestein begruben den Jungen unter sich.

Es wurde sofort alles getan, um ihn noch lebend herauszuholen. Die Männer, die da waren, arbeiteten unermüdlich, leider ohne Erfolg. Als sie ihn fanden, war er bereits tot – erstickt. Alle Wiederbelebungsversuche hatten keinen Erfolg.

Ich saß noch im Pfarrhaus, als die Kunde von dem Unglück durch das Dorf eilte. Sofort machte ich mich auf den Weg und begegnete dem traurigen Zug derer, die ihn zu seiner Mutter brachten.

Ich habe sehr lange bei der guten Frau Heller gesessen, die nun ihr Letztes verloren hatte. Alle Versuche, ihr in ihrem Geschick Trost zu vermitteln, waren vergeblich. Die Frau saß wie versteinert da. Ich konnte nur bei ihr sitzen und ihre Hände halten. Worte kamen nicht an.

Nach vier Tagen haben wir Martin zur letzten Ruhe

gebettet. Genau an dem Dienstag, an dem wir uns wiedersehen wollten. »Auf Wiedersehen, Herr Pfarrer!« waren seine letzten Worte zu mir gewesen. Diese Worte habe ich der großen Trauergemeinde weitergesagt.

»Unser Leben währet...«, heißt es im Psalm. Ja, wie lange währt es? Siebzig Jahre, achtzig Jahre oder – gar nur vierzehn Jahre? Das steht allein in Gottes Hand, wann dieses Leben ein Ende hat, ob im Krieg oder im Frieden, ob als Kind oder als erwachsener Mensch. Gott allein hat das letzte Wort. Er weiß, welche Zeit für den einzelnen richtig ist.

Auch die Konfirmanden waren alle auf den Friedhof gekommen. Wir sangen zusammen unserem Kameraden Martin ein Lied, und dann nahm jedes der Kinder Abschied von ihm. Alle wollten sie ihm Blumen oder eine Handvoll Erde mitgeben.

Als wir dann zur nächsten Konfirmandenstunde zusammenkamen, blieb Martins Platz leer. Keiner setzte sich dort hin. Aber an der Tür, beim Abschiedshändedruck, wußte jeder, der mir die Hand reichte, daß dieses »Auf Wiedersehen, Herr Pastor« durchaus nicht unter allen Umständen die nächste Konfirmandenstunde sein mußte. Wir hatten miteinander begriffen, wie sehr auch ein solcher Gruß von Gott bestätigt sein muß.

In Wittenberg selbst wuchs die Arbeit. Die Jugendgruppen füllten sich, vor allem die Jungscharstunden. Der Raum, ein sogenannter Konfirmandensaal, war dafür nicht groß genug. Trotzdem machte es Spaß, mir und den Jungen. Mit diesen Zehn- bis Vierzehnjährigen zu arbeiten war eine helle Freude. Doch einmal wurde es für viele anders.

Im Mittelpunkt unserer Zusammenkünfte stand eine spannende Fortsetzungsgeschichte. Wie wäre es wohl anders möglich gewesen. Viele Erzählungen von mir, die später gedruckt wurden, sind auf diese Weise entstanden. Aber nicht allein die spannende Geschichte war es, die die Jungen anzog. Wir haben ebenso tüchtig gearbeitet. Auch das machte ihnen viel Spaß. Alttestamentliche und neutestamentliche Geschichten, vor allem das Leben Jesu, aber auch die Zehn Gebote waren immer wieder an der Reihe. Eines Tages ging es um das achte Gebot.

»Du sollst nicht falsch Zeugnis reden wider deinen Nächsten!« In eine einfache Sprache übersetzt, die die Jungen verstanden, hieß es: »Du sollst nicht lügen!«

Wir haben uns lange darüber unterhalten, was unter lügen eigentlich zu verstehen ist. Einige meinten, das sei doch klar: Wenn einer schwindelt, dann lügt er. Darauf konterte ein Junge, dessen Vater vor kurzem gestorben war, ob die Hoffnung, die ein Arzt einem todkranken Menschen mache, auch eine Lüge sei? Diese Frage hat die Kinder sehr beschäftigt. Zum Schluß behauptete ein anderer Junge, den ich wegen seiner Geradheit und Aufrichtigkeit sehr gern hatte, daß es doch nicht schwer wäre, dieses Gebot zu erfüllen. Darüber wurden plötzlich viele nachdenklich.

Wir waren schon ein wenig über unsere Zeit gekommen, die uns für den Jungscharnachmittag zur Verfügung stand, da machte ich den Vorschlag, wir sollten uns alle verpflichten, von diesem Tage an (es war gerade fünf Uhr nachmittags) bis zum nächsten Tag um diese Zeit nur die Wahrheit zu sagen, ganz gleich, zu wem es sei. In der nächsten Jungschar-Stunde, eine Woche später, sollten dann alle darüber berichten.

Der Vorschlag fand begeisterte Zustimmung. Ich hörte, wie im Hinausgehen einige Jungen sagten: »Na, das wird ja wohl noch zu schaffen sein!«

Die nächste Jungscharstunde kam heran. Mir fiel sofort auf, daß einige meiner kleinen Freunde sehr schweigsam waren, ganz gegen ihre sonstige Art. Ich wollte uns alle nicht lange auf die Folter spannen und stellte gleich zu Anfang die Frage, auf die sie alle warteten: »Na, wie ist es euch ergangen?«

Ich kann nur bedauern, daß ich über die Antworten keine Aufzeichnungen habe. Sie reichten von schweren Schimpfworten, über Ohrfeigen bis zu harter Bestrafung und der Drohung, die Jungscharstunden nicht weiter besuchen zu dürfen. Die meisten Jungen hatten wirklich versucht, nur die Wahrheit zu sagen, auch dann, wenn sie dafür mit Strafe rechnen mußten oder wenn die Wahrheit unangenehm war. Oft war es ihnen bei ihren Geschwistern noch schlimmer ergangen. Eine ältere Schwester, die sich in einem bestimmten Kleid schön fand und dies auch von dem jüngeren Bruder bestätigt haben wollte, hatte kein Verständnis dafür, daß er aus seinem Herzen keine Mördergrube machte, sondern frei heraus sagte, daß er das Kleid furchtbar finde.

Wir waren alle sehr betroffen, ich wohl am meisten, denn auch ich hatte meine Erfahrung gemacht. Eins wurde uns durch dieses Experiment klar: Es ist *eine* Sache, von den Geboten Gottes zu sprechen, und es ist eine *andere* Sache, sie im Leben zu verwirklichen. Daraufhin habe ich den Jungen aus der Bergpredigt vorgelesen, wie Jesus über die Gebote und ihre Bedeutung dachte. Wahrscheinlich hätten sie die Worte, die dort geschrieben sind, ohne unser Experiment gar nicht verstehen können.

8.

Während dieser Zeit in Wittenberg besuchte mich des öfteren – sobald der Verkehr wieder einigermaßen möglich wurde – ein Freund, der Landeswart des Evangelischen Jungmännerwerkes Sachsen/Anhalt. Unsere Freundschaft wurde immer enger. Auch er hatte sich ganz der Arbeit an jungen Menschen verschrieben. Auch er sah darin seine Lebensaufgabe, ihnen und anderen Menschen das Evangelium weiterzusagen.

Bald schlug er vor, ich sollte neben meinem Dienst im Kirchenkreis auch die Position eines Propsteijugendwartes übernehmen. Mein Superintendent stimmte dem zu, denn auch ihm war es wichtig, die Jugendarbeit soweit wie möglich auszubauen. Er sagte mir immer wieder, es würde vielleicht bald dahin kommen, daß wir nicht mehr in einer solchen Freiheit arbeiten könnten, wie es zur Zeit noch der Fall war.

Als dann aber eines Tages der Landeswart kam und zu Professor Meichsner sagte, es sei nun nötig, mich aus Wittenberg fortzuholen und an eine größere Aufgabe zu stellen, war der Superintendent gar nicht mehr so freudig dabei. Ihm tat es um die evangelische Jugendarbeit in seinem Kirchenkreis leid. Er fürchtete, nicht so bald einen Nachfolger für mich finden zu können.

Mein Freund schlug mir vor, die Arbeit des Landeswartes zusammen mit ihm zu tun und außerdem den Aufbau einer Sache zu übernehmen, die gerade jetzt spruchreif wurde. Es handelte sich um die Errichtung eines kirchlichen Tagungs- und Freizeitheimes sowie um die Leitung eines Seminars für evangelische Jugendführung, um das Schloß Mansfeld.

Ich war in den beiden letzten Jahren auch mit dem Bischof unserer Landeskirche, D. Ludolf Müller, stärker in Verbindung gekommen, und hatte in dem Mann, der in den schweren Jahren des Kirchenkampfes Großes geleistet hatte, einen neuen väterlichen Freund gewonnen.

Während einer Evangelisation, die ich in einem Vorort von Magdeburg hielt, wurde mir das Vorrecht und die Freude zuteil, im Hause des Bischofs wohnen zu dürfen und ihn wie seine prächtige Gattin näher kennenzulernen. Ich bin nur wenigen Menschen begegnet, die so warmherzig waren wie unser Bischof. Seine Güte hat mich auch über jenen Tag hinaus begleitet, der zu den schwärzesten in meinem Leben zählt. Doch davon später.

Jetzt schaltete sich auch Bischof Müller in die »Sache Mansfeld« ein. Ihm lag ebenso daran, daß ich dorthin ging. Nicht zuletzt war er es gewesen, der dafür gesorgt hatte, daß das Schloß, als es der evangelischen Landeskirche zur dauernden Nutzung überschrieben wurde, vom Evangelischen Jungmännerwerk in Gebrauch genommen wurde. So geschah es denn, daß ich zu Pfingsten 1948 mit meiner Familie auf Schloß Mansfeld einzog.

Mansfeld, erbaut von den Grafen von Mansfeld, in seinen Ursprüngen, den ältesten Teilen, aus dem elften Jahrhundert stammend, steht im Südharz, hoch über der kleinen, auch heute noch mittelalterlich anmutenden Stadt gleichen Namens. Seine Geschichte ist nicht unwesentlich mit dem Namen Luther verknüpft. Zu Füßen des Burgberges verlebte Martin Luther seine Jugend. Von seiner Höhe kann man auf das Haus hinabblicken, in dem die Familie Luther gewohnt hatte.

Der Blick von der »Mine«, wie der berühmte Mauervorsprung des Schloßberges genannt wird, geht weit über das Land zu den Bergen des Südharzes. Rechts im Hintergrund liegt das Industriegebiet von Hettstedt, und zur Linken erstreckt sich der Wald des Schloßberges. Die Bahnstation, von der aus das Schloß zu erreichen ist, liegt in jenem Klostermansfeld, von dem aus sich die Mansfelder Kupfergruben in Richtung Eisleben hinziehen. Die Abraumhalden dieses Gebietes sind weithin zu sehen.

Das Schloß selbst ist ein Bau aus dem Ende des neunzehnten Jahrhunderts unter Einbeziehung von Teilen des alten Schlosses, vor allem eines wundervollen Wendelsteines. Die Kellergewölbe sowie das Erdgeschoß des Schloßbaues stammen sicher aus dem fünfzehnten oder gar vierzehnten Jahrhundert. Betritt man die Schloßanlagen, muß man zunächst durch ein äußeres Tor mit einem Torhäuschen, geht über eine steinerne Brücke, die den alten Burggraben überspannt und kommt dann in den weiten Innenhof. Rechter Hand liegen die Stallgebäude, deren Gewölbe wohl auch einige Jahrhunderte auf dem Buckel haben. Die linke Seite des Innenhofes wird von Ruinen begrenzt, unter denen die des sogenannten »Goldenen Saales« die interessanteste ist. Links neben dem Schloß steht die alte Schloßkirche, ein Bau, der wohl schon Martin Luther als Prediger zu Gast sah. Das Altarbild von Lukas Cranach dem Jüngeren ist ihre besondere Kostbarkeit. Zwischen Kirche und »Goldenem Saal« geht es unter einem Torbogen hindurch zu weiteren Ruinenteilen, die sich weit in den Wald hinein erstrecken. Immer wieder stößt man auf unterirdische Gewölbe, die nur zum Teil begehbar sind. Über sie gibt es mancherlei Geschichten und Sagen.

Das wurde nun mein neuer Wirkungsort. Die Einweihung des Schlosses als Stätte des Evangelischen Jungmännerwerkes fand mit der ersten großen Tagung des LAK, dem Landesarbeitskreis dieses Werkes statt. Weit über einhundert junge Männer aus allen Teilen von Sachsen/Anhalt reisten dazu an.

Zuvor aber gab es noch viel zu tun. Das ganze Schloß

mit allen Nebenräumen mußte für den neuen Zweck überhaupt erst her- und eingerichtet werden. Das war jedoch aus zweierlei Gründen äußerst schwierig. Einmal wohnten noch immer Flüchtlingsfamilien im Schloß, für die im Ort und in der Umgebung Unterkunft gefunden werden mußte. Zum anderen war es fast unmöglich, für so viele Menschen Betten, Bettwäsche, Geschirr und vieles andere zu beschaffen.

Wir haben es geschafft. Als alles soweit war, hatten wir den Eindruck: Hier ist nicht nur ein, nein, hier sind viele Wunder geschehen. Das kann aber nur der nachempfinden, der die Zustände in der sowjetischen Besatzungszone am eigenen Leibe erlebte.

Als die vielen jungen Männer endlich versammelt waren und wir im »Blauen Saal« des Schlosses das erste Lied miteinander sangen und Worte der Bibel hörten, ahnten weder der Landeswart noch ich und die vielen anderen Helfer, welche geschichtlichen Stunden wir auf diesem Schloß erleben würden, wieviel unendliche Freude, aber auch Leid uns mit diesem Schloß in die Hände gelegt worden waren.

Ein Höhepunkt in jedem Jahr war die Neujahrsfreizeit. Dazu kamen jeweils an die hundert junge Männer zusammen, um miteinander in der Bibel zu arbeiten, sich über Fragen eines christlichen Lebens zu orientieren, zu singen und zu beten und fröhliche Gemeinschaft zu erleben.

Jedes Mal wurde das neue Jahr auf besondere Weise begrüßt: Auf der »Mine« wurde ein mächtiges Holzkreuz errichtet. Sein sehr trockenes Holz, mit brennbaren Materialien getränkt, wurde um Mitternacht angesteckt. Als sichtbare Mahnung an die Gegenwart Gottes leuchtete es weit in das Mansfelder Land hinein. Dazu erschallten von der Höhe des Berges Lieder, die den Menschen sagten, daß hier junge Christen versammelt waren.

Solches Tun blieb natürlich auch denen nicht verborgen, die sich als die Herren des Landes sahen, den Funktionären der SED, der Sozialistischen Einheitspartei Deutschlands, die inzwischen gegründet worden war. Die Parteischule für den ganzen Bezirk befand sich am Fuße des Berges im Städtchen Mansfeld. Bald spürten wir den Haß, der von dort unten heraufwehte. Mit kleinen und großen Schikanen versuchte man, uns das Leben zu erschweren.

Ein Teil meines Dienstes spielte sich nicht im Schloß Mansfeld ab, sondern draußen im Land. Besuche in den Jugendgruppen und Jungmännerkreisen der Gemeinden, Kreisjugendtage der evangelischen Jugend, der »Tag auf dem Petersberg« bei Halle, Evangelisationen, nicht nur für junge Menschen, Vorträge über Themen eines christlichen Lebens, Zurüstung von Mitarbeitern und vieles mehr führte mich oft tagelang ins Land hinaus. So manches Mal hatte ich auch Berlin zu besuchen, das noch nicht durch eine Mauer geteilt war. Dabei erlebte ich einmal folgendes:

Zwei Tage hatten wir in unserer Berliner Zentrale für den gesamten Bereich der sowjetischen Besatzungszone (später: DDR) gearbeitet. Nun sollte es wieder nach Hause gehen. Die Fahrverbindungen erforderten zwar noch immer erheblichen Zeitaufwand, doch verkehrten die Züge der alten Reichsbahn halbwegs regelmäßig.

Freunde aus Westdeutschland, die zu jener Zeit ohne Behinderung mit uns zusammensein konnten, hatten uns allerlei mitgebracht, was wir dringend brauchten, aber weder für Geld noch gute Worte bei uns bekommen konnten. Dazu gehörte auch der sehr erwünschte Kaffee, Schokolade für die Kinder, gute Zigaretten oder Zigarren, vor allem aber technisches Gerät, das es bei uns nicht gab. Jeder bekam für sich und seine Familie sowie für seinen Dienstbereich einiges mit.

Mein Koffer war an jenem Nachmittag gut gepackt. Ich hoffte, am Bahnhof Friedrichstraße nicht in eine Kontrolle zu geraten. Das konnte nämlich bedeuten, daß man alles loswurde.

Frohgemut betrat ich den Durchgang zu den Bahnsteigen, als ich zu meinem Schrecken plötzlich den allzu bekannten Ruf hörte: »Sie da, Sie kommen mal mit!«

Ich tat zunächst, als habe ich die Aufforderung nicht vernommen, denn sie kam von hinten. Aber das nützte nichts. Der Vopo (Volkspolizist) war sehr schnell neben mir und forderte mich – nun sehr viel energischer – auf, mit ihm zu gehen. Kontrolle! Mir fiel das Herz in die Hose! Schade um die vielen schönen Sachen!

In einem unteren Bahnhofsraum mußte ich auf einem langen Tisch alles auspacken. Auch die persönlichen Sachen, Waschzeug, Ersatzunterwäsche usw. wurden bis ins letzte untersucht. Natürlich lagen daneben die schönen Dinge, die zu Hause Freude bereiten sollten.

Plötzlich stutzte der untersuchende Vopo. Er hielt ein Buch in der Hand und blätterte darin. Es war meine Bibel. »Sie haben eine Bibel dabei?« fragte er etwas überflüssig. Ich konnte diese Frage nur bejahen.

»Lesen Sie in der Bibel?« fragte er weiter.

»Ja«, sagte ich, »ich lese täglich in meiner Bibel.«

Der Mann in Uniform schüttelte den Kopf, blickte sich nach den Seiten um und sagte zu mir: »Packen Sie ein!«

Verblüfft fragte ich: »Alles?«

Der Vopo nickte. »Ja, alles – auch Ihre Bibel.«

Als ich später im Zug saß, habe ich mich nicht nur gewundert, daß dieser Mann es wagte, gegen seine Vorschriften zu handeln, sondern auch darüber, wie Gott auch dann seine Hand über uns hält, wenn es um die von allen gefürchtete Polizei geht, deren Allgewalt wir bei allen nur möglichen Gelegenheiten zu spüren bekamen. Für mich bedeutete dies wieder einmal mehr, daß Gott alle Macht in seinen Händen hält. Dazu gehören auch die Organe eines Staates. Vor allem: Er lenkt Menschenherzen, wie es in Psalm 33 steht. Mein Verwundern ging in Dank über, und etwas später meinte ich zu mir selbst: Warum wunderst du dich immer wieder? Hast du nicht oft genug erlebt, daß Gott nichts unmöglich ist?

Auf einem dieser Rückwege aus Berlin ist auch jenes Lied entstanden, das zu meiner Freude heute noch drüben in der DDR, aber auch hier in der Bundesrepublik in evangelischen Jugendkreisen gesungen wird.

Es war eine Nachtfahrt. Der Anschluß hatte nicht geklappt, und der D-Zug in Richtung Sangerhausen, in dem ich endlich Platz gefunden hatte, war so überfüllt, daß ich die ganze Fahrt hindurch auf dem Gang stehen mußte.

Wir hatten in den letzten Wochen auf Schloß Mansfeld viel Unangenehmes erlebt. Immer häufiger erschien die Volkspolizei und machte uns Schwierigkeiten. Hinzu kam noch etwas anderes: Wir hatten kein Wasser. Gerade in den Monaten der größten Belegung, also im Hochsommer, mußten wir ständig mit dem Wassermangel kämpfen. Die Leitungen von der Stadt herauf hatten zu wenig Druck. Eine zusätzliche Anlage zu installieren oder ein Wasserreservoir im Keller des Schlosses anzulegen, war sowohl aus Geldmangel, aber auch aus Gründen des nicht zu beschaffenden Materials unmöglich. Deshalb transportierten wir das Wasser mit Fässern auf einem alten Wagen den Berg hinauf, ein nicht nur zeitraubendes, sondern auch um der Hygiene willen gefährliches Unternehmen. Schon wiederholt hatte man uns gewarnt.

Das alles ging mir auf dieser Nachtfahrt durch den

Kopf. Daneben aber mußte ich an die wundervollen Freizeiten mit jungen Menschen denken, die von Monat zu Monat stärker belegt waren, so daß wir oft nicht wußten, wie wir alle unterbringen sollten. Die jungen Menschen kamen mit einer so großen Freude nach Mansfeld und nahmen den Segen Gottes in einem solchen Ausmaß mit, daß ich mich wiederum meiner Sorgen zu schämen begann. In diese Stimmung hinein kamen mir die Verse in den Sinn, die in den nächsten Tagen von mir auch vertont wurden. Ich habe sie auf einem Stückchen Papier auf dem Gang des D-Zugwagens niedergeschrieben, und so – kaum verändert – wurden sie damals von den jungen Menschen aufgenommen und werden sie immer wieder gesungen:

Wir jungen Christen tragen
ins dunkle deutsche Land
ein Licht in schweren Tagen
als Fackel in der Hand.

|: Wir wollen Königsboten sein
des Herren Jesu Christ,
der frohen Botschaft heller Schein
uns Weg und Auftrag ist. :|

Das Kreuz ist unser Zeichen,
den Sieg gibt Er allein.
Hier gilt kein schwaches Weichen,
Herr, schließe fest die Reih'n!

Herr, stärke uns den Glauben,
sei unsrer Reinheit Schild,
will sie der Teufel rauben,
bewahre uns dein Bild.

Du gibst uns Kraft, zu tragen
der Menschen Hohn und Spott.
Wir wollen weitersagen,
was endet alle Not.

Christ wird das Feld behalten
in jener letzten Zeit.
Sein Gnade möge walten
auch unsre Ewigkeit.

Es hat mich immer wieder bewegt, daß unser Herr mir in jenen dunklen Stunden solche Worte und dazu auch noch eine Melodie geschenkt hat, die leicht einprägsam ist und gern gesungen wird. Als die Not später ganz groß wurde, sind mir selbst und vielen anderen diese Liedverse Stärkung und Kraftquelle gewesen.

Es wurde eine festliche Stunde, als wir im Blauen Saal von Schloß Mansfeld während einer großen Jungmännerfreizeit dieses Lied »aus der Taufe hoben«. Viele, die es heute singen, wissen nicht mehr, was es uns damals bedeutete.

Die Arbeit auf Schloß Mansfeld hatte inzwischen noch einen neuen Zweig erhalten, die Erholungsfreizeiten für Rußland-Heimkehrer. Schon damals in Wittenberg hatte ich die ersten der Männer gesehen, die sich nur mühsam aufrecht hielten, um wenigstens noch bis an die heimatliche Haustür zu kommen. Es gab viele, die kaum noch laufen konnten. Sie krochen die Straßen entlang oder wurden von ihren Kameraden mitgeschleppt. Zum Teil waren es gedunsene, vom Wasser aufgeschwemmte Gestalten, denen das Grauen einer unmenschlichen Gefangenschaft in den Gesichtern geschrieben stand.

Dieser Menschen nahmen wir uns auch in Mansfeld an, luden sie über die Gemeinden zu zwei- bis dreiwöchigen Freizeiten ein, die für einzelne nach Bedarf auch länger dauerten, um sie ein wenig »herauszufüttern« und sie vor allem seelisch und geistlich aufzurichten. Es gelang uns, aus bäuerlichen Gemeinden Lebensmittelspenden zu bekommen, die von treuen Helfern eingesammelt und uns gebracht wurden, wenn wir sie nicht selbst mit geborgtem Fuhrwerk abholen konnten. Die evangelische Frauenhilfe aus den Gemeinden der Stadt Nordhausen unter der Leitung einer sehr treuen Frau Pastorin, die erst vor einigen Jahren ihren Mann an einer schweren Krankheit verloren hatte, tat sich unter den vielen helfenden Menschen in ganz besonderer Weise hervor. Leider reichte das alles aber nicht aus. Es kamen immer mehr Heimkehrer, die dringend unserer Hilfe bedurften, und die wir nicht vor der Tür lassen konnten. Was tun? Woher zur Bewältigung dieser schrecklichen Not das nehmen, was den armen Menschen zuerst einmal helfen konnte, nämlich gute, wertvolle Nahrungsmittel?

Ein Erlebnis dieser Zeit gab mir den letzten Anstoß zu einer außerordentlichen Aktion, um einmal die größten Nahrungssorgen zu überwinden; denn von staatlicher Seite hatten wir keine Hilfe zu erwarten.

Nach einem guten Abendessen saß ich noch eine Weile mit unseren Heimkehrern zusammen. Wir hatten für sie in dem Nebengebäude auf der rechten Seite des Schloßhofes einige Zimmer hergerichtet. Nachdem wir diese Räume von vielem Unrat und auch einigen nutzlosen Zwischenwänden befreit hatten, waren daraus ganz gemütliche Unterkünfte entstanden. Man durfte an diese Zimmer natürlich nicht die Maßstäbe anlegen, wie wir es heute in der Bundesrepublik gewöhnt sind. Unsere Ansprüche bewegten sich damals auf einem Niveau, an das man heute nicht einmal mehr zu denken wagt. Im Erdgeschoß des Seitengebäudes hatten wir einen Raum für den gemeinsamen Aufenthalt hergerichtet. Er war mit einigen Spielen ausgestattet und diente auch als Versammlungsraum zu täglichen Andachten, die für die Männer gesondert gehalten wurden.

An jenem Abend nun hatte ich über ein Bibelwort gesprochen, an das ich Überlegungen für das zukünftige

Leben der vor mir sitzenden Männer anstellte. Plötzlich sprang einer von ihnen auf – einer von denen, die gesundheitlich besonders angeschlagen waren – und schrie aus tiefer Erregung in den Raum: »Ich will leben! Ich will leben!« Als ihn einige entsetzt anblickten – weniger wegen seiner Worte, sondern wegen der tiefen Erregung, aus der heraus sie gesprochen wurden –, schrie er es noch einmal heraus: »Ja, ich will leben! Ich will leben!« Danach setzte er sich und sprach während des weiteren Zusammenseins kein Wort mehr.

Später, im Dunkeln, auf dem weiten Schloßhof, traf ich ihn und schloß mich ihm zu einem kleinen Rundgang an. Da fing er an zu sprechen. Seine ganze innere Not redete er sich von der Seele herunter, und als er nach langer Zeit endlich still war, sah er mich in der Dunkelheit mit einem Blick an, der mich erschütterte. Dieser noch so junge Mensch – er war kaum fünfundzwanzig Jahre alt, sah auf den ersten Blick aber wie zwischen vierzig und fünfzig aus – hatte im Grunde genommen noch niemals wirklich gelebt, er war immer gelebt worden. Zuerst in der Hitlerjugend, dann im dicksten Schlamassel des Rußlandkrieges, danach in der schrecklichsten Gefangenschaft, die man sich vorstellen kann. Wie oft hatte er den Wunsch gehabt, zu »krepieren«, um endlich aus allem heraus zu sein – nun aber wollte er leben.

Wir haben noch manches Wort miteinander gesprochen, und mit der ganzen Gruppe habe ich darüber geredet, was denn eigentlich Leben sein sollte. Doch eines ging mir dabei nicht aus dem Sinn: Alles, was wir ihnen geben konnten, damit sie erst einmal wieder gesund und kräftig wurden, war völlig ungenügend. Hier mußte mehr getan werden.

Das brachte mich auf einen Weg, den ich nach langen Gebeten im Vertrauen auf Gottes Möglichkeiten endlich gegangen bin.

Dieser Weg führte mich in den Westen, zu Freunden des CVJM und des Kirchlichen Hilfswerkes, von dessen Möglichkeiten wir wußten, dessen Hilfe wir aber durch die harte Grenzlinie zwischen Ost und West leider nicht im größeren Maße in Anspruch nehmen konnten.

Eines Morgens machte ich mich auf den Weg. Im schönsten Sonnenschein gelangte ich als Anhalter auf einem Lastwagen bis Benneckenstein im Harz. Zwischen diesem Ort und der Ortschaft Hohegeiß war es nur noch ein sogenannter Katzensprung, aber dazwischen lag die Demarkationslinie, wie es so schön hieß, die schwerbewachte Grenze zum »imperialistischen« Westen. Ich hatte natürlich einige Papiere bei mir, vor allem eine Bescheinigung des Bischofs unserer Landeskirche, auf der die dringend notwendige Versorgung des Heimkehrerheimes Schloß Mansfeld mit Nahrungsmitteln aus den Beständen des Kirchlichen Hilfswerkes in Stuttgart bescheinigt war. Trotzdem wußte ich, daß mir dies nichts helfen würde, wenn man mich schnappte.

Durch eine Fichtenschonung, die leider erst knapp mannshoch war, arbeitete ich mich den Berg hinauf in Richtung Hohegeiß. Ich hatte zweierlei zu fürchten: einmal die russischen Grenzsoldaten, zum anderen die deutschen Vopos. Wer jeweils schlimmer war, ließ sich vorher kaum sagen.

Mir rann der Schweiß von der Stirn, denn die Sonne traf die kleine Schonung mit voller Stärke. Immer wieder mußte ich verschnaufen. Die kurze Entfernung schien kein Ende zu nehmen. Aber bald mußte ich es geschafft haben.

Da hörte ich plötzlich den Ruf: »Halt, stehenbleiben! Sonst wird geschossen.« Diese Worte kamen von einem deutschen Vopo. Ein so einwandfreies Deutsch sprach ein Russe nur ganz selten. Ich versuchte trotz der Warnung weiterzulaufen. Das aber bekam mir schlecht.

»Bleiben Sie sofort stehen! Ich schieße sonst!« Dabei hörte ich deutlich, wie der Karabiner entsichert wurde. Den Mann selbst sah ich noch immer nicht, aber er konnte nicht weit von mir sein.

Ich richtete mich auf und blickte um mich. Etwa fünfzig Meter unter mir stand ein Volkspolizist und legte die Waffe auf mich an. Ich versuchte ein Letztes.

»Mensch, Kerl, laß mich doch laufen! Es sieht uns doch keiner«, rief ich ihm zu. Der Mann aber schüttelte den Kopf, und ich sah an seiner Geste, daß er es ernst meinte. Da packte mich die Wut. Ich blieb einfach stehen, ignorierte seine Aufforderung, herunterzukommen und zwang ihn dadurch, zu mir heraufzusteigen. Das wiederum hat diesen Menschen wütend gemacht, was mir schlecht bekam. Unter Stößen mit dem Kolben des Karabiners trieb er mich vor sich her bis hinunter nach Benneckenstein, ein Stück durch den Ort hindurch zu einem Haus, an dem ich zu meinem Entsetzen das Schild der russischen Kommandantur sah. Dort sperrte er mich in einen Keller ein.

Hier hatte ich viel Zeit zum Nachdenken. Dabei kam mir das Wort der Losung und des Lehrtextes in Erinnerung, das ich am Morgen dieses Tages vor meinem Weggang von Schloß Mansfeld gelesen hatte. Darin stand etwas von der Löwen Rachen, vor die man geworfen werden kann, und im zweiten Wort – ich meine, es kann das aus 2. Timotheus 4, 17 gewesen sein: »Ich wurde errettet aus dem Rachen des Löwen«. Genau weiß ich es nicht mehr. Aber es hatte sich mir eingeprägt, daß der Schluß dieser Tageslosung sehr tröstlich war.

Nun, hier befand ich mich wohl im Rachen des Löwen. Es konnte mir sehr schlecht ergehen, wenn Gott seine Hand nicht über mir halten würde. Ich bat ihn darum von ganzem Herzen und muß darüber in meiner Erschöpfung eingeschlafen sein. Als ich wieder erwachte, war es bereits stockfinster. Doch ich merkte sofort, daß ich in diesem Keller nicht mehr allein saß. Es mußten sehr viele Menschen dazugekommen sein, denn ich konnte kaum noch die Füße bewegen. Und als ich zur Tür wollte, weil ich unbedingt einen gewissen Ort aufzusuchen hatte, bin ich mehr als einmal gestolpert.

Die Unterhaltungen, die ich den Rest der Nacht mit anhörte, waren sehr unterschiedlich. Sie hatten die Bandbreite von »Es wird schon nicht so schlimm werden!« bis »Ihr werdet schon sehen, die sperren uns wochenlang ein und lassen uns für die Russen arbeiten.«

Mir war nicht sehr fröhlich zumute, um so weniger, als ich stark fror, trotz der vielen Menschen, die eine gewisse Wärme verbreiteten. Als man mich in den Keller gesperrt hatte, war ich total durchgeschwitzt gewesen. Das löste nun das frostige Gefühl aus. Eine gute Woche später, als ich wieder auf Schloß Mansfeld war, kam denn auch eine Rippenfellentzündung zum Ausbruch. Zunächst aber ging die Sache so weiter: Am Morgen, so gegen neun Uhr, wurde endlich die Kellertür geöffnet, und ein russischer Soldat – kein deutscher Vopo – kommandierte: »Raustreten!« Dabei rollte er das »R«, daß einem schon Angst werden konnte. Wir drängten zur Tür hinaus und nahmen in dem langen Gang des Kellers Aufstellung. Dann standen wir mindestens eine Stunde lang. Einige versuchten, sich einfach hinzusetzen, aber der Soldat scheuchte sie schnellstens wieder auf.

Endlich kam dann der hohe Herr, der Kommandant. Zuvor brüllte der Wachsoldat: »Achtung, der Herr Kommandant!« Diese Worte konnte er gut deutsch. Er benutzte sie wohl recht häufig.

Der russische Offizier, ein Mann im Kapitänsrang, also ein Hauptmann, ging an der langen Reihe entlang, blickte jeden von uns eindringlich an, und begann das ganze am rechten Flügel noch einmal. Diesmal stellte er seine Fragen: »Wo willst du hin?«

Antwort: »Ich will zu meinen Verwandten nach dem Westen.«

Frage zum nächsten: »Wo willst du hin?«

Antwort: »Zu meiner Mutter, die ist drüben.«

Frage zum nächsten: »Und wo willst du hin?«

Antwort: »Auch zu meiner Mutter.«

Das ging so einige Zeit weiter. Etwa vom zehnten an gab der russische Offizier selbst die Antworten: »Sicher zu deiner Mutter. Sicher zu deiner Großmutter. Sicher zu deinen Verwandten.« Er grinste dabei, als wollte er sagen: Die halten mich alle für dumm. Ich weiß genau, daß sie was zu fressen holen wollen.

Dann kam er zu mir. Auf seine Frage setzte er bereits selbst zur Antwort an, da fiel ich ihm ins Wort: »Ich will von drüben Lebensmittel holen. Bei uns wird gehungert.«

Der Offizier blickte mich erstaunt an, als käme ich aus einer anderen Welt. Er wandte sich zu dem Wachsoldaten und sagte auf russisch (soviel verstand ich noch von Rußland her): »Bringen Sie den Mann in mein Zimmer.«

Da stand ich dann in dem etwas kärglich eingerichteten Raum des Kommandanten und wartete der Dinge, die da kommen sollten. Ich durfte wohl auf nichts Gutes hoffen. Einmal meinte ich, es wäre besser, ich befände mich in den Händen der Vopo, dann aber dachte ich wieder, vielleicht hat der Russe mehr Verständnis für mein Anliegen als die Deutschen. Nun, ich würde es bald sehen.

Endlich kam der Kommandant. Er war von mittelgroßer Figur. Aus dem großflächigen, offenen Gesicht blickten mich ein paar braune Augen ruhig und interessiert an.

»Was hast du mir zu sagen?« war seine Frage. Zuvor befahl er mir noch, meine Taschen auszuleeren, vor allem meine Brieftasche.

Nun nahm ich die Brieftasche wieder zur Hand und zeigte ihm die Bescheinigung meines Bischofs. Er rief einen Dolmetscher herbei und ließ sich den Text genau übersetzen. Dann fragte er noch einmal: »Was willst du mir sagen?«

Ich war der Ansicht, ein Herumreden um die Sache würde bestimmt nichts helfen und schilderte ihm langsam, damit er mit seinen Deutschkenntnissen mitkommen konnte, was ich im Westen wollte. Ich hielt auch damit nicht hinter dem Berg, daß es Lebensmittel für Rußlandheimkehrer sein sollten, die halbverhungert zu uns kämen. Hier unterbrach er mich.

»In Rußland nix Hunger, das nicht wahr.«

Ich sagte einfach: »Aber diese Männer sind durch den Hunger und durch das nasse Brot krank geworden. Bitte kommen Sie, und sehen Sie sich unsere Leute an.«

Er kramte indessen in meiner Brieftasche und erwischte dabei auch ein Bild, auf dem meine Frau und meine Kinder zu sehen waren.

»Das deine Frau?« Er blickte mich fragend an. Als ich nickte, sagte er: »Du hast hübsche Frau.« Dann fragte er wieder: »Das deine Kinder, wie alt?« Ich gab ihm Antwort.

»Gut, auch ich habe Kinder«, antwortete er. Plötzlich sagte er: »Pack ein!«

Ich wußte zunächst nicht, was das bedeuten sollte. Er wiederholte nur: »Pack ein!« Dann ging er zur Tür, rief den Soldaten und sagte auf deutsch, so daß ich es gut verstehen konnte: »Diese Mann kann gehen.«

In den nächsten Minuten stand ich draußen vor seiner Tür und wollte zum Hause hinaus. Da hielt mich ein Offizier der Vopo an und wollte mich wieder festnehmen. In diesem Augenblick habe ich einfach laut um Hilfe gerufen.

Daraufhin ging die Tür zum Zimmer des russischen Kommandanten wieder auf, und als der Kapitän sah, was da geschah, brüllte er mit einer Stimme, die alle zusammenfahren ließ: »Ich habe gesagt, diese Mann kann gehen, und es bleibt, diese Mann kann gehen, verstehen?«

So schnell und höflich hat mich kein Vopo-Offizier mehr zum Hause hinausgeleitet wie der, der mich soeben noch festhalten wollte.

Dann stand ich auf der Straße und blickte den Berg hinauf nach Hohegeiß. Mich packte der Zorn. Es mußte doch zu schaffen sein, so kurz vor der Grenze.

Ich versuchte es noch einmal und gab dieses Mal besser acht. Eine knappe Stunde später lief ich auf den Straßen von Hohegeiß.

Die Beschaffung der von mir gewünschten Lebensmittel wurde ein schwieriges Unternehmen. Ich mußte mich bis Stuttgart durchschlagen, wo die Gesamtleitung des Kirchlichen Hilfswerkes saß. Auch hier kam mir zugute, daß ich in CVJM-Kreisen kein Unbekannter war und überall in maßgebenden Stellen mir bekannte Leute antraf. Mir wurden vierzig Zentner Lebensmittel bewilligt: Reis, Grieß, Mehl, Haferflocken und noch vieles andere mehr. Auch der Transport bis zur Grenze wurde besorgt. Aber dann mußte ich sehen, wie ich es anstellte, diese vierzig Zentner nach drüben zu bringen.

Ich habe schon oft gesagt, Gott hat viele Wege und kann immer wieder Menschen bereitmachen, in seinem Sinne einen Dienst zu tun. Dieses Mal war es ein Bauer, nicht weit von Goslar, mit dem ich ins Gespräch kam. Bei ihm durfte ich zunächst einmal die vielen Säcke unterstellen, und dann – sein Feld lag zum Teil jenseits der Grenze – versteckten wir eines Nachts, mit einer festen Plane geschützt, die Säcke unter einer Fuhre Mist, die der gute Mann am nächsten Morgen auf sein Feld jenseits der Demarkationslinie fuhr. Das ging damals noch. In einer Feldscheune wurden die Säcke gelagert, bis ich sie am übernächsten Tag abholen konnte. Inzwischen wurde ich noch einmal geschnappt und mußte eine weitere Nacht in einem Keller verbringen. Diesmal aber gab es einen Deutschen unter den Vopos, dem ich die Wahrheit sagen konnte, und der mir selbst ein wenig weiterhalf. Auf diese Weise konnte ich meine kostbare Fracht heimbringen.

Die Zeit dort oben auf dem Berge, hoch über dem Städchen Mansfeld verging wie im Fluge. Eine Freizeit nach der anderen brachte junge Menschen in das alte Gemäuer, die dann nach acht Tagen das Schloß wieder verließen, um anderen Platz zu machen. Im Sommer war es oft schwül. Die Hitze staute sich an dem Höhenzug und brachte manches Mal nur dann Entlastung, wenn ein Gewitter die Luft entspannte. Nicht selten waren diese Gewitter sehr schwer. Dann saßen wir alle in Bereitschaft, um sofort löschen zu können, wenn ein Blitz ins Haus einschlagen sollte. Einmal, nach einem besonders heißen Tag, brach ein solches Unwetter mit derartigem Toben über uns herein, daß wir mit allen Freizeitteilnehmern, mindestens fünfzig jungen Männern, auf der Turmtreppe, jenem wundervollen alten Wendelstein, hockten und mit vollen Wassereimern auf den Augenblick eines Einschlages warteten.

Dann aber gab es auch wieder schöne Abende auf der Mine. Wir sangen frohe und ernste Lieder ins Tal hinab und blickten auf die in der Dunkelheit der Nacht versinkenden Berge des Südharzes. Nach solchem Singen standen wir oft noch lange schweigend in der Dunkelheit.

Es war nach einem solchen Abend auf der Mine. Ich saß in meinem Arbeitszimmer am Schreibtisch und hatte noch zu tun. Irgendwelche Abrechnungen plagten mich. An Büroarbeit habe ich nie viel Freude gehabt. Doch sie mußte gemacht werden, und von der Sorgfalt, mit der dies geschah, hing so manches ab.

Es klopfte. Ich mußte dieses Klopfen zuerst überhört haben, denn es wurde bald darauf energisch wiederholt. Auf mein »Herein« betrat ein junger Mann, ein Freizeitteilnehmer, das Zimmer. Ich deutete auf den Stuhl neben meinem Schreibtisch und brachte erst einmal meine Arbeit zu Ende. Dann wandte ich mich dem Besucher zu. Der junge Mann war etwa sechzehn oder auch siebzehn Jahre alt. Als ich ihn nach seinem Anliegen fragte, brach es wie ein Sturzbach aus ihm heraus. Er erzählte mir mit sich überschlagenden Worten von einem Mädchen, das er liebhabe und mit dem er nun schon eine Zeitlang »gehe« und das er unbedingt ganz für sich haben müsse. Aus seinem Erzählen wurde mir deutlich, daß dieses Mädchen ihn zwar gern habe, daß es aber bei ihm Bedenken gäbe im Blick auf die Eltern, die der Meinung seien, die beiden wären für eine festere Bindung noch viel zu jung.

Mein Besucher erzählte mir dies alles mit einer Stimme, aus der der Vorwurf über eine solche Einstellung sehr deutlich herauszuhören war. Er drückte seine Ansicht auch dahingehend aus, daß sie bestimmt alt genug seien, um darüber allein bestimmen zu können, und daß dabei nur ihre Liebe zu entscheiden habe. Zum Schluß sagte er in etwa: »Ich liebe die Erika, und ich *will* sie haben, ich *muß* sie haben. Für mich kommt gar keine andere in Frage.«

Ich habe mit dem jungen Mann lange gesprochen. Vor allem versuchte ich ihm deutlich zu machen, daß Liebe nicht nur »Haben-wollen«, sondern auch »Geben-müssen« bedeutet. Ich sagte ihm, daß Gott uns einen Menschen anvertraut, damit wir vor allem *für ihn* da sind, für *ihn* sorgen und *ihn* mit unserer Liebe umgeben. Es nützte wohl nicht viel. Als er von mir ging, hatte ich den Eindruck, daß dieser junge Mensch noch viel Schweres erleben würde, ehe er begriff, was Liebe eigentlich bedeutet.

Doch dann erlebte ich etwas sehr Seltsames.

Kaum hatte dieser junge Mann das Zimmer verlassen – ich wollte gerade hinüber in meine Wohnung gehen –, da klopfte es noch einmal. Ich ging zur Tür und öffnete sie, weil sich auf mein »Herein« nichts tat, und holte mir den nächsten jungen Mann buchstäblich selbst herein. Offensichtlich hatte ihn im letzten Augenblick der Mut verlassen.

Wir setzten uns gleich an den großen Tisch in der Mitte des Zimmers, und ich wartete darauf, was nun kommen sollte.

Was ich da erfuhr – stockend und oft nicht im Zusammenhang gesprochen –, war im Grunde genommen das gleiche wie vor einer Viertelstunde, nur mit verkehrtem Vorzeichen. Ein junger Mensch erzählte mir die Geschichte seiner ersten wirklichen Liebe. Er berichtete sie mit allen Zeichen innerer Erregung, und der Tenor war diesmal: Ich kann doch nicht! Ich darf sie doch nicht mit meiner Liebe bedrängen! Ich möchte doch nicht, daß sie Schwierigkeiten mit ihren Eltern bekommt. Ich bin eher bereit, auf alles vorläufig zu verzichten, damit sie nur keinen Ärger bekommt oder sich gar mit ihren Eltern überwirft. »Bitte, helfen Sie mir doch, daß ich kein Unglück über mein Mädchen bringe.«

Mit diesem jungen Mann – er war fast genauso alt wie sein Vorgänger – habe ich noch sehr lange zusammengesessen. Wir haben viel gesprochen über das Wesen einer wirklichen Liebe und über die Verantwortung, die sie mit sich bringt. Ich habe ihm Mut gemacht, sich dieser Liebe zu stellen und darauf zu vertrauen, daß es einen Weg für seine Liebe gibt. Ich habe ihm auch gesagt, daß man eine solche Liebe im Gebet vor Gott bringen darf.

Er ging froh und zuversichtlich von mir. Als ich die Tür hinter ihm geschlossen hatte, trat ich noch einmal zum Fenster und blickte in die sternenklare Nacht hinaus. Wie seltsam ist das doch mit uns Menschen, mußte ich denken. Bei dem einen regiert auch in der Liebe nur das »Ich« und das »Haben-wollen«, der andere aber traut sich kaum, von seinen Empfindungen zu reden, weil er fürchtet, er könnte dem geliebten Menschen Schaden zufügen.

Dabei fällt mir ein ganz anderes Ereignis ein, das zeitlich nicht allzuweit von dieser Abendstunde entfernt liegt.

Für unsere drei Kinder, Christa, Bärbel und dem Jüngsten, Eberhard, war Schloß Mansfeld ein Paradies. Der parkähnliche Schloßhof bot viele Möglichkeiten zum Spielen. Hinzu kamen die Ruinen des »Goldenen Saales«, der »Schmiede« und wie sie alle hießen. Auch der sich anschließende Bergwald war ein ideales Gelände für Spiele aller Art, so daß auch immer einige Kinder aus dem Städtchen dabei waren und die Runde unserer drei ergänzten. Einige Sorgen bereitete mir die Fülle der unterirdischen Mauerreste, hinter denen sich mancherlei Gewölbe verbargen, die oftmals durch Gänge miteinander verbunden waren. Niemand von uns wußte, wie weit sie reichten und ob sie sich gefahrlos begehen ließen. Irgendwo könnte es einen Fall in eine nicht zu übersehende Tiefe geben, der böse Folgen haben konnte. Am interessantesten war in dieser Beziehung der Brunnen, der mit einem Dach versehen und umgeben von vielen Fliederbüschen zwischen Schloß und Nebengebäude lag. Fast jede Freizeit hatte versucht, die Tiefe dieses Brunnens auszuloten, ohne je erfolgreich gewesen zu sein. Schon oft war erwogen worden, einen Menschen an einem langen Seil hinabzulassen. Doch bisher hatte sich niemand gefunden, der dazu bereit war. Wenn man in die Tiefe des Schachtes angestrengt hinabsah oder gar an einem Bindfaden eine Lampe hinabließ, glaubte man in der Tiefe einen Absatz sehen zu können, von dem aus ein Gang seitlich abging.

Auch dieser Brunnen bedeutete im Blick auf die Kinder eine Quelle der Sorge. Doch sollte der beinahe tödliche Unfall in einer ganz anderen Ecke des Schloßhofes stattfinden. Ich erzähle es deshalb hier, weil es mir ein Beweis dafür ist, wie Gott uns hin und her einen Fingerzeig gibt, wenn Gefahr im Verzug ist.

In dem Gemäuer zwischen dem Schloß und der daneben stehenden Schloßkirche gibt es ein seltsames Gewölbe, das nur in einem großen Bogen nach außen sichtbar wird. In der oberen Hälfte dieses Gewölbebogens ragt ein eiserner Arm aus der Wand, dessen hakenartiges Ende dem Ganzen die Bezeichnung »der Galgen« eingebracht hat.

Der Volksmund, dem vieles zugeschrieben wird, erzählt, daß die Grafen von Mansfeld vor der Zeit des Reformators Dr. Martin Luther hier an diesem Haken die von ihnen zum Tode verurteilten Gefangenen aufgehängt hätten. Niemand kann heute sagen, ob dies stimmt. Auf jeden Fall hat dieser sogenannte Galgen etwas Unheimliches an sich.

Für Kinder scheint dies nicht zuzutreffen, denn nicht selten konnte ich beobachten, daß gerade an dieser Stelle gespielt wurde.

An einem schönen Sommernachmittag saß ich in meinem Arbeitszimmer über einer wichtigen Arbeit. Viel lieber wäre ich spazierengegangen, denn die Sonne und der herrliche Wald verlockten dazu. Ich mußte aber bei meiner Arbeit bleiben, denn sie war termingebunden.

Plötzlich ergriff mich eine seltsame Unruhe. Ich stand auf, um einen Blick nach draußen zu werfen und mich an dem Anblick der im Tal liegenden Häuser des Städtchens und den in der Ferne erkennbaren Höhenzügen des Harzes zu erfreuen. Meine Unruhe nahm aber nicht ab, sondern eher noch zu. Ich ging zur Tür und lauschte auf den Flur hinaus. Im ganzen Haus war es still, denn wir hatten gerade eine Freizeitpause mit der Möglichkeit, das Haus einmal gründlich zu säubern.

Die Stille im Haus bedrückte mich. Sie machte mich noch unruhiger. Langsam ging ich zur Turmtreppe und stieg ein paar Stufen nach oben, weil ich glaubte, dort müßten die Frauen tätig sein, die die Zimmer versorgten und reinigten.

Alles war aber still, unheimlich still. Auch die Kinder, die ich bis dahin im Schloßhof spielen hörte, waren verstummt. Weder im Hause noch von draußen erklang ein Laut.

Da packte es mich. Ich lief wie gejagt die Turmtreppe hinab und auf den Hof hinaus. Am gegenüberliegenden Ende des Schloßhofes glaubte ich einige Kinder zu sehen, die sich anscheinend im dortigen Gemäuer versteckten. In meiner Nähe schien nichts zu sein.

Ich trat ein paar Schritte vor und wandte mich nach rechts, ohne daß ich sagen könnte, warum ich es tat. Gleich darauf sah ich das Furchtbare. Da hing an jenem Galgen an einer starken Schnur, die um ihren Hals geschlungen war, meine Tochter Bärbel. Zu ihren Füßen lag ein umgekippter Küchenschemel.

Zum Glück hatte ich schon immer eine außerordentlich kurze Schrecksekunde. So gab es für mich auch in diesem Augenblick kein Überlegen. Mit wenigen Schritten war ich an der Mauer. In diesen Sekunden hatte ich schon mein Messer aus der Tasche gerissen und aufgeklappt. Mit einem Arm schob ich meine Tochter hoch, mit dem anderen schnitt ich die Leine durch und ließ das Kind zu Boden gleiten.

Mit einem Blick sah ich, daß Bärbel im Gesicht blau war und glaubte auch zu spüren, daß sie kaum noch atmete. Da fackelte ich nicht lange und griff zu einem Wiederbelebungsversuch, der sicher nicht den neuesten Erkenntnissen entspricht, aber schon manchmal geholfen hat, wenn die Zeit sehr knapp war: Ich legte das Kind über mein Knie und habe es mit einer Tracht Prügel, die bestimmt nicht von Pappe war, wieder zum Atmen gebracht. Gott sei Dank! – und das schreibe ich in voller Absicht – es half! Es war noch nicht zu spät. Als sie zu schreien anfing, stieg auch mein innerer Schrei zu Gott empor, der mir jene Unruhe gegeben hatte, die mich von meinem Schreibtisch trieb und mich auf den Hof treten ließ.

Sekunden später lag Bärbel schluchzend in meinen Armen, und auch mir liefen die Tränen die Wangen hinab. Ich hätte wohl keine drei Sekunden später kommen dürfen.

Den »Galgen« haben wir seitdem mit großem Respekt betrachtet, und ich konnte beobachten, daß auch die Kinder ihre Spiele an eine andere Stelle verlegten. Sie hatten »aufhängen« gespielt, und meine Tochter, die ja ein halber Junge war, mußte natürlich den verurteilten Gefangenen spielen. Als aber der Schemel umkippte und sie nach Luft schnappte, waren die anderen im Schreck davongelaufen.

Mit Schloß Mansfeld verbinden sich für mich aber auch viele schöne Erinnerungen. Irgendwie war das Leben dort auf dem Schloß intensiver als woanders. Dazu trug sicher die Schönheit der Natur, der parkähnliche Schloßhof mit seinem weiten Gelände, der Wald und die Romantik des ganzen Gebäudekomplexes bei.

Ebenso hatten die vielen jungen Männer daran ihren Anteil, die mit ihrer Begeisterung jede Tagung bereicherten. Das abendliche Singen von der Mine ins Tal hinunter, die morgendlichen Stunden in der geschichtsträchtigen Schloßkirche, die Abendmahlsfeiern und manches andere mehr prägten die Atmosphäre und machten den Aufenthalt auf Schloß Mansfeld unvergeßlich.

Daneben gab es aber auch schwere Stunden. Man versuchte immer öfter, uns durch mancherlei Schikanen das Leben zu erschweren. Die Verhöre durch die Organe des Staatssicherheitsdienstes, dem SSD, nahmen zu. Die Männer kamen zu den unmöglichsten Stunden und unter vielen Vorwänden. Manchmal erschienen sie sogar in Verkleidung.

Eines Morgens, wir saßen gerade beim Frühstück, wurde mir gemeldet, Feuerwehrleute seien auf dem Hof und wünschten mich zu sprechen. Ich wunderte mich, denn wir hatten gerade eine Begehung durch den Brandschutz hinter uns, dachte aber an nichts Böses. Als ich in den Schloßhof kam, war mir nach dem ersten Blick klar, daß ich es bei diesen Männern weder mit der Feuerwehr noch mit der Brandschutzpolizei zu tun hatte. Sie trugen freilich ähnliche Uniformen.

Ihr Anführer, ein untersetzter, zur Fülle neigender Mann, verlangte von mir, daß seinen Leuten alle Räume gezeigt würden, auch die Dachböden. Als ich ihn darauf aufmerksam machte, daß wir erst vor wenigen Tagen eine Kontrolle durch den Brandschutz gehabt hätten und ich nicht willens sei, schon wieder eine solche Aktion hinzunehmen, lachte er, winkte seinen Leuten zu, daß sie ruhig ins Haus gehen sollten und sagte zu mir: »Es erleichtert meinen Auftrag, wenn Sie ahnen, wer wir wirklich sind.« Danach stellte er sich als Kommissar der Leitstelle des SSD in Halle vor.

»Ich möchte mich mit Ihnen ein wenig unterhalten«, fuhr er fort. »Können wir uns irgendwo ungestört hinsetzen?« Es blieb mir nichts anderes übrig, als ihn in mein Arbeitszimmer zu bitten. Kaum aber waren wir dort angekommen, da ging er noch einmal zur Tür zurück, drehte den Schlüssel von innen um und steckte ihn in die Tasche. Ehe ich es verhindern konnte, tat er das gleiche mit den anderen beiden Türen. Meinen nicht sehr leisen Protest wehrte er mit der Bemerkung ab: »Erstens sind wir nun wirklich ungestört, und zweitens haben Sie sich jetzt meinen Wünschen zu fügen.«

Ich war entsetzt. Ich war ein Gefangener in meinem Hause. Blitzschnell durchzuckte mich die Erinnerung an ähnliche Augenblicke, als die politische Polizei noch Gestapo hieß. Es kam also alles wieder, nur unter anderem Vorzeichen und mit anderer Farbe.

Was würde nun geschehen? fragte ich mich. Ich brauchte nicht lange zu warten. Der SSD-Kommissar eröffnete das Gespräch.

»Uns wurde berichtet«, sagte er, »daß Sie sich geweigert haben, den Appell gegen die Atomwaffen zu unterschreiben. Stimmt das?« Gemeint war der sogenannte »Stockholmer Atomwaffenappell«, der sich einseitig gegen Amerika richtete.

Ich bejahte die Frage und fügte hinzu, daß ich dazu auch einen Grund habe.

»So, dann sagen Sie mir diesen Grund, aber bitte die Wahrheit.«

Ich blickte ihn voll an und hatte in diesem Augenblick sicher ein wütendes Gesicht. »Wie kommen Sie dazu, mich zu beleidigen?« fragte ich den Kommissar. »Wenn ich Ihnen etwas sage, dann ist es die Wahrheit, oder Sie bekommen von mir überhaupt keine Antwort.« Ich wußte, daß meine Worte recht gewagt waren, meinte aber, mich wehren zu müssen.

Der Mann des Staatssicherheitsdienstes ging über

meine Antwort hinweg und sagte nur: »Ich warte auf Ihre Auskunft.«

»Die sollen Sie haben.« Mir war jetzt alles egal. »Ich habe den Leuten, die hier bei mir waren, gesagt, daß ich sofort unterschreibe, wenn ich hinzusetzen darf, daß damit auch die sowjetischen Atomwaffen gemeint sind.«

»Und Sie halten das für klug?« erhielt ich zur Antwort.

»Sicher nicht für klug«, sagte ich, »aber für wahr. Ich kann nicht einsehen, welchen Unterschied es zwischen den Atomwaffen der USA und der UdSSR geben sollte.«

»Das kann ich Ihnen aber sagen«, antwortete mein Gegenüber. »Die Atomwaffen der USA dienen der Vorbereitung neuer Kriege, die der Sowjetunion dem Frieden; oder glauben Sie das nicht?«

Ich äußerte meinen Zweifel an dieser Darstellung und verlangte Beweise für seine Behauptung. Das war das Signal dafür, daß dieser Beamte mir einen Vortrag über die Grundsätze der Staats- und Menschenführung bei Lenin und Stalin hielt. Er zitierte ganze Abschnitte aus Lenins Werken auswendig.

Als er endlich einmal innehielt, benutzte ich die Gelegenheit, ihn auf einige Widersprüche zwischen Lenin und Stalin aufmerksam zu machen. Auch ich konnte einiges zitieren, um meine Behauptungen zu begründen.

Der SSD-Mann blickte mich erstaunt an.

»Ja, lesen Sie denn die Werke Lenins und das, was unser großer Stalin geschrieben hat?« fragte er betroffen.

Ich bejahte die Frage und brachte einige weitere Zitate; denn vor nicht langer Zeit, während einer Herzkur in Bad Liebenstein, hatte ich mir die Zeit genommen, Lenin und Stalin etwas gründlicher zu lesen. Mein Gegenüber schüttelte immer wieder den Kopf. Plötzlich schien er aber etwas gefunden zu haben, mit dem er mich reinlegen wollte. Er grinste mich an und sagte: »Wenn Sie in diesen Fragen so beschlagen sind, dann werden Sie mir auch sagen können, auf welcher Grundlage Ihre Anschauung von diesen Dingen steht. Können Sie mir irgendwelche Unterlagen dafür beschaffen?«

Nun mußte *ich* im stillen lachen. Ich stand auf, ging zu meinem Schreibtisch, auf dem meine Taschenbibel lag, und sagte: »Vielleicht darf ich Ihnen einmal die entscheidenden Stellen für meine Welt- und Lebensanschauung vorlesen, wie sie in dem zentralen Werk stehen, das wir dafür haben.« Und ehe es sich mein Gesprächspartner noch versah, las ich ihm schon einige Stellen aus dem Neuen Testament vor. Leider ist es mir heute nicht mehr möglich zu sagen, welche dies waren. Ich war in jener Stunde auch viel zu aufgeregt, um sie zu behalten.

Mein Vorlesen schien den Mann zu interessieren. Er hörte mir aufmerksam zu, bis ihm plötzlich zu Bewußtsein kam, daß ich aus der Bibel vorlas. Er sprang auf und brüllte mich wütend an: »Was glauben Sie wohl, wen Sie vor sich haben? Das können Sie mit mir nicht machen. Legen Sie sofort das Buch weg, oder ich lasse Sie augenblicklich verhaften.«

Ich glaubte ihm anzumerken, daß er es bitter ernst meinte und habe ihn bestimmt entsetzt angesehen.

Mein Schreck wurde noch größer, als er plötzlich zur Flurtür lief, aufschloß und hinausblickte. Ich meinte, nun würde er einen seiner Männer rufen und mich festnehmen lassen.

Plötzlich aber drehte sich der Beamte des Staatssicherheitsdienstes wieder um, machte die Tür fest zu und sagte leise: »Vielen Dank, ich habe schon lange nichts mehr aus der Bibel gehört!« Damit verließ er ohne weiteren Gruß das Zimmer, rief seine Leute und fuhr mit ihnen wenige Minuten später in dem vor dem äußeren Tor stehenden Wagen ab. Ich habe ihn nie wieder gesehen. Es war auch das letzte Verhör auf dem Schloß. Die danach folgende Ruhe war eine Täuschung. Die Schikanen, die uns nun trafen, waren nur anderer Art.

Ich muß berichten, daß wir auf dem Schloß endlich einen Zweig unserer Arbeit eröffnen konnten, der uns schon lange am Herzen lag: Die Ausbildung junger Männer in einem sogenannten Proseminar für evangelische Jugendführung, in dem sie die ersten Grundlagen für ihre spätere Vollausbildung in einem Diakonenhaus oder einer Katechetenschule bekamen. Fast zwei Jahre konnten wir diese Arbeit durchführen. Sie geschah im Anschluß an die Beendigung der Heimkehrerfreizeiten in denselben Räumen, die wir dafür noch ein wenig herrichteten. Dieses Proseminar aber wurde für die SED in besonderem Maße zu einem Stein des Anstoßes, vor allem in der Parteischule in Mansfeld. Unsere jeweils fünfzehn bis zwanzig Schüler fielen trotz der geringen Zahl im Stadtbild dieser kleinen Ortschaft auf. Ihre besondere Art, ihr höfliches Benehmen und der selbstverständliche sonntägliche Kirchenbesuch dieser geschlossen wirkenden Gruppe blieben nicht verborgen.

Inzwischen ging das Jahr 1952 zu Ende. Bereits vor Weihnachten mußten wir unsere Seminaristen in Urlaub schicken, da wir kein Brennmaterial mehr hatten, um die Räume zu beheizen. Der Holzeinschlag in unserem Wald war uns verboten worden, und eine Kohlenzuteilung wurde uns verweigert. Alle meine Eingaben an den Kreis und auch an die Landesregierung blieben ohne Antwort. So hatten wir keine Wahl, wir mußten Zwangsferien machen.

Es wurde eine ruhige, aber für uns auch sehr traurige

Weihnacht. Alles Leben in dem sonst so lebendigen Schloß war erstorben. Der Blaue Saal, das Erkerzimmer und wie die Räume alle hießen, wirkten verlassen. Wir selbst hatten eine Erholungspause sicher nötig, nur durften wir nicht daran denken, was nach der Jahreswende werden sollte.

Es war ein sehr kalter Winter mit viel Eis und Schnee. Wenn ich mit meinem Schäferhund, den ich selbst gezogen hatte, durch den Wald lief, dann hatte ich Mühe, den Hund in dem tiefen Schnee nicht aus den Augen zu verlieren. Die Etagenheizung, die unsere Wohnung erwärmen sollte, lief auf halber Kraft, so daß es abends oft nicht möglich war, ohne dicken Pullover zu sitzen. Wir rückten mit unseren ständigen Mitarbeitern in Haus und Küche eng zusammen und sprachen uns gegenseitig Mut zu.

Unsere gute Gemeinschaft, in der wir von jeher lebten, war seit einigen Monaten angeknackst. Wir wußten, daß wir unter uns einen Spitzel hatten, der alles, was getan oder gesprochen wurde, der Parteileitung meldete. Daran gab es leider keinen Zweifel. Nur war es fraglich, wer es sein könnte. Es gab zwar Vermutungen, aber gerade solche Vermutungen können die Atmosphäre schnell vergiften. Unser Landeswart, der in einer Abendstunde versuchte, allen im Schloß Wohnenden bei einem Glas Wein ins Gewissen zu reden, erreichte auch nichts. Wir waren darüber sehr traurig, denn alle hatten es im Schloß gut. Sie waren nicht nur gut versorgt, sondern konnten über die Behandlung, die ihnen zuteil wurde, nicht klagen. Auch derjenige nicht, auf dem unser stärkster Verdacht lag – und das nicht zu Unrecht, wie sich später herausstellte.

Anfang Januar hatte ich in verschiedenen Gemeinden Jugendkreise zu besuchen. Als ich wiederkam und noch immer keine Zuteilung von Heizmaterial vorlag, war mir klar, daß etwas unternommen werden mußte, wenn nicht auch wir Angestellten das Schloß verlassen sollten. Ich fuhr nach Magdeburg zum Landeswart des Jungmännerwerkes. Außerdem gab es im Zusammenhang mit diesem Besuch eine Besprechung im Konsistorium. Man versprach, sich in verstärktem Maße auch von dort aus für uns zu bemühen. Vor allem wollte man bei der Landesregierung vorstellig werden.

Ich ließ mich beruhigen. Zum Glück gab es etwas Bruch im Walde, den wir benutzen konnten, um unsere kargen Vorräte an Heizmaterial etwas aufzufüllen. Um den zwanzigsten Februar herum ging es dann nicht mehr. Weder der Kreis noch die Regierung in Halle rührten sich, und es war nur zu offensichtlich, daß man uns auf diese Weise zur Aufgabe unserer Arbeit zwingen wollte.

Da wir in den nächsten Tagen eine Reise zu einer wichtigen Veranstaltung in Neinstedt am Harz eingeplant hatten, wo sich mein Diakonenhaus befindet, mußte ich – wenn überhaupt – schnellstens einen letzten Versuch starten, um die maßgebenden Stellen zur Aufgabe ihrer feindseligen Haltung zu bewegen.

Es war der 24. Februar 1953, der Geburtstag unserer ältesten Tochter Christa. Sie besuchte in der Kreisstadt Hettstedt die Zehnklassenschule, wozu sie täglich den Autobus benutzen mußte. Auch ich fuhr an diesem Tage nach Hettstedt zum Rat des Kreises, um zu versuchen, den Vorsitzenden zu sprechen.

Da wir in jenen Tagen auf alles gefaßt waren, weil die Hetze gegen mich bereits auf die Tageszeitungen übergriffen hatte, war zwischen meiner Frau und mir im Blick auf zu führende Telefongespräche eine besondere Vereinbarung getroffen. Solche Abmachungen dehnten sich auch auf einige andere Personen aus. Wir hatten wirklich nichts zu verbergen. Es wäre uns nie in den Sinn gekommen, durch irgendwelche verbotenen Handlungen unsere Arbeit auf Schloß Mansfeld zu gefährden, aber wir mußten halt mit allem rechnen, weil man uns übel wollte.

In Hettstedt kam ich bis zum Vorzimmer des Vorsitzenden des Rates des Kreises. Hier wurde ich von der Sekretärin aufgehalten mit der Bemerkung, der Herr Vorsitzende sei für mich nicht zu sprechen. Ich habe meine ganze Überredungskunst aufgeboten, aber es nützte nichts. Der Herr hatte Weisung gegeben, mich nicht vorzulassen. Da platzte mir der Kragen.

In diesen Augenblicken habe ich wirklich nicht mehr überlegt gehabt, was ich tat. Ich hatte ganz einfach Angst um unsere Arbeit und meinte, es müßte das Letzte versucht werden. Ich schob die Sekretärin, die vor der Tür zum »Allerheiligsten« stand, einfach beiseite, öffnete die Tür und trat ein.

Der Vorsitzende war anwesend, er saß hinter seinem Schreibtisch und blickte mich stirnrunzelnd an. Ich ging bis dicht vor den Tisch, und als mir kein Stuhl angeboten wurde, nahm ich mir einen mit der Bemerkung: »Sie gestatten doch!« Man gestattete stillschweigend, aber eine Frage nach meinen Wünschen wurde nicht gestellt. So blieb mir denn nichts anderes übrig, als selbst zu beginnen und unsere katastrophale Lage zu schildern.

Der Vorsitzende hörte mich an, ohne zu unterbrechen. Dann sagte er (und für diese Worte verbürge ich mich): »Und wenn wir bergeweise Kohlen hätten und nicht wüßten wohin damit, Sie bekommen keine, nicht ein Stück.«

Damit hielt der Mann die Unterredung für beendet. Ich aber war anderer Auffassung. Es war mir nun alles gleichgültig, wobei ich keinen Augenblick an mögliche Folgen dachte.

Ich sagte: »Herr Vorsitzender, ich habe Ihre Worte gehört und nehme daraus die Erkenntnis mit, daß es für Sie zwei Sorten Menschen gibt: diejenigen, die zu

Ihrer Anschauung gehören, beziehungsweise die gleiche Einstellung haben wie Sie selbst; die bekommen alles, was sie benötigen. Die anderen, vor allem jene, die sich zum christlichen Glauben bekennen, können indessen verrecken. Das rührt Sie nicht, obgleich Sie als Vorsitzender des Rates des Kreises für alle zu sorgen hätten.«

Damit stand ich auf, verbeugte mich vor dem Mann, der mit verkniffenem Gesicht sitzen blieb und verließ den Raum. Ich war so erregt, daß ich noch heute nicht weiß, wie ich die Treppe hinunter gekommen bin. Erst auf der Straße wunderte ich mich, daß ich noch frei herumlief und meinte, die Verhaftung könnte noch jeden Augenblick erfolgen. Ich blickte mich um, sah die Autobushaltestelle und überlegte, wann ich zurückfahren sollte. In diesem Augenblick sprach mich meine Tochter Christa an, unser Geburtstagskind.

»O Vati, das ist fein, daß ich dich treffe. Fährst du mit mir nach Hause?«

Ich nickte. »Ja, ich komme mit.« Dabei überlegte ich noch, ob wohl noch etwas zu besorgen sei.

In diesem Augenblick sprach eine Stimme laut und deutlich zu mir: »Rufe zu Hause an!«

Ich blickte mich erschrocken um. Da ich sonst niemand sah, fragte ich: »Christa, hast du eben etwas zu mir gesagt?«

Verwundert verneinte sie, sagte aber: »Vati, du siehst ja mit einem Mal so blaß aus.«

Ich wischte dieses Wort beiseite und fragte hastig: »Hast du eine Ahnung, ob man hier irgendwo telefonieren kann?«

Mir liegt daran, noch einmal zu betonen, daß ich diese Stimme, die mich aufforderte, daheim anzurufen, ganz deutlich hörte, obwohl niemand in der Nähe stand, der mir die Worte zurufen konnte. Meine Tochter war es jedenfalls nicht. Eine Erklärung dafür gibt es wohl kaum, es sei denn, man spricht von Gedankenübertragung, was man aus dem folgenden Telefongespräch entnehmen könnte.

Ich fragte also, ob in der Nähe eine Möglichkeit zum Telefonieren sei.

Christa bejahte diese Frage und zeigte mir eine etwas primitive Sprechstelle in einem Hausflur neben einem Zeitungsstand. Das Telefongespräch verlief folgendermaßen:

Ich hörte, daß meine Frau sich meldete. Daraufhin fragte ich nur, ohne meinen Namen zu nennen: »Was ist?« Das war für alle Fälle so vereinbart, denn wir rechneten seit einiger Zeit damit, daß unser Telefon abgehört wurde. Meine Frau sagte darauf, ich sollte zu einem bestimmten Pfarrer gehen und legte wieder auf.

Der Betreffende wohnte nur knapp hundert Meter entfernt. Als ich in sein Amtszimmer trat, sprang er entsetzt auf, lief sofort zum Telefon, deckte ein Kissen darüber und sagte flüsternd: »Um Gottes willen, Sie müssen fort!« Er erklärte mir, was er in der vergangenen Nacht von einem Mann erfahren hatte, den er vor kurzem heimlich getraut hatte, weil seine Braut darauf bestand. Was mir der Pfarrer erzählte, jagte mir einen mächtigen Schrecken ein. Um es kurz zu machen: Ich sollte spätestens am nächsten Tag verhaftet werden. Der Haftbefehl lag seit einigen Stunden vor.

Wir haben noch einiges besprochen und miteinander überlegt. Ich konnte mich dann nur noch bedanken, und erreichte im letzten Augenblick den schon abfahrenden Autobus.

Die folgenden Stunden waren furchtbar. Sie brachten aber auch die Gewißheit, daß nunmehr etwas zum Abschluß kam, was auf uns allen wie ein Alpdruck lastete.

Bis zu diesem Augenblick hatte ich nie daran gedacht, in den Westen zu gehen. Jedesmal, wenn ich einen Freund in Berlin besuchte, machte mir dieser Vorwürfe, daß ich für einen solchen Fall wieder nichts mitgebracht hatte. Der Gedanke, meine Arbeit im Stich zu lassen, lag mir auch jetzt noch fern, obgleich mir die Stimme, die an der Bushaltestelle in Hettstedt zu mir gesprochen hatte, wie ein Fingerzeig Gottes vorkam.

Als erstes setzte ich mich nun mit dem Mann in Verbindung, mit dem ich so lange zusammenarbeitete und mit dem ebenfalls für Telefongespräche eine ganz bestimmte Sprachregelung vereinbart worden war. Er wurde später, im Verlauf der ganzen Aktion, eingesperrt und verurteilt.

Mein Freund erschien gegen Abend. Bis dahin hielt ständig einer von uns in unserem kleinen Wohnzimmer Wache, dessen Fenster zum Schloßhof hinausging. Wir wollten wenigstens sehen, wenn sie kamen.

Wir haben eine Nacht hindurch beraten und die ganze Not immer wieder vor Gott gebracht, bis uns zur Gewißheit wurde, was zu tun sei.

Der Geburtstag unserer Tochter wurde trotzdem ein bißchen gefeiert, denn die Kinder sollten möglichst unbelastet bleiben. Allerdings ließ es sich nicht vermeiden, daß die Stimmung bei uns Erwachsenen gedrückt war.

Gegen Morgen stand dann unser Plan fest. Ich würde mit meinem Freund zusammen in dessen Wagen fortfahren. Wir würden uns mit den Worten verabschieden – möglichst laut hörbar –, daß wir nach Halle müßten, um bei der Regierung wegen Kohlen zu verhandeln. In Wirklichkeit sollte die Fahrt nach Magdeburg zum Bischof gehen. Er mußte nun entscheiden, was zu tun sei. Nur für den äußersten Notfall war vereinbart worden, daß ein Telefongespräch mit einem bestimmten Wortlaut meiner Frau signalisieren sollte, daß ich mich auf dem Weg nach Berlin befand, um dort erst einmal die weitere Entwicklung abzuwarten. Sie sollte dann so schnell wie möglich mit den Kindern nachkommen.

Jene Stunden und Tage zehrten an dem Rest meiner Kräfte. Ich war auch körperlich am Ende und furchtbar abgemagert. Seelisch konnte ich nur durchhalten, weil ich mich in jedem Fall unter Gottes Schutz wußte, wo auch immer dieser Weg enden würde.

Als wir am 25. Februar in der Frühe den Wagen bestiegen, ging gegen unser Erwarten alles glatt. Auch der Spitzel, der unter uns lebte, stand dabei und hörte meine Verabschiedung. Er hat vermutlich sofort eine Nachricht nach Hettstedt gegeben, denn sonst hätte man mit der geplanten Aktion nicht noch zwei Tage gewartet.

Als wir in Magdeburg dem Bischof berichtet hatten, legte mir mein väterlicher Freund, der mir zu meiner Überraschung und Freude vor einigen Wochen das brüderliche Du angeboten hatte, die Hand auf die Schulter und sagte: »Ich fürchte, du mußt einen schweren Gang gehen.«

Dann tagten die drei Spitzenmänner der Kirchenleitung. Erst nach langem Warten riefen sie uns zu sich und eröffneten mir, daß sie beschlossen hätten, ich solle Mansfeld verlassen und in den Westen gehen. Sie hofften, dadurch die ärgste Gefahr von Schloß Mansfeld abwenden und seine Einrichtung als evangelisches Werk retten zu können.

»Geh mit Gott, Bruder Reschke!« sagte der Bischof. »Wir wissen, daß es ein schwerer Weg sein wird, den mancher nicht verstehen kann. Aber wir stehen hinter dir.« Später war ich sehr froh, daß ich trotz dieser eindeutigen Worte meines Bischofs mir seinen Auftrag, Mansfeld zu verlassen und in den Westen zu gehen, schriftlich geben ließ. Es gab leider so manchen, der es besser zu wissen glaubte und meinte, mich beschimpfen zu können.

Im Augenblick aber mußte gehandelt werden, und zwar ohne Verzug. Mein Weg führte mich zum Hauptbahnhof in Magdeburg. Der Zug, den ich bestieg, fuhr nach Ostberlin. Niemand hätte mir sagen können, wie weit der Haftbefehl schon an die Vopo, auch an die Bahnpolizei weitergegangen war. Ich mußte halt sehen, ob der Weg für mich noch frei war. Kritisch wurde es zwischen Brandenburg und Potsdam, als die Kontrolle durch den Zug ging. Ich sagte mir immer wieder: Wenn es Gottes Wille ist, was der Bischof mir aufgetragen hat, wird alles glatt gehen. Andernfalls führt mich mein Weg für Jahre ins Gefängnis.

Gegen Abend war ich in Berlin und eine halbe Stunde später bei meinem Freund und dessen Frau auf dem Wedding. Das erste aber war nach der Begrüßung der Vorwurf: Nun hast du für nichts vorgesorgt! Ich führte das Telefongespräch nach Mansfeld mit den vereinbarten Worten. Meine Frau konnte nur weinend sagen, daß sie verstanden habe. Schon am nächsten Tag machte sie sich mit den Kindern auf den Weg, in Hut und Mantel und mit nichts anderem als einer kleinen Tasche. Die Kinder, die glaubten die Reise ginge nach Neinstedt am Harz, hatten ihre Schulbücher dabei, um unterwegs ein bißchen zu lernen. Als sie nach mancherlei Schwierigkeiten auf dem Bahnhof Friedrichstraße in Berlin ausstiegen, beachtete sie der abseits stehende Freund nicht, der unsere beiden Töchter, die vorn im Zug reisten, in Empfang nehmen sollte. Da schrie der Kleinste, unser Eberhard: »Das ist aber komisch! Erst wollen wir nach Neinstedt fahren, und nun sind wir in Berlin, und dann steht da Onkel Herbert, und der will uns gar nicht sehen.« Er war gerade kurz vor der Vollendung seines sechsten Lebensjahres.

Die beiden Mädchen, fünfzehn und dreizehn Jahre alt, waren vor Potsdam aus dem Abteil geholt worden, in dem sie aus Sicherheitsgründen getrennt von meiner

Frau im Vorderteil des Zuges fuhren, und in einem Sonderabteil der Volkspolizei verhört worden. Man wollte von ihnen wissen, wo ihr Vater sei. Beide Mädchen hatten keine Ahnung und konnten darum nichts sagen. Als man die Kinder mit Schlägen bedrohte, fing die jüngere, Bärbel, fürchterlich an zu schreien, worauf man sie dann beide gehen ließ.

Als wir am späten Abend bei meinem Freund alle vereint waren, erfüllte uns ein tiefer Dank gegenüber dem, der über uns allen seine Hand gehalten hatte. Ich denke, damals kam in mir zuerst der Gedanke auf, das alles einmal zur Ehre Gottes aufzuschreiben. Darüber sind dann noch so viele Jahre ins Land gegangen.

Niemand, der diese Ereignisse nicht persönlich mitgemacht hat, die dann auf einer anderen Ebene zu den Geschehnissen um den 17. Juni führten, kann ermessen, wie groß der Druck war, der auf uns lastete, und wie tief die Niedergeschlagenheit, die uns noch lange erfüllte.

9.

Wer glaubt, daß für uns nun alle Not ein Ende hatte, der irrt sich. Zwar ging die Anerkennung als Flüchtlinge ziemlich glatt über die Bühne. Die »Gefahr an Leben und Freiheit«, wie es auf dem Schein des Bundesnotaufnahmeverfahrens hieß, konnte durch viele Zeitungsartikel gut belegt werden, in denen mein Name durch den Schmutz gezogen und meine schnellste Verhaftung verlangt wurde. Damit aber war die persönliche Not, in der wir uns nun befanden, dazu noch mit drei Kindern, keinesfalls beseitigt. Es ist etwas anderes, heute in die Bundesrepublik zu kommen, möglicherweise mit offizieller Ausreisegenehmigung, als damals ohne ein Stück persönlichen Eigentums und nur mit dem, was man auf dem Leib trug. Tausenden ging es nicht anders.

Inzwischen nahm das Drama auf Schloß Mansfeld seinen Fortgang. Kurz nachdem meine Frau mit den Kindern fort war, kam ein Trupp Volkspolizei mit Karabinern, um den Haftbefehl gegen mich zu vollstrekken. Irgend etwas hatte in dem »Apparat« nicht funktioniert. Man kann auch sagen: Es hat »jemand« die Hand dazwischen gehalten. Leider nahmen sie statt meiner einen jungen Mitarbeiter fest, der sich ganz gewiß nicht staatsfeindlich betätigt hatte. Sein Auftrag war es, zu meiner Unterstützung jungen Menschen das Evangelium zu sagen und für die Seminaristen zu sorgen. Das aber genügte schon! Er mußte elf Monate hinter Gittern verbringen, einen Teil davon in Kellereinzelhaft.

Wir aber saßen indessen in Westberlin in zwei Zimmern, die uns mein Freund vorübergehend beschaffen konnte, und haben dort manche trübe Stunde verbracht. In dieser Not war uns unser fünfjähriger Eberhard oft ein Trost. Er verstand es, uns mit seinem kindlichen Frohsinn und seiner Unbekümmertheit aufzuheitern.

Zwei Erlebnisse sollen hier berichtet werden.

Meine Frau und ich saßen wieder einmal in unserem Zimmer und grübelten darüber nach, was wohl werden sollte, da hörten wir plötzlich unseren kleinen Sohn ein Lied blasen.

Dazu muß gesagt werden, daß der Junge auf Schloß Mansfeld einen schmalen kupfernen Trichter gefunden hatte, der einer Trompete nicht unähnlich sah. Er verstand es in nicht nachzuahmender Weise, diesen Trichter wie eine Trompete zu benutzen und mit den Lippen durch ihn hindurch zu blasen, so daß man glauben konnte, tatsächlich eine Trompete zu hören. Eines seiner Lieblingslieder, das er von den vielen Posaunenchören kannte, die in den Freizeiten bei uns gespielt hatten, war ein Bachsatz des Liedes »Lobe den Herren, den mächtigen König der Ehren«.

Als wir nun in jenem Zimmer in Berlin saßen und glaubten, nicht mehr weiter zu wissen, da fing der kleine Kerl draußen auf dem Balkon an, dieses Lied zu »spielen«, indem er seine Lippen wie bei einer »Flüstertüte« formte und dabei die wunderbaren Töne hervorbrachte.

»Lobe den Herren, den mächtigen König der Ehren,
meine geliebte Seele, das ist mein Begehren.
Kommet zu Hauf, Psalter und Harfe wacht auf,
lasset den Lobgesang hören.

Lobe den Herren, der alles so herrlich regieret,
der dich auf Adelers Fittichen sicher geführet,
der dich erhält, wie es dir selber gefällt,
hast du nicht dieses verspüret?«

Das Lied ging uns durch Mark und Bein. Uns rollten die Tränen über die Gesichter, und ich glaube, wir schämten uns unseres Kleinglaubens, der trotz der gnädigen Führung unseres Herrn leider oft genug durchbrach. Plötzlich war uns klar, daß auch wir sagen und singen konnten: ». . . hast du nicht dieses verspüret?«

Ist es nicht so, daß wir alle in unserem Leben viel mehr zum Danken entdecken, wenn wir Augen und Ohren dazu öffnen, als Not vorhanden ist? Auch wenn in manchem Leben das Schicksal – nämlich das, was Gott uns schickt – nicht immer verstanden werden kann, finden wir Grund zum Danken.

Wir haben in jener Stunde, als wir unseren Kleinsten den herrlichen Choral »blasen« hörten, uns unseres Kleinglaubens geschämt, so wie es einst die Jünger taten, als Jesus auf dem Meer zu ihnen trat und sagte: »O ihr Kleingläubigen, warum seid ihr so furchtsam?«

Ein zweites Erlebnis war ganz anderer Art.

Ich mußte mit der S-Bahn fahren und hatte den Kleinen mitgenommen. Auf dieser Fahrt kamen wir am Bahnhof Witzleben vorbei und sahen von unten her den Berliner Funkturm. Mein Sohn, der diesen noch nie gesehen, aber im Mansfelder Kindergarten wohl die übliche Hetze gehört hatte, krähte plötzlich mit seiner Kinderstimme laut los: »Vati, ist das der Lügensender Rias?«

Ehe ich noch richtig erschrecken konnte, ging ein brausendes Gelächter durch den S-Bahnwagen, und im Handumdrehen hatte der Junge in seinen kleinen Händen und auf seinem Schoß Bananen, Apfelsinen, Weintrauben und Schokolade. Er selbst aber machte ein Gesicht, als ob er jeden Augenblick weinen wollte; denn trotz der herrlichen Sachen, die er hier in Westberlin erst kennenlernte, kam ihm die Angelegenheit nicht ganz geheuer vor.

Ein Herr aber trat herbei, strich ihm über die blonden Haare und meinte: »Junge, das war prächtig! Man merkt, daß du von drüben kommst und erst noch lernen mußt, welchen Schwindel sie euch dort verzapft haben.«

Ja, so waren die Berliner in jenen Tagen, und so sind sie eigentlich noch immer: Im richtigen Augenblick ein humorvolles Wort und eine gute Tat.

Nach wenigen Wochen konnten wir mit Unterstützung meines Schwagers aus Berlin ausfliegen. Unterdessen hatte auch Arnold Dannenmann die Freunde in der Bundesrepublik mobilisiert, so daß Briefe auf den Tisch kamen, die mir ein wenig Hoffnung schenkten. Nach kurzem Umweg über Osterode am Harz, diesmal aber auf der westlichen Seite, ging es nach Süddeutschland, ins Schwabenland. In Bad Boll fanden wir mit Unterstützung durch Arnold Dannenmann für längere Zeit den Platz, an dem wir uns erholen und zur Ruhe kommen konnten. Leider überfiel nun so manche, zum Teil recht schwere Krankheit unsere Kinder. Sicher war das eine Reaktion der Körper auf die mancherlei Belastungen, die auch an ihnen nicht spurlos vorübergegangen waren.

Und dann kam ein Tag, den ich nicht vergessen kann. Arnold Dannenmann hatte mich mit seinem Wagen abgeholt und nach Frankfurt mitgenommen. Auf dieser Fahrt lernte ich den kennen, der mir im Dritten Reich so wunderbar geholfen und mich vor dem KZ bewahrt hatte. Ich konnte ihm noch nachträglich danken und bin im Blick auf das Entsetzliche, das er später erleben mußte, doppelt dankbar.

Auf der Rückfahrt von Frankfurt saß ich mit meinem Freund A. D. hinten im Wagen zusammen. Wir sprachen über meine zukünftige Tätigkeit. Schon damals wollte er mich gern in das erst kurze Zeit bestehende und noch im Aufbau befindliche »Christliche Jugenddorfwerk Deutschlands« haben, das zu jener Zeit noch einen etwas anders klingenden Namen hatte. Entgegen dem Wunsch meines Freundes glaubte ich aber, einen anderen Dienst übernehmen zu müssen. Ich gab ihm eine Absage, die mir später sehr leid tat. Doch konnte ich sie schon Ende des Jahres bei einem neuen Ruf korrigieren. Wir unterhielten uns damals über so mancherlei, und Dannenmann fragte mich, wie es uns denn finanziell ginge. Ich konnte darüber nicht viel Gutes sagen. Plötzlich spürte ich seine Hand in meiner Jackentasche. Als ich erschrocken hochblickte und etwas sagen wollte, legte er den Finger auf den Mund, was bedeuten sollte: Schweige!

Als ich wieder in Bad Boll war und im Zimmer meine Jacke auszog, fiel mir die Sache erst wieder ein. Ich griff in die Tasche und zog ein kleines Bündel Hundertmarkscheine heraus. Eine Gabe, die auch A. D. in jener Zeit bestimmt nicht leichtgefallen war, die aber für uns ein Vielfaches mehr bedeutete. Eine solche Tat kann man einfach nicht vergessen.

Auf dem evangelischen Kirchentag in Hamburg, den ich zusammen mit Freunden aus Württemberg besuchte, traf ich meinen alten Bischof D. Ludolf Müller wieder. Wir haben beide über dieses Wiedersehen viel Freude empfunden. Der Bischof konnte mir auch berichten, wie es mit Schloß Mansfeld weitergegangen war. Die Partei hatte ihre Hand darauf gelegt. Vorläufig bestand keine Aussicht, das Tagungs- und Freizeitheim sowie das Seminar wieder zu eröffnen. Mein junger Mitarbeiter war verurteilt worden und auch der Landeswart in Gewahrsam. Trotz mancher Veränderungen in der DDR wehte für die Christen ein rauher Wind. Was mich natürlich am meisten interessierte, das hob der Bischof in seinem Bericht bis zuletzt auf: Der Prozeß gegen meine Person, der in der Kreisstadt über die Bühne lief. Er selbst, der Bischof, hatte daran als Zeuge teilgenommen. Was ich da zu hören bekam, übertraf mein Vorstellungsvermögen. Ausbildung von Agenten gegen die DDR war noch eines der geringsten Vergehen, das mir angehängt wurde. Die Beweise, die man vorlegte, waren uralte Fahrtenmesser, Bleikugeln, die zum Beschweren von Hängelampen verwendet wurden und ähnliche Gegenstände. Es ist sinnlos, sie zu erwähnen. Das Urteil, sofern es an mir vollstreckt worden wäre, hätte viele Jahre Freiheitsentzug bedeutet.

Als Bischof Müller meine tiefe Erschütterung wahrnahm, sagte er mir ein Wort, das mir zu einem großen Trost wurde: »Lieber Bruder Reschke, was man dir da angehängt hat, ist lächerlich und die reinste Unwahrheit. Darüber solltest du nicht nachdenken. Es lohnt sich nicht.«

Er legte mir die Hand auf die Schulter, wie nur er es in seiner unnachahmlichen väterlichen Weise tun konnte, und fuhr fort: »Denke daran, daß es nicht dein Wille war, der dich vor diesem Letzten bewahrte. Ich glaube ganz fest daran, daß wir, die wir dich gehen hießen, einen klaren Auftrag Gottes erfüllten. Du hast nun hier in der Bundesrepublik eine neue Aufgabe übernehmen können. Er wird dir dabei den Weg weisen und dich führen, wie du es schon oft genug erlebt hast!«

Es war meine letzte Unterredung mit dem alten Herrn. Er ist längst heimgegangen. Seine Worte wurden mir Wegweisung und Trost.

Als ich dann Ende 1953 einem dringenden Ruf meines Freundes Arnold Dannenmann als Mitarbeiter im »Christlichen Jugenddorfwerk Deutschlands« folgte, habe ich mir oft vorhalten müssen, was der Bischof damals in Hamburg gesagt hatte. Es war ein ganz anderer Dienst, der nun für mich begann, aber auch ein Dienst im Auftrag des Herrn, der mich einst in schwerer

Stunde gerufen hatte, alles hinter mir zu lassen und neu anzufangen.

Im Dienst des CJD (wie die Abkürzung für »Christliches Jugenddorfwerk Deutschlands« lautet) habe ich in den vielen Jahren erleben dürfen, daß Gott die Herzen junger Menschen aufschließt, wenn wir ernsthaft darum ringen. Ich durfte helfen, dafür Mitarbeiter zuzurüsten. Vor allem die »Bibel- und Glaubens-Seminare«, aber auch die Unterrichtsstunden in christlicher Lebenskunde und praktischer Bibelkunde gaben mir immer wieder Gelegenheit, diesem Auftrag gerecht zu werden. Ich habe erfahren dürfen, daß unsere Gebete erhört werden, ganz gleich, ob es sich um Einzelschicksale handelt oder um ganze Gruppen von Menschen und die Einrichtungen eines Werkes.

Ich denke da an jenes Jugenddorf, in dem ich an einem Abend über das Thema »Gibt es den lebendigen Gott?« sprechen konnte. Ich hielt keinen Vortrag, sondern versuchte von vornherein, mit den Jungen und Mädchen im Alter zwischen fünfzehn und siebzehn Jahren ins Gespräch zu kommen. Das war nicht leicht. So teilte ich die rund einhundertfünfzig Jugendlichen in zwei Gruppen auf, die sich gegenüber saßen. Wir diskutierten über das Für und Wider in der Fragestellung des Themas.

Da geschah etwas, was ich seitdem oft erlebt habe: Die Gruppe, die ich gebeten hatte, für die These einzutreten, nahm sich der Sache so stark an, daß sie die anderen, die dagegen sprachen, in die Enge trieb und zum Schluß die Oberhand behielt. Als ich auf einer Tafel das Diskussions-Ergebnis der beiden Seiten zusammenfaßte, rief ganz spontan einer der jungen Männer, die dafür gesprochen hatten: »Das ist doch nicht möglich? Haben wir denn wirklich recht mit dem, was wir gesagt haben?«

Nun ging es noch einmal los, jetzt aber ganz frontal, ohne jede Gruppierung. Am meisten bereitete es den jungen Menschen Not, daß sie zu etwas ja sagen sollten, was sie nicht sehen konnten. Einer von ihnen steigerte sich derart in eine Abwehrstellung hinein, daß er nicht mehr weiter wußte und schließlich sagte: »Ich gestalte mein Leben selbst. Ich glaube einfach nicht, daß da irgendeiner mitspricht oder gar mithandelt.«

In diesem Augenblick fiel mir das Erlebnis mit meinem kleinen Freund Martin aus Dobien ein. Ich erzählte es und stellte fest, daß die Jungen und Mädchen gespannt zuhörten. Mit der Diskussion war es an diesem Abend zu Ende. Die Geschichte ging ihnen zu stark nach. Als ich allen eine gute Nacht wünschte, fügte ich noch hinzu: »Vielleicht haben viele von euch schon sehr lange nicht mehr mit Gott geredet. Auch ich habe das einige Zeit hindurch als junger Mensch nicht getan. Vielleicht hat aber der eine oder andere von euch den Mut, heute abend, wenn er zu Bett gegangen ist, wieder einmal seine Hände zu falten und zu beten. Tut es ganz einfach so, als wolltet ihr mit einem guten Freund reden.«

Am nächsten Morgen, als ich noch zu Einzelgesprächen zur Verfügung stand, kamen viele dieser Jugendlichen mit Fragen zu mir, die mir zeigten, daß der Abend in ihnen nachwirkte. »Wie soll ich beten? Was kann ich Gott im Gebet sagen? Warum soll man in der Bibel lesen? Gibt es eine Hilfe zum Bibellesen?« Diese und viele andere Fragen wurden gestellt. Darüber hinaus gab es Jungen und Mädchen, die mir eine persönliche Not nannten und um Hilfe baten.

Es würde den Rahmen eines solchen Buches sprengen, über die mancherlei Erlebnisse zu berichten, die ich in den langen Jahren meiner Mitarbeit im CJD hatte und noch habe. Immer wieder, und das möchte ich ausdrücklich feststellen, erfahre ich, wie junge Menschen sich dem Wort Gottes gegenüber aufschließen, daß sie nach Jesus Christus fragen und ihr Leben ihm übergeben.

In Hildesheim traf ich eines Tages einen jungen Mann auf der Straße. Er war inzwischen etwa Anfang dreißig und hatte, wie er mir erzählte, eine Frau und zwei Kinder, die er sehr liebte.

Ich hatte ihn von weitem gesehen und geglaubt, er hätte mich nicht erkannt. Da wir uns vor Jahren nach einer schweren Auseinandersetzung leider trennen mußten – um anderer Jugendlicher willen ging es nicht anders –, dachte ich, ich sollte ihm am besten aus dem Wege gehen.

Ich ging deshalb auf die andere Straßenseite und blickte in die Schaufenster eines Möbelgeschäftes. Plötzlich legte sich mir eine schwere Hand auf die Schulter. Erschrocken wandte ich mich um und blickte in das Gesicht dessen, den ich meiden wollte. Was wird nun werden? ging es mir durch den Sinn.

Es wurde ein wunderbares Gespräch. Kein Wort des Vorwurfes fiel, dafür aber bekannte der junge Mann zwei Dinge:

»Ich muß Ihnen danken«, sagte er, »daß Sie mich damals rausgeworfen haben. Es war das einzig richtige, das mich endlich zur Besinnung brachte. Ich habe Ihnen damals angemerkt, wie schwer es Ihnen wurde, so zu handeln. Danken möchte ich aber vor allem für die Stunden, in denen Sie mit uns über Fragen des Lebens und unseres Glaubens gesprochen haben. Das ist mir nachgegangen. Als ich hier in Hildesheim, zunächst recht mühsam, meine Ausbildung beenden mußte, wurde mir mit der Zeit immer deutlicher, daß Gott mich auf diesen Weg gestellt hat und daß Sie dabei sein Helfer waren. Heute stehe ich fest im Berufsleben, ich habe eine sehr gute Stellung, außerdem eine liebe Frau und zwei Kinder, an denen ich sehr hänge. Meine freie Zeit aber gehört zum größten Teil dem, den ich bei Ihnen im Jugenddorf kennengelernt habe – Gott.«

Ich habe in diesem Dienst auch viele Bewahrungen erlebt, die ich nicht alle berichten kann. Ein Erlebnis soll für viele stehen.

Wir wohnten bereits in Altensteig im Schwarzwald. Von hier aus trat ich meinen oft mehrtägigen Reisedienst an. Wenn es dann wieder heimwärts ging, nahm ich oft auch eine Nachtfahrt in Kauf. Alle, die viel mit dem Wagen unterwegs sind, wissen, wie gefährlich das werden kann. Gegen Übermüdung versagen zuletzt alle Hilfsmittel. Darum ist eine Übernachtung vernünftiger, auch wenn es sich manchmal nur um eine verhältnismäßig kurze Strecke handelt.

So hatte ich eines Tages zum Abschluß einer längeren Dienstreise noch in Stuttgart zu tun. Nach einem Vortrag in einem Jugenddorf hatte ich mit den Mitarbeitern noch zusammengesessen und dabei die Zeit vergessen. Als ich kurz nach dreiundzwanzig Uhr versuchte, ein Hotelzimmer zu bekommen, erhielt ich nur Absagen. In Stuttgart fand zur gleichen Zeit ein Kongreß statt, durch den alle Hotelzimmer belegt waren. Auch in dem Jugenddorf war nichts frei. Da die Fahrt bis Altensteig in der Regel höchstens eineinhalb Stunden dauert, fuhr ich einfach los.

Kurz vor Böblingen wurde ich so müde, daß es mir nicht mehr gelang, die Augen offenzuhalten. Ich fuhr auf einen kleinen Parkplatz und schlief, auf die Sitze zusammengerollt, etwa eine Stunde. Danach fühlte ich mich wieder frisch und fuhr weiter. Inzwischen, es war Hochsommer, wurde es am Himmel schon langsam hell. So kam ich bis in die Nähe von Herrenberg.

Was dann geschehen ist, kann ich beim besten Willen nicht sagen. Plötzlich gab es einen ungeheuren Knall. Ich flog seitlich aus dem Wagen und fand mich im Gras einer Obstplantage wieder, die sich damals dicht neben der Straße befand. Ich muß wohl eingeschlafen sein, dabei kam der Wagen von der Straße ab, schleuderte und durchquerte den Graben. Mit einem heftigen Stoß landete er an einem Obstbaum. Zu meinem Glück muß bei diesem Manöver mein Fuß vom Gashebel gerutscht sein, so daß der Wagen nicht mehr die volle Geschwindigkeit hatte.

Das erste, was ich hörte, war das Morgenlied der Vögel, die bei den Strahlen der aufgehenden Sonne dem neuen Tag entgegenjubelten. Mein erster Blick aber fiel auf den Turm der Herrenberger Kirche, der in der Ferne aufragte und mir wie ein Zeigefinger Gottes schien. Noch hatte ich keine Schmerzempfindung, noch wußte ich nicht, was mir geschehen war. Ich spürte, daß ich lebte, daß die Sonne leuchtete und die Vögel sangen und – ja, daß Gott mich wieder einmal gnädig bewahrt hatte vor dem Letzten.

»Ich danke dir, Herr! Ich danke dir!« war das einzige, was ich in diesem Augenblick empfand, was ich wirklich denken konnte. Erst danach kam alles andere.

10.

Ich bin von Freunden und von Mitarbeitern, aber auch von jungen Menschen oft gefragt worden, woher ich meinen Glauben nähme, wie ein Mensch zu einem solchen Glauben kommen kann – ja, was Glauben eigentlich sei.

Darauf kann man viele Antworten geben. Das Alte wie das Neue Testament sind voll von Glaubenszeugnissen. Die Bibel berichtet von Menschen, die im Glauben an den lebendigen Gott ihr Leben ihm hingaben. Jesus selbst zeigt uns mit seiner Botschaft und mit seinem ganzen Leben diesen Weg zum Glauben. Das Evangelium, die frohe Botschaft, kann man aber nur dann begreifen, wenn man ihren Inhalt kennt.

Aber auch dann ist es nicht ganz einfach zu erfassen, daß der Herr die Fäden in der Hand hält. Vielleicht sollte ich an einem Erlebnis deutlich machen, worum es dabei eigentlich geht, was man selbst tun muß und was nur ein anderer tun kann. Ein solches Erlebnis hatte ich vor vielen Jahren. Ich möchte es an den Schluß meines Berichtes stellen und hoffe, daß es anderen ebenso hilft, wie es mir geholfen hat.

Dazu muß ich noch einmal in jene Zeit nach dem Krieg zurückblenden, als ich wieder meinen Dienst aufgenommen hatte. Es gab damals wenig zu essen, und die allgemeinen Verkehrsmittel waren nur sehr vereinzelt in Betrieb. Neben meinem Dienst in Wittenberg selbst und in den beiden Dörfern, in denen ich den Pfarrer zu vertreten hatte, mußte ich oft unterwegs sein, um in den sich wieder bildenden evangelischen Jugendkreisen helfend und beratend zur Seite zu stehen. Vor solchen Fahrten konnte ich nie sagen, wann ich wieder daheim sein würde. Der Tag, den ich jeweils angab, war mehr eine Vermutung.

Unsere beiden Kinder (das dritte war noch nicht geboren) warteten immer sehr auf Vatis Heimkehr. Einmal, weil sie sich überhaupt darauf freuten, zum anderen aber auch, weil mir von manchen guten Menschen oft etwas mitgegeben wurde, was die schmale zugeteilte Kost aufbesserte und worauf sich auch die Kinder freuten. Meist hatte ich zwei Gepäckstücke bei mir: Ein Köfferchen mit den Sachen, die ich persönlich unterwegs benötigte. Dazu gehörten auch ein Kanten Brot und ein Glas mit Marmelade. In einem zweiten Koffer, den ich mit mir trug, befanden sich Bücher, die ich unterwegs brauchte, oder verteilte. In diesem Koffer fanden dann die Mitbringsel Platz, auf die vor allem die Kinder warteten.

Ich war wieder einmal auf einer längeren Reise, die eine ganze Woche dauern sollte. Die Züge der Reichsbahn fuhren sehr unregelmäßig, auf vielen Strecken überhaupt noch nicht. An Autobusverkehr war gar nicht zu denken. Ich war jedesmal froh, wenn mich die Freunde in den Gemeinden von Ort zu Ort weiterleiten konnten, indem sie für mich nach einer Fahrgelegenheit suchten. Meistens waren es Lastwagen, die lebenswichtige Güter transportierten, meistens nur für die russische Besatzungsmacht. Als das Wochenende herbeikam, bot sich mir, gegen alle Erwartung, einen Tag früher als geplant, eine gute Fahrgelegenheit auf einem LKW bis Wittenberg. Das ließ ich mir nicht zweimal anbieten, stellte meine beiden Koffer hinauf, von denen der eine mit Liebesgaben einiger Bauern gefüllt war, und ließ mich auf der langen Fahrt über schlechte Straßen tüchtig durchschütteln.

Zur Verdeutlichung des folgenden Erlebnisses muß ich erwähnen, daß wir in Wittenberg an einer der Ausfallstraßen wohnten, wo meiner Familie nach der Zerstörung unserer Wohnung eine neue zugewiesen worden war. Das Haus lag direkt an der Straße. Um das ganze Grundstück lief ein Zaun. Der Eingang des Hauses lag auf der Rückseite über einen kleinen Hof hinweg.

Meine Eltern wohnten bei uns. Mein Vater hatte in den letzten Tagen von einem Bauern der Umgebung ein paar kleinere Bäume bekommen, die er in dessen Wald umlegen und zerkleinern durfte. In der hinteren Ecke des Hofes hatte er das Holz in einem hohen Stapel errichtet, auf dem die Kinder, vor allem meine damals siebenjährige Tochter Bärbel, herumturnten. Der Opa sah das zwar nicht gern, aber Kinder sind nun einmal so.

Kurz vor unserem Haus stieg ich von dem Lastwagen, nahm meine beiden Koffer und lief auf das Haus zu. Da ich von der anderen Straßenseite her kam, konnte mich vom Hause aus niemand sehen. Ich muß sagen, daß ich trotz der vorzeitigen Heimkehr nicht in bester Stimmung war. Unterwegs hatte ich einiges erlebt, was für unsere Arbeit nicht gerade ermutigend war. Der Druck der Besatzungsmacht wurde stärker, und der Einfluß der Kommunisten sorgte dafür, daß die Menschen, zum Teil aus Furcht, anfingen, den kirchlichen Veranstaltungen fernzubleiben. Doch gab es gerade unter den jungen Menschen immer wieder solche, die sich von keiner Androhung irgendwelcher Nachteile beeinflußen ließen. Sie bildeten den kleinen Kern der späteren Jungmännerkreise. Mir ging das alles, was ich gehört und erlebt hatte, durch den Kopf, so daß ich nicht sah, was sich auf dem Hof hinter dem Haus abspielte.

In Gedanken versunken kam ich um die Hausecke. In jeder Hand trug ich einen Koffer, von denen besonders der eine nicht leicht war. Ich betrat gerade den Hinterhof, der von dem Zaun und dem in der hinteren Ecke liegenden Holzstapel begrenzt wurde, da hörte ich auch schon die Stimme meiner Tochter Bärbel. Sie hatte mich von der Höhe des Holzstapels aus entdeckt und rief in ihrer jähen Freude: »Vati, fang mich auf!« Schon im gleichen Augenblick sprang sie.

Bis zum Holzstapel waren es noch etwa acht bis zehn Meter.

Was sich in diesen Sekunden oder auch nur Bruchteilen von Sekunden abspielte, kann man so schnell gar nicht schildern. Mich durchfuhr ein furchtbarer Schrecken. Im gleichen Augenblick ließ ich beide Koffer zur Erde fallen, machte einen ungeheuren Satz, den ich unter normalen Verhältnisssen nie geschafft hätte, und konnte meine Tochter gerade noch auffangen, ehe sie auf dem Steinpflaster des Hofes aufschlug.

Meine Erschütterung war so groß, daß ich kein Wort herausbrachte. Bärbel aber war wohl erst in diesem Augenblick ihr gefährliches Tun zu Bewußtsein gekommen. Sie fing an zu weinen. Ich jedoch wurde von einem plötzlichen Zorn gepackt und wollte meine Tochter gerade über das Knie legen und bestrafen, da traf mich eine jähe Erkenntnis: Hatte das Kind nicht aus einem unerhört großen Vertrauen heraus gehandelt, aus dem Vertrauen auf das Handeln des Vaters? Hätte sein Vertrauen überhaupt größer sein können?

Ich stellte Bärbel vor mich hin, hockte mich vor dem Kind auf den Boden und drückte es ganz fest an mich. Mein Gedanke aber hieß: »Lieber Herr, ich danke dir!«

Seit jenem Tag weiß ich, was Glauben wirklich ist: Im Vertrauen darauf, daß der Vater im Himmel uns auffängt, dürfen wir uns fallen lassen. Sein Wort gibt uns die Verheißung, daß er uns annimmt. Dieses Vertrauen auf den Vater im Himmel kennt kein Wenn und Aber. Bärbel hatte nicht erst nachdenken müssen: Fängt mich der Vati auch auf? Sie sprang und erfuhr die Bewahrung in meinen Armen.

Ob wir uns auch immer dazu durchringen können, auf die Gewißheit der Gegenwart Gottes hin zu »springen«, daß heißt, uns in seine Arme fallen zu lassen?

Er, unser Gott, hat die Fäden in seiner Hand, die Fäden auch für unser Leben. Wir haben alles zu tun, was wir vermögen. Er allein aber kann das Gelingen geben. Ich habe es erlebt.

Allezeit in Gottes Händen

»Er hat die Fäden in der Hand«, das ist die Geschichte Gottes in meinem Leben bis zu meinem 42. Lebensjahr. Dazu gehören meine Jugenderlebnisse, die dazu führten, daß ich Gottes Ruf und Auftrag verstand und annahm. Die Herausforderungen und Gefahren des »Dritten Reiches« schlossen sich an. Die schweren Jahre des Krieges und später der Gefangenschaft haben mich nur knapp dem Tod entrinnen lassen. Die Zeit in der damaligen DDR hat mich oft genug bis an den Rand des Erträglichen belastet, was schließlich zur Flucht mit meiner Familie im Jahre 1953 führte. Danach habe ich immer wieder erfahren, daß Gott die Führung nicht aufgibt, wenn man ihm vertraut.

Die nachfolgenden Seiten geben wieder, was ich seit unserer Übersiedlung in den Westen Deutschlands in meinem Dienst erleben durfte. Ich kam mit neuen Menschen zusammen und mußte manchmal unter großem Druck Möglichkeiten des Dienstes kennenlernen, wie ich sie mir früher kaum habe vorstellen können. Es waren auch wieder junge Leute und Erwachsene in der Mitte ihres Lebens, denen ich begegnete. Wenn ich von ihnen und meinen ganz persönlichen Erlebnissen erzähle, geht es mir ganz allein darum, Gottes Handeln sichtbar werden zu lassen. Daß ich beim Erzählen je und dann Namen und Orte verändert habe, werden meine Leser sicher verstehen.

Die erste Zeit im Westen Deutschlands war für meine Familie, besonders aber für mich, sehr schwer. Doch auch sie brachte besondere Erlebnisse, für die ich nur danken kann. Eines von ihnen möchte ich hier an den Anfang stellen.

Wir erfuhren viel Zuwendung von hilfsbereiten Menschen. Unter ihnen war einer, den ich schon seit meinen Jugendjahren kannte. Er wurde von Gott am 1. März 1993 im siebenundachtzigsten Lebensjahr heimgerufen: Professor P. Arnold Dannenmann, der Ehrenpräsident des Christlichen Jugenddorfwerkes Deutschlands, dessen Begründer er war. Dieser mein Freund bot mir die Möglichkeit der Mitarbeit im Jugenddorfwerk, in das ich Monate später auch eintrat. Ich mußte verständlicherweise erst einige Einrichtungen dieses im Aufbau befindlichen Werkes kennenlernen. Dazu nahm mich Arnold Dannenmann öfter in seinem Wagen mit. Natürlich wußte er, daß es uns wirtschaftlich am Nötigsten fehlte.

Als wir wieder einmal nach einer Besichtigungsfahrt im Ruhrgebiet auf dem Heimweg waren, spürte ich, daß jemand in meine Jackentasche faßte. Da A.D., wie wir oft nur sagten, hinten im Wagen neben mir saß, konnte nur er es gewesen sein. Ich muß ihn wohl erstaunt angesehen haben, vielleicht auch ein wenig ärgerlich. Er aber legte nur vielsagend die Hand auf den Mund und schüttelte den Kopf. Als ich darauf selbst in meine Tasche fassen wollte, hielt er sie zu und bat: »Laß das jetzt! Du kannst zu Hause nachsehen.« Und das habe ich dann auch getan.

Zu meinem und meiner Frau Erstaunen zog ich einige Hundertmarkscheine heraus, was damals – vor vierzig Jahren – wesentlich mehr bedeutete als heute.

Unsere Freude über diese großherzige und zugleich stille Hilfe zur rechten Zeit war groß.

Bald stand fest, daß ich im Norden Deutschlands, besser gesagt: im Ruhrgebiet, wo das größte Jugenddorf eine neue Führung brauchte, die Arbeit übernehmen konnte. Dort und an vielen anderen Stellen habe ich erfahren dürfen, daß unser Herr die Fäden in seiner Hand hat. Noch etwas kam aber dazu, was mir immer mehr zur Gewißheit wurde: In Gottes Händen steht unsere Zeit!

1.

Als junger Mann machte ich nach einer bereits abgeschlossenen Ausbildung als Glasmaler noch einmal eine Ausbildung durch und zwar zum Diakon. Das bedeutete weitere Jahre des Lernens. Mein Leben nahm einen anderen Rhythmus an. Bewußt richtete ich mich nach dem aus, was mir Gottes Wort zu sagen hatte. Der Unterricht war aber nicht nur anstrengend, sondern auch interessant. Die einzelnen Fächer wurden von verschiedenen Lehrern dargeboten. Das war, je nach der Lehrform des Betreffenden, manchmal langweilig, oft aber auch sehr lebendig.

Im Bereich der »Gesundheitslehre« unterrichtete uns der Leitende Arzt der großen Anstalt, zu der die Diakonen-Ausbildung gehörte. Er trug den Titel eines »Sanitätsrates«. Bei ihm war es nie langweilig. Der »Sanni«, wie wir ihn unter uns nannten, hatte aus seinen vielfältigen praktischen Erfahrungen zum Unterrichtsstoff viel beizutragen, so daß wir uns auf jede Stunde bei ihm freuten.

Es gehörte zum praktischen Teil des Unterrichts, auch eine geschlossene Abteilung der Anstalt zu besuchen, in der Geisteskranke untergebracht wurden. Wir waren alle tief erschüttert von dem sichtbaren Elend dieser kranken Menschen. Mit Hochachtung sahen wir auf die Schwestern und Pfleger, die hier ihren Dienst taten. Zum Schluß der Führung sagte der Sanitätsrat, ehe er uns in das letzte Zimmer eintreten ließ: »Und nun, liebe Brüder, werden Sie einen kleinen Menschen in einem Kinderbettchen sehen, in dem er schon seit vielen Jahren liegt. Bitte, sehen Sie sich den Kleinen genau an. Wir werden nachher im Unterricht noch einmal darauf zurückkommen.«

Und dann sahen wir den Kleinen! Er lag in einem Kinderbettchen, wie viele von uns es von daheim kannten. Er hatte die Augen geschlossen, so daß wir dachten, er würde schlafen. Mir selbst erging es merkwürdig. Ich hatte das Gefühl, hier stimmte irgend etwas nicht zusammen: das Kinderbett, der kleine Mensch und das Gesicht mit den geschlossenen Augen. Ich war froh, als wir das Zimmer wieder verlassen durften.

Wenig später saßen wir wieder im Unterrichtsraum. Mit ernstem Gesicht fragte unser »Sanni«: »Nun, was sagen Sie? Wie alt mag der Kleine in seinem Kinderbettchen wohl sein?«

Die Raterei ging hin und her. Einige Mutige, die schon etwas »Anstaltserfahrung« hatten, wagten ihn auf fünf Jahre zu schätzen.

Immer wieder schüttelte der »Sanni« den Kopf, bis er die Raterei abbrach. »Ich will es Ihnen sagen. Der ›Kleine‹ war vor kurzem vierzig Jahre alt. Solange wie wir ihn hierhaben, hat er noch nie ein Wort gesprochen. Nur ganz selten schlägt er die Augen auf. Angeblich soll er in den ersten Lebensjahren etwas gesprochen haben. So haben es uns die Eltern gesagt. Wir wissen auch, welche furchtbare Erkrankung dazu geführt hat, daß er ein Kind blieb, nunmehr ein schon vierzigjähriges Kind.«

Wir alle waren von den Worten des Sanitätsrates erschüttert. Ganz sicher gingen in manchen Köpfen die unterschiedlichsten Gedanken um. Sprechen mochte keiner mehr. Wir waren froh, daß der Unterricht bald zu Ende war.

Das Erlebnis mit dem »vierzigjährigen Kind« ging uns allen nach. Doch über der Vielfalt des zu bewältigenden Unterrichtsstoffes geriet es dennoch langsam in Vergessenheit. Wir sollten davon aber noch einmal und noch tiefer erschüttert werden.

Eines Morgens, wir hatten wieder bei unserem »Sanni« Unterricht, stand er zu Beginn der Stunde mit ernstem Gesicht vor uns. Wir spürten förmlich, daß er uns etwas Besonderes sagen wollte.

»Brüder«, begann er, wie er das bei besonderen Anlässen immer zu tun pflegte, »Brüder, es ist etwas Erschütterndes geschehen.« Er machte eine bedeutungsvolle Pause.

»Ich wurde heute am frühen Morgen in die Abteilung der Schwerkranken gerufen. Die Leitende Schwester sagte mir am Telefon, sie hätten den Eindruck, unser vierzigjähriges Kind liege im Sterben. Er hatte seit einigen Tagen eine Lungenentzündung.

Ich lief sofort hinüber und konnte nur bestätigen, was die Schwester vermutete. Unser Kleiner lag im Sterben.«

Der Sanitätsrat machte in seinem Erzählen eine Pause. Wir alle merkten ihm seine innere Bewegung an. Dann fuhr er fort: »Nun haltet euch fest, Brüder. Ich habe unseren Kleinen noch nie sprechen hören und geglaubt, sein Wahrnehmungsvermögen sei völlig gestört, praktisch nicht mehr vorhanden. Plötzlich, als wir um sein Bettchen standen, schlug er die Augen auf und sagte mit klarer Stimme: ›Singt doch noch einmal das schöne Lied: Lobe den Herren, den mächtigen König der Ehren. Ihr habt es für andere so oft gesungen.‹

Brüder, wir waren erschrocken und tief bewegt. Da hatten wir seit vielen Jahren geglaubt, da liegt ein Menschlein, bei dem alles Wahrnehmungsvermögen abgestorben ist. Einer, der nicht hört und nichts aufnimmt, kann doch auch nicht sprechen. Und nun das, eine solche Bitte! Wir haben alle Strophen gesungen, und ich glaube, daß sich bei unserem Kleinen ab und zu auch die Lippen bewegt haben. Plötzlich aber tat er einen ganz tiefen, lauten Seufzer, als wenn er sagen wollte: Wie schön ist das! Ich danke euch! Und dann tat er auch schon seinen letzten Atemzug.«

Bewegt schwieg der Sanitätsrat. Auch wir schwiegen vor innerer Bewegung. Doch dann hatte sich unser »Sanni« wieder gefaßt, und er sagte: »Erstens: Gott kann – er kann mehr, als wir verstehen können. Zweitens: Wir sollten niemals denken, da ist ein Mensch, der hört uns ja doch nicht. Also können wir reden, was wir wollen. Drittens: Weil es so ist, tragen wir zu jeder Zeit für unser Reden eine große Verantwortung, aber auch für unser Denken und Handeln. Ja, unser vierzigjähriges Kind hat immer mitbekommen, wenn nach dem Ableben eines Kranken in einem der Zimmer nebenan dieses Loblied zur Ehre Gottes gesungen wurde.«

2.

Ein sehr schöner und erlebnisreicher Dienst war für mich die Leitung des größten Jugenddorfes in Castrop-Rauxel, dem »Ruhrjugenddorf«. Fünfhundert junge Männer wurden auf den benachbarten Zechen zu Bergleuten ausgebildet, oder sie arbeiteten dort bereits als sogenannte »Neubergleute«. Mehr als einhundert Mitarbeiter waren nötig, um für das Wohlergehen dieser vielen jungen Menschen zu sorgen.

Große, gut ausgerüstete Küchenanlagen, ordentliche, übersichtliche Unterkünfte, ein Clubhaus mit Räumen für größere und kleinere Gruppen mit einer Bücherei, ein Schwimmbad und eine riesige Sporthalle standen zur Verfügung. Es mangelte nicht an besonderen Veranstaltungen, z. B. dem sogenannten »Volksfest im Ruhrjugenddorf«.

Jugenddorfabende mit interessanten Themen und auch »Stunden der biblischen Besinnung« fanden viel Interesse.

Bei dem allen blieb aber das Lebens- und Berufswichtige, nämlich die schwere bergmännische Arbeit ›unter Tage‹, nicht außer acht. Hier gab es mitunter Ereignisse, die nicht nur den einzelnen, sondern oft die ganze Jugenddorfgemeinschaft erschütterten. Es mußte – Gott sei Dank – nicht immer ein Todesfall sein, der durch irgendein Ereignis ›unter Tage‹ geschah. Auch Geschehnisse, die letztlich noch einmal gut abgingen, konnten alle tief bewegen.

Eines Tages passierte folgendes: Karl, ein tüchtiger Neubergmann, hatte seine Anlernzeit schon lange hinter sich. Ein Neubergmann war ein junger Mann von mindestens achtzehn Jahren, der aus der damaligen DDR als Flüchtling herübergekommen war. Nach Überprüfung seiner Fähigkeiten wurde er dementsprechend auf der Zeche eingesetzt. Die Arbeit ›unter Tage‹ wählten die meisten, weil sie besser bezahlt wurde. Karl arbeitete vor Ort, direkt am Kohleflöz. Dort geschah dann auch das Unglück. Der Streb, in dem er sich gerade allein befand, brach zusammen, und Karl wurde von Kohle und Gesteinsmassen eingeschlossen. Seine Kumpel konnten ihn herausholen.

Am Abend des Tages, als uns die furchtbare Nachricht erreicht hatte, stand ich mit dem Geretteten auf der weiten Rasenfläche zwischen den umliegenden Häusern, in denen die anderen Jungen längst schliefen.

Wir blickten beide zu dem nächtlichen Sternenhimmel empor. Aus tiefer seelischer Erschütterung sagte Karl: »Wie wunderbar, daß ich die Sterne noch einmal sehen darf.« Und dann erzählte er.

»Ich hatte Frühschicht. Ehe wir darangingen, den Streb weiter auszubauen, bewegte ich mich, halb aus Neugier, ein Stück weiter. Da ging es plötzlich um mich herum los. Von oben brach es herunter, und von den Seiten drückte der Streb zusammen. Plötzlich war es um mich stockfinster. Ich war ganz allein in einem kleinen Loch! Auch meine Grubenlampe, die ich vor den paar Schritten stehengelassen hatte, war nicht bei mir. Es war grauenhaft – so entsetzlich, daß ich wohl einen Augenblick ohne Besinnung gewesen sein muß.«

Karl hielt in seinem Erzählen inne. Er holte tief Luft, und sein Blick ging wieder hinauf zu dem besonders herrlichen Sternenhimmel. Dann sprach er weiter: »Sie können mir glauben, ich bin nicht ängstlich. Aber in diesem Augenblick packte mich plötzlich eine furchtbare Angst. Erst dachte ich: Nun muß ich sterben. Ich muß ersticken. Dann fing ich an zu schreien und rief um Hilfe. Aber immer wieder hörte ich nur meine eigene Stimme. Es kam keine Antwort. Hatte es die Kumpel auch erwischt und sie sofort erschlagen? Ich habe wieder geschrien, merkte dabei aber, daß mir die Luft knapp wurde. Ich versuchte in der Dunkelheit abzutasten, wieviel Raum mir geblieben war. Dabei kam ich an die Einbruchstelle. Das konnte gefährlich werden, wenn weiteres Gestein oder Kohle nachrutschen würde.

Verzweifelt kauerte ich mich zusammen. Wieviel Zeit bleibt mir noch zum Leben, habe ich gedacht. In diesem Augenblick fiel mir ein, was Sie, Herr Reschke, einmal in einer Stunde der Besinnung gesagt haben: Wir müßten immer bereit sein, vor Gott zu treten. Ich glaubte, dieser Augenblick war nun für mich da. Ich habe dort im Dunkeln wieder zum ersten Mal seit vielen Jahren die Hände gefaltet und gebetet. Was ich gebetet habe, weiß ich nicht mehr; denn ich bin dabei bewußtlos geworden. Die Kumpel haben mir später gesagt, als sie mich raus hatten, daß ich immer wieder vor mich hingesprochen habe, ich möchte noch einmal den Sternenhimmel sehen.«

Karl schwieg. Die Erschütterung übermannte ihn. Er wischte sich mit dem Taschentuch über die Augen. Dann sagte er leise: »Und nun darf ich ihn sehen. Gott hat mein Beten erhört.«

Wir gingen ein Stück weiter zum Schwimmbad.

»Hast du denn erfahren, wie die Kumpel zu dir durchgekommen sind?« fragte ich.

»Ja«, Karl nickte im Dunkeln. »Das habe ich. Es war für mich auch wichtig. Daß ich meine Grubenlampe nicht mitgenommen hatte, war sicher mein Glück. Die Lampe war zwar umgekippt und durch den furchtbaren Druck ausgegangen, aber sie war unter dem Gestein zur Hälfte noch zu sehen. Da wußten die Kumpel, wo sie mit dem Suchen beginnen mußten.«

Nach einer Weile fuhr er fort: »Sie müssen wie die Wahnsinnigen gewühlt haben, und das war für sie nicht ungefährlich. Jeden Augenblick konnte es einen neuen Einbruch geben. Aber sie haben es geschafft. Vorn am Schacht haben sie mich dann wohl gleich mit Sauerstoff beatmet.«

Am Clubhaus vorbeigegangen, standen wir inzwischen vor dem Schwimmbad. In dem dunklen Wasser spiegelten sich die Sterne.

»Und was wird nun, Karl?« fragte ich leise.

Karl blickte mich durch die Dunkelheit fest an. Er sah zu den Sternen hinauf und sagte: »Ich habe mir gewünscht, sie noch einmal zu sehen. Ich werde nicht vergessen, daß Gott mich erhört hat. Ich werde ihm dafür danken, und das nicht nur heute.«

Wir haben uns aus den Augen verloren, Karl und ich. Als ich ihn aber vor wenigen Wochen ganz unerwartet traf, haben wir wohl beide an dieses Gespräch unter dem Sternenhimmel gedacht.

Wenn man so viele Jahre mit einer großen Zahl junger Menschen zusammen ist, erlebt man manches. Es gibt viele Gespräche, gute, aber auch weniger angenehme. Es ist schwer, dabei allen gerecht zu werden – den Jugendlichen selbst, aber auch den pädagogischen Mitarbeitern, die im engen Zusammensein mit den jungen Menschen die Hauptlast eines jeden Tages zu tragen haben. Dabei fällt mir eine Begebenheit ein, die das deutlich macht:

3.

Walter, so will ich ihn nennen, lebte mit 25 anderen jungen Männern in einem Haus des Jugenddorfes, das von einer pädagogisch ausgebildeten Frau geleitet wurde.

Ich saß an jenem Tag, als die Geschichte ihren Anfang nahm, in meinem Dienstzimmer im Clubhaus und überlegte gerade, ob ich für heute Schluß machen könnte. Ich hatte an diesem Abend noch auf einer Veranstaltung zu sprechen.

Gerade wollte ich aufstehen und zur Tür gehen, da läutete das Telefon. Ich ging zurück und hörte die aufgeregte Stimme der Jugendleiterin.

»Lieber Herr Reschke, ich muß es Ihnen erzählen, was ich eben wieder mit dem Walter erlebt habe.«

Und dann berichtete sie von einer recht unangenehmen Sache, die auf das Konto unseres Freundes Walter ging, der für solche und ähnliche Vorkommnisse bekannt war.

»Ich habe dem Walter dieses Mal gesagt: Wenn du das Ganze nicht sofort in Ordnung bringst, dann melde ich dich dieses Mal dem Jugenddorfleiter. Der wird bestimmt mit dir noch ganz anders reden. Und was hat dieser unverschämte Kerl darauf getan? Er ist zur Tür gerannt und hat von dort aus gebrüllt: Der Reschke kann mich mal..., und ist rausgelaufen und hat die Tür zugeknallt.«

Während das die Frau erzählte, war deutlich zu spüren, daß ihr das Weinen fast die Kehle zuschnürte.

Ich überlegte einen Augenblick. Mir war klar, daß jetzt etwas getan werden mußte. Darum sagte ich: »Bitte, rufen Sie den jungen Mann in Ihr Zimmer und sagen Sie ihm, daß ich ihn sprechen möchte. Ich komme sofort rüber.«

Nachdem ich den Hörer aufgelegt hatte, wurde mir ganz deutlich: Hier mußte mit dem Walter einmal in einer Sprache gesprochen werden, die an Deutlichkeit nichts übrigließ.

Als ich dann in das Haus kam, war Walter noch nicht da. Doch kaum hatte ich die Jugendleiterin begrüßt und Platz genommen, da klopfte es, und Walter trat herein.

»Sie wollten mich sprechen, Herr Reschke?« fragte er verhältnismäßig höflich.

Ich aber sprang auf und schrie ihn in größtmöglicher Lautstärke an: »Zieh dich aus, Walter! Zieh dich sofort aus!«

Der junge Mann blickte mich entsetzt und zugleich erstaunt an. Er glaubte sicher, sich verhört zu haben.

Ich aber brüllte noch einmal: »Zieh dich aus, Walter! Zieh die Hosen runter!«

»Aber, aber Herr Reschke, warum denn, warum soll ich das?« stotterte er.

Meine Antwort, immer noch in großer Lautstärke: »Du hast zu deiner Jugendleiterin gesagt: Der Reschke kann mich mal...! Das will ich jetzt tun.«

Das war für Walter zuviel. Damit hatte ich gerechnet.

»Aber, Herr Reschke«, stotterte er wieder. »Herr Reschke –«

Doch weiter ließ ich ihn nicht kommen. »Geh mir aus dem Wege!« fuhr ich ihn an. »Ich will mich an dir nicht schmutzig machen.«

Damit drückte ich ihn zur Seite und ging zur Tür hinaus. Im Innern war ich bis zum äußersten gespannt, was nun geschehen würde. Ich hatte mich nicht verrechnet. Walter kam weinend hinter mir hergelaufen bis in mein Zimmer im Clubhaus. Dort hatten wir eine gründliche Aussprache. Walter ging von mir mit dem Versprechen, sich in seinem Benehmen ab sofort ändern zu wollen.

Er hat es auch gehalten. Doch die Sache hatte noch ein Nachspiel.

Ich machte mir darüber Gedanken, welchen Grund Walters Verhalten haben könnte. Er stammte aus der norddeutschen Stadt Stade. Seine Eltern, die dort wohnten, hatte ich noch nie gesehen und kennengelernt. Trotz aller Einladungen kamen sie nicht zu einem der regelmäßigen Elternsprechtage.

Ich beschloß, bei einer meiner nächsten Fahrten in den Norden Walters Eltern einen unverhofften Besuch zu machen. Als ich das Arbeitsamt in Stade aufsuchen mußte, nahm ich die Gelegenheit hierzu wahr.

Die Straße, in der Walters Eltern wohnten, hatte ich bald gefunden, doch die Hausnummer bereitete Schwierigkeiten. Die Nummer davor gab es, und auch die Nummer danach war vorhanden. Aber die Nummer, die ich suchte, ließ sich nicht finden. Kurz entschlossen ging ich in einen nahen Bäckerladen und fragte danach.

Die Bäckersfrau lachte. »Das geht nicht nur Ihnen so«, sagte sie. »Die Leute, die Sie suchen, wohnen nebenan. Aber die Hausnummer selbst existiert nicht. Die Wohnung können Sie nur erreichen, wenn Sie drüben in dem Haus mit der nächsten Nummer bis zum Boden hinaufgehen, dann durch den Boden hindurch und auf der anderen Seite wieder hinunter. Dort finden Sie dann die Tür mit dem Namen, den Sie suchen. Aber erschrecken Sie nicht, wenn Sie dort überhaupt hineinkommen.« Mehr wollte die Frau nicht sagen.

Ich machte mich auf den Weg, fand alles so, wie es mir beschrieben worden war und stand dann vor der besagten Tür. Was ich dann aber bei Walters Eltern erlebte, hätte ich niemals für möglich gehalten: Ich traf zwei schon betagte Menschen, deren letztes Kind Walter war, außerdem die Großeltern, eine alte Tante und drei Geschwister von Walter. Sie alle bewohnten die vorhandenen zwei Räume. Die Luft war entsetzlich, der Gesprächston mehr als primitiv und das Verständnis für Walter, von dem ich Grüße überbrachte, gleich Null. Ich habe an dem Abend in Gedanken Walter viel abgebeten und ihn von daher verstehen können.

Alles, was wir von da an für den jungen Mann taten, sah anders aus als zuvor. Walter ist ein guter, ordentlicher Kamerad in seinem Haus und in der ganzen Jugenddorfgemeinschaft geworden.

Mir selbst aber wurde einmal mehr klar, wie sehr unser Gebet für die jungen Menschen begleitet sein muß von einem verständlichen Tun, das ihren Anlagen und ihrem Herkommen entspricht.

4.

Bald wurde mir noch etwas anderes deutlich. Mein Dienst nahm mich den ganzen Tag hindurch in Anspruch und manches Mal auch noch in der Nacht. Es hieß: Immer bereit sein! Das Leben vieler junger Menschen spielt sich trotz feststehender Arbeitszeiten oft in einem anderen Rhythmus ab als das der Älteren. Was später zur Gewohnheit wird, liegt bei jungen Menschen meist noch verborgen. Und in einer großen Gemeinschaft wie der eines Jugenddorfes mit mehr als fünfhundert jungen Menschen muß man wirklich Tag und Nacht in Bereitschaft sein. Allerdings hat sich das in den letzten Jahren für die Mitarbeiter auch geändert. Die Arbeitszeit ist stark begrenzt worden und muß auch eingehalten werden.

Ich erzähle aus einer Zeit vor mehr als zwanzig Jahren.

Wieder einmal hatte ich einen harten, stark ausgefüllten Tag hinter mir. Nach den letzten Fernseh-Nachrichten, bei denen ich schon eingeschlafen war, machte ich mich zur Nachtruhe fertig. In diesem Augenblick, so gegen ein Uhr, klingelte das Telefon. Einen Augenblick zögerte ich, den Hörer abzunehmen. Aber mein Pflichtgefühl trieb mich dann doch dazu.

Ich hörte die Stimme eines Mitarbeiters, dem Leiter eines der Jugendhäuser.

»Herr Reschke, bitte entschuldigen Sie, aber soeben war der Heinz bei mir. Er sagte, er müsse Sie ganz dringend sprechen.«

»Muß das jetzt in der Nacht sein?« fragte ich.

»Ja, er meint, es müßte gleich sein«, erhielt ich zur Antwort.

Die Müdigkeit übermannte mich wieder, und ich fragte: »Hat der Heinz morgen Frühschicht?«

Das wurde verneint. Darauf entschied ich, wie dies üblich war: »Dann soll er morgen um neun Uhr zu mir kommen. Da haben wir dann Zeit, alles, was er auf dem Herzen hat, in Ruhe zu besprechen.«

Ich legte auf und ging zu Bett mit einem ruhigen Gewissen. Wie oft hatte es sich bei vielen dringlich gemachten Gesprächen hinterher herausgestellt, daß sie so sehr dringend gar nicht waren.

Am nächsten Morgen wartete ich vergeblich auf den Heinz. Er kam nicht. Nachdem ich noch anderes erledigt hatte, rief ich den Jugendleiter an. Er war sehr aufgeregt.

»Wir suchen Heinz seit einer Stunde. In seinem Zimmer ist er nicht. Es sieht so aus, als hätte er nur kurze Zeit in seinem Bett gelegen. Sein Zimmerkamerad wundert sich auch. Der hat aber so fest geschlafen, daß er nichts mitbekommen hat. Er weiß nicht, wann Heinz ins Bett gegangen und wieder aufgestanden ist. Auch im Speisesaal hat man ihn beim Frühstück nicht gesehen.«

Ich fragte zurück: »Kann er irgendwo in einem anderen Zimmer des Hauses sein?«

Das wurde sofort verneint. Man hatte überall nachgeschaut, aber ohne Erfolg!

Mich überfiel eine seltsame Unruhe. Was war da geschehen? Sollte Heinz aus irgend einem Kummer heraus das Jugenddorf verlassen haben? Vielleicht lief er jenseits der Autobahn, die man auf einer Brücke überqueren konnte, durch den sich dort ausdehnenden Wald. Das war schon einmal bei einem unserer Jungen vorgekommen, als er ein Problem hatte, mit dem er nicht fertig werden konnte. Ich stand auf und wollte gerade hinuntergehen, um den Hausmeister zu bitten, durch den Wald zu gehen. Mit leichenblassem Gesicht kam mir der Jugendleiter, mit dem ich eben telefoniert hatte, entgegen. Vor innerer Erregung stotterte er und konnte kaum einen Satz im Zusammenhang sprechen. So viel aber war mir klar, daß etwas Furchtbares geschehen sein mußte.

Nachdem ich den Mitarbeiter erst einmal beruhigt hatte, erfuhr ich das Schreckliche: Einer der jungen Männer, der bei der Suche nach Heinz geholfen hatte, war einer plötzlichen Eingebung folgend zum Boden hinaufgestiegen. Dort fand er den Kameraden, der sich an einem Dachbalken aufgehängt hatte und sicher seit vielen Stunden tot war.

Wenige Augenblicke später, nachdem wir den zuständigen Arzt angerufen hatten, stand ich selbst vor dem Toten.

Noch heute läuft es mir kalt über den Rücken, wenn ich an den Augenblick auf dem Dachboden denke. Da hing ein toter junger Mensch vor mir, kaum siebzehn Jahre alt. Er war in den Tod gegangen, weil ich zu müde gewesen war, ihn nachts anzuhören.

Zu seinen Füßen fanden wir einen Brief, dessen Inhalt ganz offensichtlich nur für seine Eltern und für mich bestimmt war. Das ließ die Aufschrift erkennen.

Als ich ihn etwas später in meinem Dienstzimmer las, wurde mir einiges klar. Aber ich war noch ein zweites Mal tief erschüttert, daß ein junger Mensch nur wegen dem, was in dem Brief stand und was ihn schon länger umgetrieben hatte, sein Leben wegwarf. Das Warten bis zu der ihm zugesagten Stunde hätte an allem nichts geändert, auch nichts verschlechtert.

Dennoch war das für mich keine Beruhigung. Ein paar Minuten Zeit – trotz der späten Stunde – hätten vielleicht ein junges Menschenleben retten können.

Ich wollte und konnte mich lange nicht von diesem Selbstvorwurf freisprechen. Der Weg zu den Eltern, denen ich die traurige Nachricht selbst überbringen wollte, fiel mir ungeheuer schwer. Aber ich erlebte ein Elternpaar, das sein Kind nicht nur kannte, sondern auch richtig einschätzte. Außer dem, was ich über diesen schrecklichen Todesfall im Gebet mit Gott besprach, erhielt ich gerade hier besonderen Trost und auch neue Zuversicht.

5.

Noch ein trauriges Ereignis in jener großen Gemeinschaft junger Menschen muß ich berichten. Gottlob kommt das, was ich hier schildere, nur ganz selten vor. Doch immer trifft es die Gemeinschaft mit voller Wucht und wird von vielen der noch jungen Menschen nur schwer verkraftet.

Mit dem Ausbildungschef der großen Zechen, auf denen unsere Jungen ausgebildet wurden und arbeiteten, hatte ich von Anfang an ein gutes Verhältnis.

Oft waren wir gemeinsam unterwegs in den Gebieten um Hildesheim sowie im Bereich der Stadt Stade. Dort suchten wir die Arbeitsämter auf, über die wir im Einvernehmen mit den Eltern die Jugendlichen als Lehrlinge bekamen. Dabei besuchten wir auch die Eltern der jungen Leute. Nicht immer waren solche Besuche erquicklich. So zum Beispiel bei den Eltern von Manfred, der im letzten Lehrjahr stand. Er war ein tüchtiger Kerl, dem nie etwas zuviel wurde, und der immer bereit war, irgendwo einzuspringen, dabei fröhlich und guter Dinge war. So kannten ihn seine Kameraden und auch seine Ausbilder. Er war überall beliebt.

Manfred war der einzige Sohn seiner Mutter, die ihren Mann verloren hatte, dazu noch ein zweites Kind.

Manfred hing sehr an seiner Mutter, zu der er ein sehr inniges Verhältnis hatte.

Eins allerdings bereitete Manfred Not. Immer wieder überkam ihn ein gewisser Leichtsinn. Manche Situationen nahm er einfach nicht ernst. Meist wurde er mit ihnen auch fertig, ohne daß es zu folgenschweren Auswirkungen kam.

So war Manfred eines Tages aus seinem Urlaub zurückgekehrt und ging wie immer fröhlich an seine Arbeit. Seit einiger Zeit war er ›unter Tage‹ tätig. Dort hatte er darauf zu achten, daß das Förderband reibungslos laufen konnte. Weil der Reviersteiger nicht überall zur gleichen Zeit sein kann, hatte ich unsern lieben Manfred immer wieder einmal ermahnt, seinen gelegentlichen Leichtsinn vor dem Einfahren in den Schacht oben über Tage zu lassen.

»Denk an deine liebe Mutter«, konnte ich ihm mit gutem Recht sagen, denn ich kannte sie von einigen Begegnungen her recht gut und wußte um ihre Liebe zu dem Sohn.

Und dann geschah es eines Tages doch.

Als mich der zuständige Obersteiger anrief, wollte ich es zuerst einfach nicht glauben. Doch ich wußte, daß die Männer von der Zeche mit solchen traurigen Nachrichten keinen dummen Scherz treiben.

»Wir müssen Ihnen den Manfred bringen. Er ist leider tot. Er ist vom Förderband mitgerissen worden und war sofort tot.«

Später hörte ich mehr über diesen schrecklichen Unfall. Manfred hatte wieder einmal leichtsinnig gehandelt. Kurz nachdem der Reviersteiger nach ihm gesehen hatte, war es geschehen. Manfred hatte etwas getan, was sicher schon einige Male gutgegangen war. Dieses Mal aber hatte es ihn das Leben gekostet.

Noch am gleichen Tag – das Unglück war in der Frühschicht geschehen – machten der Ausbildungsleiter und ich uns auf den schweren Weg zu einem kleinen Ort in der Nähe von Stade. Von dem Ausbildungsleiter, mit dessen Wagen wir fuhren, hörte ich unterwegs noch einmal den genauen Hergang des furchtbaren Geschehens. In meiner Erschütterung faltete ich unwillkürlich die Hände und bat Gott um Hilfe für das vor uns liegende Gespräch mit Manfreds Mutter.

»Das hilft jetzt auch nichts mehr«, kam die Stimme des Mannes neben mir herüber.

»Ich glaube doch«, gab ich zurück. »Wir werden für das Gespräch mit Manfreds Mutter sicher Gottes Hilfe brauchen.«

Ein stilles Nicken war jetzt die Antwort.

Gegen Abend waren wir am Ziel. Mit weichen Knien stiegen wir die Treppe hinauf.

Als die Tür geöffnet wurde und Manfreds Mutter uns beide sah, stieß sie einen furchtbaren Schrei aus.

»Nein, nein, nein!« Immer wieder gellte es uns in die Ohren. Nur mit Mühe gelang es uns, die Frau so weit zu beruhigen, daß wir in die Wohnung gehen konnten, um uns zu setzen. Sprechen brauchten wir kaum etwas. Manfreds Mutter ahnte, nein, sie wußte auch ohne unsere Worte, daß etwas Schreckliches geschehen war, daß ihr Manfred nicht mehr lebte.

Es wurde dann doch noch ein langes, ernstes Gespräch, denn Manfreds Mutter wollte alle Einzelheiten erfahren, die dazu geführt hatten, daß ihr Junge zu Tode gekommen war. Dabei konnte ich den Ausbildungsleiter nur bewundern, der mit einer feinfühligen Art berichtete.

Nur einmal warf die Mutter etwas ein.

»Mein lieber Manfred und sein Leichtsinn«, sagte sie leise, während ihr die Tränen über die Wangen liefen.

Ich habe dann später den Weg noch einmal gemacht, als Manfred beerdigt wurde, und mir geschworen: Sollte es noch einmal ein solches Unglück geben, was Gott verhüten möge, dann würde es für mich nichts anderes geben, als die Nachricht persönlich zu überbringen. In jedem Fall war dies der barmherzigere Weg.

6.

Ich hatte großes Glück. 1964 fand die Weltkonferenz des YMCA in Japan statt. Ich war einer der Delegierten des deutschen Gesamtverbandes des CVJM. Das Schönste aber sollte sein, daß die Reiseroute uns auf dem Hinweg nach Thailand, Taiwan, Hongkong und auf die Philippinen führte. Auf dem Rückweg sollten wir einiges von Indien und Pakistan kennenlernen. Das alles bereiteten Freunde aus der Schweiz vor.

Es war unglaublich, was der »kleine Schweizer«, wie ich ihn wegen seiner kleinen Statur nennen möchte, in dieses Reiseprogramm hineinpackte, ohne daß es zuviel wurde.

Zwei Erlebnisse dieser hochinteressanten Reise werden mir besonders unvergeßlich bleiben. Ich will sie hier wiedergeben, weil ich glaube, daß wir überall die Fußspuren Gottes sehen können, wenn wir dafür nur Augen und Herz öffnen.

Manila auf den Philippinen, inmitten der weiten Südsee, war eine unserer Anlaufstellen. Wir kamen von Hongkong und erlebten schon auf dem Flug einige kritische Situationen. Kurz vor dem Anflug, uns wurde noch schnell ein Kaffee serviert, kam plötzlich die Stimme des Flugkapitäns durch den Lautsprecher: »Bitte, geben Sie acht! Wir werden gleich in Luftlöcher geraten. Tief unter uns tobt ein Gewitter.«

Der Flugkapitän hatte seine Worte kaum ausgesprochen – ich hatte die Kaffeetasse gerade in Empfang genommen –, da sackte die Maschine in einem sogenannten Luftloch durch. Die Kaffeetasse schwebte sozusagen über mir. Der Kaffee ergoß sich über meine Jacke und Hose. Das war recht unangenehm, zumal der Kaffee heiß war. Die Verschmutzung meines Anzuges wurde auf Kosten der Fluglinie schon am nächsten Tag in Ordnung gebracht. Gott sei Dank landeten wir trotz des heftigen Gewitters ohne weitere Probleme.

Weil ich wegen einer Magen-Darm-Verstimmung nur wenig schlafen konnte, stand ich am anderen Morgen schon zu früher Stunde am Strand von Manila. Es schien bereits die Sonne. Das tat meinen müden Gliedern wohl. Immer wieder kniff ich mich in die Arme, um mich zu vergewissern, daß ich nicht träumte: der herrliche klare Morgen, der weite sonnenbeschienene Strand, davor draußen im Meer neben den großen Schiffen die Kähne der Fischer mit ihren braunen und weißen Segeln.

Trotz meines angeschlagenen Gesundheitszustandes konnte ich aus tiefstem Herzen Gott für dieses wunderbare Erleben nur danken.

Am Nachmittag unternahmen wir eine Fahrt durch diese große Insel. Wir fuhren an Ananas-Pflanzungen vorbei, erlebten, wie für ein kleines Geldstück philippinische Jungen behende wie Affen an den riesigen Palmen emporkletterten und standen dann auf einer Höhe am anderen Ende der Insel. Von da aus blickten wir auf eine Nachbarinsel mit einem riesigen Krater.

Der Einheimische, der uns sehr kundig führte, erklärte uns, daß dieser Vulkan seit mehr als hundert Jahren nicht mehr tätig sei und keine Gefahr darstelle. Wie sehr war ich erschüttert, als ich etwa ein Jahr später von dem völlig unerwarteten Ausbruch dieses Vulkans über Rundfunk und Fernsehen erfuhr und daß es dabei auch auf der Insel, von der aus wir hinübergeblickt hatten, viele hundert Tote gegeben hatte. –

Die Tage der Konferenz vergingen schnell. Wir erlebten ein wahres Völkergemisch, das aber im Glauben an den Herrn Jesus Christus eins war.

Auf dem Rückflug flogen wir Indien an. Eine kleinere Maschine brachte uns später zum Tadsch-Mahal. Neben dem entsetzlichen Elend sahen wir auch viel Schönes und Wunderbares. Aber die Armut und Not der Menschen erschütterte uns so sehr, daß sich unsere Augen an den Wunderwerken der indischen Vergangenheit nur wenig erfreuen konnten.

Für den Rückflug sammelten wir uns auf dem Flughafen von Neu Delhi. Nach einem kurzen Aufenthalt in Karatschi sollte es von da aus nach Hause gehen. Wir waren wie üblich unter der Leitung unseres »kleinen Schweizers« mehr als pünktlich zur Stelle. Aber es tat sich nichts. Eine schwüle Hitze, gegen die man nichts unternehmen konnte, lähmte uns. Die Zeit verging. Wir hätten schon längst auf dem Rollfeld in der Maschine sein müssen. Aber es tat sich noch immer nichts.

Endlich gab es über den Lautsprecher eine Ansage. Den Fluggästen wurde mitgeteilt, daß der planmäßige Flug nach Karatschi ausfallen müsse, da eine gewaltige, sehr hochreichende Gewitterfront den Flug unmöglich mache.

Wir blickten uns ratlos an. Die anderen Fluggäste für diese Maschine verließen den Flughafen und fuhren in die Stadt zurück. Wo aber sollten wir hin? Unsere Hotelzimmer waren längst mit anderen Gästen belegt.

In unsere Ratlosigkeit hinein erschien plötzlich ein stattlicher Mann, ganz offensichtlich ein Inder, in einer farbenprächtigen, mit viel Gold besetzten Uniform. In gutem Englisch stellte er sich als Einsatz-Flugkapitän dieses Flughafens vor und sagte uns, daß uns jetzt niemand mit einer vierstrahligen Maschine nach Karatschi fliegen würde. Er sei aber bereit, wenn wir ihm vertrauen würden, uns mit einer Vier-Propeller-Maschine dorthin zu bringen.

Wir blickten uns und ihn einen Augenblick fragend an. Dann sagte unser Reiseleiter: »Wir wissen uns in Gottes Hand. Darum werden wir uns Ihnen anvertrauen.« Die Formalitäten waren schnell erledigt. Zwei Stewardessen begleiteten uns, um uns unterwegs zu betreuen. Worin ihre Betreuung lag, merkten wir nur zu bald. Wir waren noch keine Stunde in der Luft, da verteilten sie fast nur Tüten, die für diesen Flug für viele von uns dringend benötigt wurden.

Indessen versuchte unser Flugkapitän die Maschine so hoch wie möglich zu bringen, um, wie er uns durch den Lautsprecher erklärte, eine größere Lücke zwischen zwei übereinander liegenden Gewitterfronten zu erreichen.

Der Flug wurde immer beängstigender. Die Maschine rüttelte und schüttelte sich, als sei sie ein großer Schäferhund und nicht ein Flugzeug, in dem eine große Anzahl Menschen um ihr Leben bangten.

Unter uns, über uns und oft auch nicht weit neben uns blitzte es. Das Flugzeug sackte immer wieder einmal durch, wobei aus dem Munde meines Nebenmannes jedesmal laute Gebetsworte zu hören waren.

Als es besonders schlimm wurde, kam durch den Lautsprecher die Stimme des Flugkapitäns: »Haben Sie keine Sorge, liebe Fluggäste. Wir kommen bestimmt wieder runter. Es ist noch keiner oben geblieben.«

Doch uns war nicht nach Lachen zumute.

Als bald darauf die Maschine in steilem Flug nach unten ging, glaubten manche, nun sei unser letztes Stündlein gekommen. Aber die Stimme des Mannes in der bunten Uniform beruhigte uns sogleich. »Keine Sorge, meine Herrschaften! Wir haben nun endlich die Gewitterfront hinter uns und müssen nicht mehr so nahe am Himmel fliegen.«

Als wir zu später Stunde in Karatschi landeten, hat wohl jeder von uns ein Dankgebet gesprochen. Der Mann aber, der uns durch sein fliegerisches Können heil nach Karatschi gebracht hatte, wurde mit mancherlei Geschenken von uns überhäuft. Eines davon war auch eine Bibel in indischer Sprache.

7.

Mit den jüngeren Mitarbeitern des Christlichen Jugenddorfwerkes Deutschlands habe ich so manche Studienfahrt im Inland und in das Ausland durchgeführt. Eine ging auch in die Türkei.

Wir waren etwa vierzig jüngere Männer und Frauen. Die Anreise mit dem Flugzeug von Frankfurt aus ging bis Istanbul. Von dort aus fuhren wir mit dem Bus zuerst auf der europäischen und wenig später auf der asiatischen Seite dieses großen interessanten Landes. Von Istanbul nach Ankara, danach zum Kloster der Tanzenden Mönche, zu den Felsengräbern von Göreme, weiter nach Alanya und Antalya, um nur einige Stationen unserer Reise zu nennen.

Zunächst sahen wir uns aber in Istanbul um. Ein besonderes Erlebnis hatten wir in der Blauen Moschee an einem moslemischen Feiertag. Bevor wir dort eintraten, mußten wir unsere Schuhe ausziehen, was viele nur zögernd taten. Um uns herum standen viele hundert Paar Schuhe. Der junge Mann von der Reiseagentur, dem wir uns anvertraut hatten, lachte über unsere Besorgnis, die richtigen Schuhe wieder vorzufinden. Er garantierte uns, daß dies bestimmt der Fall sein würde.

Barfuß oder auf Strümpfen betraten wir das Innere der Moschee, die durch die herrlichen Blautöne, in der alles gehalten ist, ihren Namen bekommen hat.

Was wir dann aber erlebten, hat uns noch lange bewegt und wurde später zum Inhalt längerer Diskussionen auf der weiteren Fahrt.

Zunächst mußten wir uns damit abfinden, als glaubensfremde Besucher nur in einen bestimmten Teil des weiten Raumes Zutritt zu erhalten. Dann entdeckten wir, daß Frauen sich von den Männern trennten. Groß war unser Erstaunen, als wir in einem nur Männern vorbehaltenen Raum annähernd tausend Personen sahen. Einige waren davon so sehr überrascht, daß sie zu zählen versuchten.

Dieses Erstaunen nahm noch zu, als die etwa tausend Männer zum Gebet niederknieten. Die anfänglich leise Unterhaltung unter uns verstummte völlig. Mit großen Augen verfolgten die jungen Mitarbeiter und Mitarbeiterinnen unserer Reisegruppe das Geschehen in der Blauen Moschee.

Als wir später, am Ende unserer Studienfahrt, zusammentrugen, was uns besonders aufgefallen war oder uns bewegt hatte, kam von vielen sofort der Hinweis auf die betenden Männer in der Blauen Moschee.

Einer unserer kritischsten jungen Männer sagte: »Ob es das bei uns Christen geben würde, daß an die tausend Männer in der Kirche niederknien, um zu beten? Warum können das die Moslime? Warum würde man sich bei uns schämen? Haben wir in unseren Kirchen und Gottesdiensten etwas falsch gemacht, daß solch ein Beten fast undenkbar ist?«

Es gab ein langes Gespräch. Die Meinungen waren durchaus nicht einheitlich, die Achtung vor diesen Menschen aber allgemein sehr groß.

Ich war froh, daß später in einem kleineren Kreis eine junge Frau sagte: »Ich glaube, wir sollten darüber froh sein, daß wir an Jesus Christus glauben und seinem Wort und Gebot folgen dürfen. Äußere Gebetsformen sagen noch nicht alles, so beeindruckend sie auch sein können. Ich möchte ein Mensch sein, dessen Glaube sich im Alltag verwirklicht.«

Von dieser Studienfahrt ist mir noch eine Begebenheit wichtig geworden und in Erinnerung geblieben. Dabei weiß ich nicht einmal, ob sie anderen Fahrtteilnehmern überhaupt aufgefallen ist.

Wir fuhren von Istanbul aus mit einem großen, recht gut ausgerüsteten Reisebus einer türkischen Gesellschaft. Ich hatte schon vorher erkannt, daß der noch junge Reisebegleiter nicht nur sehr sachkundig, sondern auch sonst ein »feiner Kerl« war. Ihm hatten wir es zu verdanken, daß wir auf unserer Fahrt durch das Taurus-Gebirge einmal eine Mittagspause in einem etwas abseits gelegenen Gasthaus machten, das wohl mehr für einheimische als für ausländische Gäste gedacht war. Ein solches Haus in einer wildromantischen Gebirgsgegend war in jedem Fall etwas Besonderes.

Auf der Fahrt dorthin kam einigen von uns das alte Gedicht in den Sinn, das viele kannten, zumindest den Anfang:

> »Als Kaiser Rotbart lobesam
> ins heil'ge Land gezogen kam,
> da mußt' er mit dem frommen Heer
> durch ein Gebirge, wüst und leer.
> Daselbst erhob sich große Not,
> viel Steine gab's und wenig Brot.«

Daß es dann weiter hieß:

> »Und mancher tapf're Reitersmann
> hat dort den Trunk sich abgetan«

wußten die meisten schon nicht mehr.

Die wildromantische Umgebung, die vielen Steine und Felsen ohne das geringste Fleckchen Grünes, regten zu solchen Deklamationen an.

Und dann kamen wir an jenes erwähnte »Straßen-Gasthaus«. Schon beim Eintreten merkten wir, daß dies keine Gaststätte für Ausländer war. Kaum saßen wir, da verschwanden nach und nach die Männer und Frauen mit ihren Tellern in einem Nebenraum. Nach einiger Zeit kehrten sie aber mit gefüllten Tellern zurück. Das wiederholte sich mehrere Male.

Wir hatten einige der recht rohen Holztische zusammengeschoben und uns niedergelassen. Nach einer Weile winkte uns unser junger Reisebegleiter, ihm nach nebenan zu folgen. Dort sahen wir zu unserem Erstaunen, daß wir uns in einer sehr großen Küche befanden, in deren Mitte ein riesiger Herd stand. Auf dem Herd aber kochte und brodelte es in vielen großen und kleinen Töpfen. Der große Raum war von guten Düften erfüllt.

Dann aber geschah etwas für uns recht Merkwürdiges: Unser Reisebegleiter nahm von einem Stapel einen Teller, ging um den Herd herum, schaute zunächst in alle Töpfe – und nahm sich bei einem nächsten Rundgang aus den Töpfen einiges auf seinen Teller, das seinem Appetit entsprach.

Bald machten wir es ihm nach und nahmen uns die Gerichte, die wir uns selbst ausgesucht hatten. Das Schönste aber war für viele von uns, daß man diesen Rundgang durch die Küche so oft wiederholen konnte, wie es einem der Hunger – besser: der Appetit – gebot. Das alles aber zu einem festen Preis.

Das war für uns interessant und einmalig. Noch oft haben wir darüber gesprochen. Das für mich Bemerkenswerte geschah aber erst, als wir alle einen vollen Teller vor uns hatten. Da wir so schön beisammensitzen konnten, war es uns selbstverständlich, daß jeder die Hände faltete und ein stilles Tischgebet sprach. Als ich wieder aufblickte, sah ich die Augen der türkischen Gäste mit Erstaunen auf uns gerichtet. Erst als sie meine Blicke bemerkten, sahen sie weg. Obgleich ich von ihrer Unterhaltung kein Wort verstehen konnte, entnahm ich aus dem Tonfall, daß sie unser Beten erstaunt, vielleicht sogar beeindruckt hatte.

Ich habe über mein Empfinden nicht gesprochen. Aber einmal mehr wurde mir deutlich: Unser Bekenntnis muß sich nicht immer in Worten ausdrücken. Auch ein stilles Tun kann etwas bewirken, besonders unter Andersgläubigen oder gar Ungläubigen.

8.

Wenn man seine Erlebnisse überdenkt, dann fällt einem so manches ein. Wenn es dann noch frohe Erinnerungen sind, gibt man sie besonders gerne weiter. Dazu gehört eine Begebenheit, die sich auf einer Reise durch Israel ereignete.

Wir hatten schon vieles gesehen und waren nun mit dem Bus nach Nazareth unterwegs. Dort angekommen, reihten wir uns in den Strom der Besucher ein, der die Gassen der kleinen Stadt füllte und zur Verkündigungskirche führte. Als wir dort waren, gelang es uns, ein wenig zur Besinnung zu kommen, denn wir hatten Zugang zu einem Raum gefunden, der um einiges tiefer lag. Als wir hinabgestiegen waren, sagte man uns: Dies war einmal eine Synagoge, und wenn die Überlieferung nicht ganz falsch ist, dann hat hier – in diesem Raum – Jesus aus den alten Schriftrollen vorgelesen und darüber zu den Menschen gesprochen.

Wir hatten Glück. Im Augenblick waren außer unserer Gruppe nur wenige Besucher in diesem Raum.

Plötzlich hatte einer von uns einen Gedanken, den er auch sofort in die Tat umsetzte. Er teilte unsere Gruppe in verschiedene kleinere Kreise ein und stimmte den uns allen bekannten Kanon »Dona nobis pacem« an.

Es war fast, als hätten darauf alle nur gewartet. Volltönend erfüllte der Klang dieses herrlichen Kanons den Raum, der eine selten gute Akustik hatte. Andere Menschen, die von draußen – besser gesagt von oben – dazukamen und Melodie und Text kannten, stimmten mit ein. Zur Ehre Gottes und im Gedenken an Jesus Christus tönte es durch diesen Raum, der vielleicht wirklich einmal von der Stimme Jesu belebt war.

Wir sind danach ziemlich schweigsam durch die Gassen zu unserem Bus zurückgegangen, der uns an das schöne Ufer des Sees Genezareth brachte.

Es gibt Augenblicke in unserem Leben, die prägen sich tief ein, und sie werden von Zeit zu Zeit in einer Weise lebendig, die uns viel mehr gibt, als bloße Erinnerung es vermag.

9.

Nachdem ich in der Zentrale unseres Werkes eine weitere Aufgabe übernommen hatte, mußte ich oft auf Reisen sein. Zu meinen Aufgaben gehörte es, mich um die musische, die politische und vor allem um die geistliche Bildung unserer jungen Menschen zu kümmern. Dazu gehörten musische Bundeswettbewerbe, »Musische Festtage« genannt, aber auch Seminare über »Bibel und Glauben« sowie sogenannte Tutoren-Seminare. Viele Vorträge und Diskussionen mit den jungen Leuten in den Jugenddörfern mußte diese Arbeit ergänzen. Hierbei kam mir zugute, was ich aus meiner früheren Tätigkeit mitbrachte: Ich erzählte gern und konnte, nach Aussage der Jugendlichen und der Mitarbeiter, spannend erzählen.

Noch heute, wenn ich bei Jugend- oder Gemeindeabenden über meine Bücher sprechen oder aus ihnen vorlesen soll, erzähle ich lieber. Ich weiß, daß dies viel stärker ankommt.

So war es einmal auch in einem unserer Jugenddörfer in Norddeutschland. Der Leiter dieser Einrichtung hatte mich gebeten, nach langer Zeit seinen Jungen wieder einmal eine spannende Geschichte zu erzählen.

Bei diesen jungen Menschen handelte es sich um straffällig gewordene Jugendliche bis zu fünfzehn Jahren, die in dieser Einrichtung die Möglichkeit hatten, ihre Grundschule abzuschließen und in besonderen Werkstätten eine Lehre zu machen.

Als ich dort am Nachmittag ankam, sagte mir bei einer Tasse Kaffee mein Freund: »Denke daran, du hast dieses Mal eine ganz besondere Gruppe vor dir. Wir haben einige Jungen dabei, die es beim Taschendiebstahl zu einer großen Fertigkeit gebracht haben. Man könnte fast sagen, die ziehen dich aus, ohne daß du es merkst.« Hierzu erzählte er einige Beispiele, die er mit einigen der Jungen erlebt hatte.

Am Abend war dann die »Meute« im Vortragsraum versammelt, der nicht allzu groß war. Um die etwa achtzig jungen Menschen unterzubringen, mußten wir einen mehrfach gestaffelten Halbkreis bilden, der zum Teil etwas hinter mich reichte. Das war mir nicht ganz angenehm, weil ich beim Erzählen lieber jeden sehen möchte. Ich konnte so besser feststellen, ob das, was ich sagte, auch gut ankam.

Noch wie heute weiß ich, daß ich eine meiner Geschichten, das »Zeichen der schwarzen Hand«, erzählte. Sie ist nicht nur spannend, sondern hat, besonders am Schluß, auch eine klare christliche Aussage.

Ich war mitten im Erzählen, da fiel mir seltsamerweise plötzlich ein, daß mir mein Freund gesagt hatte: »Gib acht auf deine Brieftasche! Du trägst sie immer so gern hinten in der Hosentasche.«

Wie schon gesagt, wegen des engen Raumes saßen einige der Jungen halb hinter mir. In Gedanken griff ich während des Erzählens mit meiner Rechten nach hinten zur Hosentasche, um zu prüfen, ob die Brieftasche noch da sei. Sie war es noch. Aber im gleichen Augenblick ertönte aus den Kehlen der vielen Jungen ein dröhnendes Gelächter.

Ich zuckte erschrocken zusammen. Da mir im Augenblick nicht klar war, warum an dieser Stelle meiner Erzählung gelacht wurde, brach ich ärgerlich ab und fragte, sicher etwas barsch: »Warum lacht ihr denn? Hier gab's doch gar nichts zum Lachen.«

Erst als sich das Gelächter ein wenig gelegt hatte, stand einer der Jungen auf und sagte mit grinsendem Gesicht: »Herr Reschke, einen, der uns so spannende Geschichten erzählt, den beklauen wir doch nicht.«

Wie zur Bestätigung durch alle Jungen legte sich sofort das Lachen, und die gespannte Aufmerksamkeit war wiederhergestellt.

Für mich aber gab dieses Geschehen Anlaß, im

Anschluß an meine Erzählung durch ein Bibelwort einen klaren Hinweis auf den zu geben, dem wir alle Fehler unseres Lebens sagen und den wir bitten können, uns zu helfen, von ihnen frei zu werden.

Und nicht nur dieses Mal hatte ich den Eindruck, daß gestrauchelte junge Menschen der biblischen Botschaft gegenüber aufgeschlossener sind als manche andere.

Ich befand mich nach einem Jugendabend auf der Heimfahrt von Limburgerhof, einem Ort in der Pfalz, nicht weit von Speyer. Es war ein guter Abend gewesen. Die vielen Gespräche, die wir geführt hatten, gingen mir noch durch den Kopf. Es war zwischen dreiundzwanzig und vierundzwanzig Uhr.

In jenen Jahren gab es dort durch die Schnellstraße noch keine Anbindung an die Autobahn. Ich mußte, um keinen größeren Umweg zu machen, durch verschiedene Waldstücke hindurch, ehe ich zur Rheinbrücke und auf die Autobahn bei Karlsruhe kam. Der Straßenverlauf war mir von Tag- und Nachtfahrten gut bekannt. Gerade hatte ich wieder eines der kleineren Waldstücke durchfahren und steuerte auf eine Anhöhe zu, als ich dahinter einen hellen, rötlichen Schein bemerkte. Ich überlegte einen Augenblick, was das sein könnte, denn in dieser Richtung lag meines Wissens weder eine Ortschaft noch irgendein Werk, von dem ein Feuerschein kommen konnte. Ich beschleunigte die Fahrt, denn ich hatte das Gefühl: Dort stimmt irgend etwas nicht. Der Schein lag viel zu nahe an der Straße, die in dieser Richtung verlief.

Kaum hatte ich die kleine Anhöhe hinter mir, da entdeckte ich auch schon das Furchtbare: Nicht weit vor mir, in einer kleinen Senke neben der Straße, lag ein brennendes Auto, das von der Straße abgekommen und hinuntergestürzt war. Ich bremste scharf, stieg rasch aus meinem Wagen und lief zum Straßenrand, der deutlich die Spuren des hinabgeschleuderten Autos trug.

In diesem Augenblick vernahm ich, was mir einen Schauer des Entsetzens über den Rücken jagte. Ich hörte das schrille Angstgeschrei von Kinderstimmen, dazwischen immer wieder die Hilferufe eines Erwachsenen.

Ohne zu überlegen, daß dieses brennende Auto auch mir gefährlich werden konnte, stürzte ich den Abhang hinunter. Im Näherkommen sah ich, daß der Wagen merkwürdigerweise vorn und erst etwas an der rechten Seite brannte. Zugleich hörte ich die Stimme eines offensichtlich älteren Mannes, der mir zurief, daß er die Tür nicht aufbekomme. Der Wagen mußte sich überschlagen haben, wobei sich die Türen verklemmt hatten.

Kurzerhand blickte ich mich nach einem größeren Stein um, fand ihn trotz der Eile auch, und schlug damit die Scheiben ein. Dabei versuchte ich auch, eilig die Scherben zu entfernen, so daß ich zuerst hinten die Kinder und dann mit größter Mühe vorne den alten Mann aus dem Auto ziehen konnte. Es war ein grausiges Tun, immer in der Angst, jeden Augenblick könnte das Feuer den Benzintank erreichen und alles in die Luft jagen. Darum trieb ich den Alten und die Kinder zum Abhang hinauf, wo inzwischen einige vorbeikommende Autos angehalten hatten. Die Menschen gafften entsetzt hinunter, aber zu Hilfe kam keiner.

Kaum hatte ich die Kinder und den alten Mann oben auf der Straße, da explodierte mit großem Getöse der Benzintank des Wagens.

Ein Autofahrer, der nicht stehengeblieben war, hatte indessen vernünftigerweise die Polizei und die Feuerwehr alarmiert. Ich hörte von weitem das »Ta-tü-ta-ta«. Ich ging zu dem immer noch fassungslos vor sich hinstarrenden Alten hinüber, drückte ihm beide Hände und sagte nur: »Ich muß weiter. Danken Sie Gott, daß ich gerade vorbeikam, und sagen Sie das auch Ihren Enkelkindern.« Ich hatte inzwischen mitbekommen, daß die Kinder zu dem Mann Opa sagten. Dann lief ich schnell zu meinem Wagen und fuhr davon. Was sollte ich dort noch? Gaffer gab es inzwischen genug, und der alte Mann würde den Polizisten schon das Nötige sagen.

Spät in der Nacht hörte ich noch den Vorwurf: »Du hättest dableiben und der Polizei Bescheid geben müssen.«

»Warum?« fragte ich. »War es nicht wichtiger zu helfen, als danach noch ein langes Palaver zu führen?«

Ich denke das heute noch, wenn ich auf der Autobahn erlebe, mit welcher Neugier die Menschen an einem Unglücksort herumstehen oder langsam vorbeifahren, anstatt zu helfen, bis Notarzt und Polizei da sind. Wie viele Unglücksfälle brauchten nicht einen tödlichen Ausgang zu haben, wenn schnellere Hilfsbereitschaft der Vorbeifahrenden zum Einsatz käme. Und wie viele Unfälle könnten überhaupt vermieden werden, wenn auf den deutschen Autobahnen und Bundesstraßen vernünftiger gefahren werden würde! Der beste Dank für die eigene Bewahrung ist wohl der, mit mehr Vernunft als mit dem Fuß auf dem Gaspedal zu fahren.

Mir ist es schlecht möglich, diesen Abschnitt zu beenden, ohne von dem Erlebnis zu berichten, bei dem ich selbst nur mit knapper Not mit dem Leben davongekommen bin. Noch ehe wir vom Ruhrgebiet in das schöne schwäbische Land zogen, geschah, worüber ich hier erzählen will.

In größeren Abständen lud der Präsident des Werkes die leitenden Mitarbeiter in die Zentrale des CJD ein, um anstehende wichtige Fragen für das Werk oder einzelne Bereiche zu besprechen und auch Beschlüsse zu fassen. Allgemein begann eine solche Konferenz am Vormittag um neun Uhr und war meist am gleichen Tag gegen siebzehn Uhr zu Ende. Entweder mußte man dann noch einmal übernachten, wenn man eine weite Heimfahrt hatte, oder man begab sich im Vertrauen darauf, daß man es schon schaffen würde, auf den Heimweg. Ich hatte etwas mehr als fünfhundert Kilometer zurückzulegen. Da die Bahnanschlüsse vielfach ungünstig waren, zog ich – wie fast alle – die Fahrt mit dem Auto vor. So auch an dem besagten Abend, von dem ich berichten möchte. Ich rechnete mit etwa sechs Stunden Fahrt, was mir den Vorteil brachte, danach im eigenen Bett schlafen zu können. Den weitaus größten Teil des Weges konnte ich auf der Autobahn fahren. Sobald der Berufsverkehr vorbei sein würde, gab es – wie schon oft – eine glatte Fahrt.

Zunächst hatte ich noch über vieles nachzudenken. Wir hatten über Probleme gesprochen, mit denen wir aber nicht fertig geworden waren. Hinzu kamen nicht minder bedeutende Finanzfragen, über die es zwar eine Entscheidung gegeben hatte, die aber nach meiner Ansicht noch lange nicht gelöst waren. Wir würden darauf in einer späteren Sitzung sicher noch einmal zurückkommen müssen. Solche Gedanken begleiteten mich bis hinter Karlsruhe. Dann kam ein längeres, etwas eintöniges Stück Autobahn über Mannheim bis Frankfurt. Ich fing an, mit der Müdigkeit zu kämpfen. Nachdem ich das Radio eingeschaltet und die Nachrichten gehört hatte, ließ sich die Müdigkeit eine Weile wieder vertreiben. Dann aber gab es Musik. So gerne ich zu anderer Zeit und an anderer Stelle Musik höre, hier im Auto trug sie für mich eher zu weiterer Ermüdung als zur Ermunterung bei. Also schaltete ich den Apparat aus.

Zu jener Zeit gab es noch nicht wie heute überall die Leitplanken an der Seite und auf dem Mittelstreifen. Inzwischen war es stockdunkel geworden, und die Lichter der entgegenkommenden Wagen trugen durch die Blendung zusätzlich zur Ermüdung bei.

Ich muß plötzlich eingeschlafen sein. Wie lange, weiß ich nicht. Durch einen furchtbaren Stoß wurde ich unsanft geweckt. Zu meinem Entsetzen befand ich mich voll auf dem Mittelstreifen und stand dazu noch quer. Die Vorderräder hatten sich in einem Loch im Rasen verbohrt, und der dadurch entstandene plötzliche Ruck hatte mich geweckt.

Ich glaube, mir standen die Haare zu Berge, denn ich konnte mir ausrechnen, daß ich schon ein ganzes Stück schlafend gefahren sein mußte, wobei der Wagen – Gott sei es gedankt – immer mehr nach links zum Mittelstreifen hinfuhr.

Vorsichtig, mich nach allen Seiten orientierend, öffnete ich die Wagentür und stieg aus. Ja, ich stand quer auf dem Mittelstreifen und war bei langsamem Tempo in ein Loch auf dem Rasen geraten. Mir war hundeelend zumute, zugleich aber erfüllte mich eine große Dankbarkeit. Ich rief, nein, ich schrie in die augenblicklich gerade freie Autobahn hinein: »Lieber Herr, ich danke dir! Mein Gott, hab' von Herzen Dank!« Dann aber hielt noch einer der Vorbeifahrenden in einiger Entfernung an, kam zurück und half mir, den Wagen, der nicht beschädigt war, wieder in die richtige Richtung zu bringen, so daß ich weiterfahren konnte.

Ich denke, man wird mir Glauben schenken, wenn ich schreibe, daß die weitere Fahrt, die nun durch keine Müdigkeit mehr gestört wurde, ein Dank aus vollem Herzen wurde.

10.

Es war auf einer Fahrt nach Hamburg. Hinter Celle kam ich durch ein Heidedorf. Irgend jemand, ich weiß heute nicht mehr, wer es war, hatte mich gebeten, dem dortigen »Dorfschulzen« eine Nachricht zu überbringen.

Schon als ich von der Fernstraße in den Ort abbog, hatte ich meine Freude an dem, was ich sah: Die alten, sehr gepflegten Fachwerkbauten, die Vorgärten mit den vielen blühenden Blumen – überhaupt das ganze Dorf machte auf mich einen »leckeren« Eindruck. Endlich hatte ich das Haus des Dorfvorstehers gefunden. Eine ältere Frau öffnete mir, fragte nach meinem Anliegen und sagte, ich möchte nur hereinkommen. Sie müsse ihren Mann aber erst vom Feld holen, er sei gerade beim Pflügen.

Sie öffnete mir die Tür zu einem Raum, dem ich sogleich ansah, daß es die sogenannte »Gute Stube« war, und bat mich herein. Weil der Tag recht warm war, bot sie mir ein Glas kühles Fruchtwasser an, was ich dankend annahm. Dann meinte sie, es könne einige Zeit dauern, ich solle doch bitte Geduld haben.

Bald saß ich allein im Zimmer. Ich blickte mich um, bewunderte die sicher sehr alten, aber gut erhaltenen Möbel. Besonders ein Schrank hatte es mir angetan!

Dann aber blieb mein Blick an einer Ecke hängen, die wie in katholischen Häusern einer sogenannten »Herrgottsecke« gleichsah.

Ich wußte aber, daß ich bei Leuten evangelischen Glaubens war. Neugierig geworden stand ich auf, um mir die Sache näher anzusehen. Über einer hölzernen Konsole hing ein schlichtes Kreuz. Auf der Konsole aber lag eine große, in Schweinsleder gebundene, alte Bibel. Sie war aufgeschlagen, und auf der einen Seite war ein Schriftwort sauber unterstrichen.

Ich überlegte, ob es der Trautext des Paares sein

könnte, zu dem man mich geschickt hatte. Oder war es ein bedeutendes Wort für die Voreltern?

Ich bedauere heute, daß ich mir das Schriftwort damals nicht notiert habe. Sicher kam das auch dadurch, weil das spätere Gespräch einen so ganz anderen Verlauf nahm.

Bevor die Frau mit ihrem Mann zurückkam, trieb mich meine Neugier noch weiter. Ich hatte entdeckt, daß die Bibel Goldschnitt besaß. Ich nahm sie von der Konsole, setzte mich mit ihr an den Tisch und wollte darin blättern und nach irgendwelchen Eintragungen suchen. Aber das ging nicht, so sehr ich mich auch bemühte. Der Goldschnitt klebte noch so fest zusammen wie am Tage seiner Herstellung. Irgendwann einmal hatte man aus bestimmtem Anlaß das Buch geöffnet, die Schriftstelle unterstrichen und dann das Bibelbuch in der Ecke auf die Konsole unter dem Kreuz abgelegt. Und dort lag sie wohl seit jenem Tage. Es war also nicht mehr als ein Stück Andenken, praktisch eine tote Bibel.

Ich trug sie schnell zurück in die feierliche Ecke, denn ich hörte die Stimmen des heimkehrenden Ehepaares.

Bald ging dann auch die Tür auf, kaum daß ich die Ecke verlassen hatte. Der Bauer und Dorfschulze, ein großer, stämmiger Mann, kam auf mich zu und drückte mir so kräftig die Hand, daß ich froh war, sie wieder zurückziehen zu können. Es gab ein kurzes Gespräch, in dem ich ausrichtete, was ich mündlich zu überbringen hatte. Dann stand er auf und holte eine Flasche aus einem Wandschrank und goß uns dreien einen kräftigen, wohlschmeckenden Korn ein.

Jetzt aber kam plötzlich die Frage: »Ich sah Sie vorhin in unserer Familienecke stehen, dort unter dem Kreuz. Da haben Sie doch sicher auch unsere alte und sehr wertvolle Bibel gesehen?« Als ich dies bejahte, fuhr er fort. »Die Stelle, die da aufgeschlagen und auch unterstrichen ist, war der Trautext meiner Ur-, Urgroßeltern. Die Unterstreichung war schon oft verblaßt und muß immer wieder einmal nachgezogen werden, das darf aber jeweils nur der rechtmäßige Erbe tun.«

Man merkte dem Bauern an, wie stolz er auf die Bibel und zugleich auf dieses Erbe war.

Später hat es mir dann leid getan, was ich dazu gesagt habe. Vielleicht hätte ich es nicht tun sollen, denn es wird kaum etwas geändert haben.

Ich sagte: »Ich glaube schon, daß diese Bibel ein altes und sehr wertvolles Buch ist. Ich kann mir denken, wie stolz Sie darauf sind. Aber« – ich machte eine längere Pause, während der mich die beiden erwartungsvoll anblickten – »aber diese Bibel ist leider eine tote Bibel. In einer Bibel soll man lesen, man muß sich aus ihr Gottes Wort und seinen Rat holen. Sie will uns auch Kraft geben für unser Leben. Das aber kann Ihre Bibel dort nicht. Man kann sie gar nicht aufschlagen – und sie ist auch nicht mehr aufgeschlagen worden als jenes eine Mal. So ist sie nichts als ein wertvolles Andenken – und das ist für eine Bibel zu wenig.«

Während ich sprach, verschlossen sich die Gesichter des Bauern und seiner Frau. Der Mann konnte das alles aber nicht so einfach hinnehmen. Er meinte: »Das mag Ihre Meinung sein. Wir sehen das anders. Es ist ja auch unser Buch und nicht das Ihre.«

Bei diesen Worten war er aufgestanden, um mir deutlich zu machen, daß es nun für mich Zeit sei zu gehen. Ich habe das auch so hingenommen.

Auf meiner weiteren Fahrt bis zu meinem vorgesehenen Nachtquartier hatte ich viel zu überdenken. Vielleicht war es nicht richtig, so zu den beiden alten Leuten zu sprechen. Aber sie hatte mir leid getan, die schöne, sprachlose, alte Bibel, die eigentlich eine tote Bibel war.

11.

Wieder einmal war ich zu einem Vortrag vor jungen Menschen gebeten worden. Dieses Mal lag der Ort im sogenannten Zabergäu, einer Landschaft im Württembergischen. Mir war von dem Leiter der Jugendgruppe ein Thema gestellt worden, das sich die jungen Menschen – alle zwischen 18 und 25 Jahren – selbst gewünscht hatten: Ich sollte aus meinem Leben erzählen.

Zumeist frage ich vorher an, mit welcher Zahl von Besuchern zu rechnen sei. Dabei ist für mich nicht wichtig, ob es zehn oder fünfzig Jugendliche sind. Ich möchte mich nur darauf einstellen. Man spricht vor zehn jungen Menschen besser in größerer persönlicher Nähe als vor fünfzig oder gar hundert.

Mir wurde gesagt, ich müsse mit fünfzig bis hundert Personen rechnen.

Vor dem Beginn des Abends war ich in der Familie des nicht mehr ganz jungen Leiters zu Gast. Seine Frau sowie zwei ältere Kinder waren dabei anwesend. In diesem Haus sollte ich auch übernachten.

Da ich nicht gern in letzter Minute zu einem Vortrag komme und besonders bei jungen Menschen zu spätes Kommen für unhöflich halte, machten wir uns bald auf den kurzen Weg zum Gemeindesaal. Um zwanzig Uhr sollte der Abend beginnen.

Es war durch mich sehr früh, als wir das Gemeindehaus erreichten und dort einen noch leeren Saal vorfanden. Der Hausmeister hatte auf die Bitte des Leiters zweihundert Stühle gestellt. Diese Stühle gähnten uns in ihrer Leere schrecklich an. Der Herr, der mich eingeladen hatte, wischte unsere Enttäuschung mit der Bemerkung fort: »Es ist ja noch so früh. Viele unserer jungen Männer und Mädchen kommen aus den Nachbarorten und haben einen weiten Weg.«

Als wir vor dem Haus angekommen waren, hatte es zu

regnen begonnen. Ein böiger Wind machte vielen Besuchern den Weg nicht gerade leichter. Besorgt blickte ich zum Fenster hinaus in die von einer alten Laterne nur schwach erhellte Dunkelheit. Ich konnte niemand kommen sehen. Nach zehn Minuten ging die Saaltür auf, und fünf junge Menschen traten pudelnaß ein.

»Hui!« Sie schüttelten sich. »Wenn das so weitergeht, dann bleibt der Saal heute abend leer.«

Mein Bekannter blickte mich besorgt an.

»Wir haben nur noch fünf Minuten bis acht Uhr«, sagte er. »Nun habe ich Sie so weit hergeholt, und wir erleben heute diese Pleite.«

»Müssen wir denn durchaus genau um acht Uhr beginnen?« war meine Gegenfrage.

»Nein, das nicht«, wurde mir geantwortet, »aber wir sind eigentlich alle an Pünktlichkeit gewöhnt.«

In diesem Augenblick trat der Hausmeister auf uns zu und sagte: »Da haben wir doch jetzt gut Zeit, noch miteinander zu beten.«

Mein Bekannter schien dazu nicht so recht entschlossen zu sein. »Wollen wir nicht noch eine Weile warten? Vielleicht kommen doch noch einige. Wir haben überall geworben, sogar Plakate drucken lassen. Sie hängen auch in den Dörfern unserer Nachbarschaft.«

Wieder war es der Hausmeister, der sich einschaltete. »Ich denke, wir sollten dem lieben Gott Zeit geben, uns noch Jugendliche zu schicken. Bitte, ich lade Sie zu mir in die Wohnung ein. Dort können wir ungestört beten. Der Karl, der gerade hereinkommt, kann Bescheid geben, wenn wir zu lange bleiben.«

So geschah es dann auch. Wir konnten ungestört mit Gott reden. Wir beteten laut, wie das in einer Gebetsgemeinschaft sein sollte. Ich sagte unserm Herrn im Himmel, daß wir über den schwachen Besuch betrübt wären. Er möchte doch diese wenigen reich segnen!

Nach mir betete mein Bekannter. Auch er bat unsern

Herrn um offene Herzen für die, die trotz des häßlichen Wetters gekommen waren. In einem Nachsatz fügte er hinzu: »Du kennst und bewegst Menschenherzen. Schicke doch noch einige herzu, lieber Herr!«

Dann sprach der Hausmeister. Je länger er betete, desto mehr erstaunte ich. Da sprach ein Beter, wie ich ihn nur selten erlebt habe. Es war nicht nur das tiefe Vertrauen, das aus seinen Worten herausklang. Nein, es war vor allem die Selbstverständlichkeit, mit der er Jesus Christus bat, trotz der schon späteren Stunde den Saal noch zu füllen. Einen Satz habe ich lange nicht vergessen, weil er mir durch Herz und Sinn fuhr: »Du, Herr, kannst durch die Häuser gehen, an die Türen klopfen und sie herbeiführen. Ja, du, Herr, kannst es. Wir bitten dich darum!«

Nach unserer Gebetsgemeinschaft standen wir noch einige Augenblicke unschlüssig zusammen. Keiner mochte so recht den Anfang machen, hinüberzugehen. Inzwischen waren etwa zwanzig Minuten vergangen. Da wurde plötzlich leise an die Tür geklopft. Sie öffnete sich einen Spalt, und der junge Mann, den mein Bekannter mit Karl angeredet hatte, blickte mit einem Wort der Entschuldigung herein und sagte: »Bitte, kommen Sie! Der Saal ist voll.«

Ich glaubte, meinen Ohren nicht trauen zu können. Was hatte der Karl gesagt? Der Saal ist voll? Das war doch wohl nicht möglich. Als wir hierhergingen, waren knapp fünfzehn junge Menschen anwesend.

Ja, der Saal war voll. Er war so voll, daß vorne und an den Seiten noch einige junge Männer auf ihren Jacken auf dem Boden saßen.

Mich schüttelte es. Mir lief es heiß und kalt über den Rücken. Das war ein Wunder Gottes, eine Gebetserhörung.

Als wir eintraten, wurde es sofort still. Mehr als zweihundert junge Augenpaare blickten uns erwartungsvoll an. Der Leiter wollte zu einer Begrüßung ansetzen. Ich trat vor und bat ihn leise, jetzt keine der üblichen Begrüßungen zu halten, sondern mir das Ganze zu überlassen. Er verstand mich.

Ich trat nicht hinter, sondern vor das Rednerpult und begann mit der Frage: »Wie kommt ihr eigentlich hierher? Um acht Uhr wollten wir beginnen. Jetzt ist es fast acht Uhr fünfundvierzig. Zu Beginn des Abends waren wir kaum über fünfzehn, jetzt sind wir mehr als zweihundert. Könnt ihr uns sagen, wie das gekommen ist?«

Aus einer der ersten Reihen meldete sich ein junger Mann. Er war sicher schon über zwanzig Jahre alt. Zunächst wirkte er etwas verlegen, gewann dann aber bald Sicherheit beim Sprechen. Er sagte: »Das ist eine seltsame Sache. Ich habe vorhin gehört, daß es mehreren von uns so gegangen ist. Es regnete schon vor acht Uhr ziemlich stark. Ich dachte, bei dem Sauwetter bleibst du lieber zu Hause. Als es dann acht Uhr war, kam meine Mutter und fragte, was denn mit mir los sei, ich müßte doch längst gehen. Sie müssen wissen, wir wohnen drüben im anderen Ort. Ich hatte mich schon wieder mit der Zeitung an den Ofen gesetzt, da kam mein Vater ins Zimmer. Der wollte auch wissen, was mit mir los sei, denn ich wollte doch hierher zu dem Vortragsabend gehen. Ich habe mich gewundert, weil mein Vater sonst gar nichts davon hält. Und dann sagte er plötzlich, was ich bisher sehr selten erlebt habe: ›Du kannst meinen Wagen nehmen, dann wirst du nicht so naß.‹ Ihr könnt mir glauben«, damit blickte er sich in dem übervollen Saal um, »ihr könnt mir glauben, mir war bei den Worten meines Vaters, als hätte jemand anderes gesprochen. So schnell bin ich noch nie hierhergekommen.«

Im Saal erhob sich ein zustimmendes Gemurmel. Es meldeten sich noch mehrere junge Männer und auch Mädchen. Eine von ihnen sagte: »Ich konnte plötzlich nicht anders, ich mußte gehen. Ich bin gelaufen, so schnell ich konnte, sonst hätte ich keinen Platz mehr bekommen.«

Es wurde, soweit ich das beurteilen kann, ein reich gesegneter Abend.

Im kleinen Kreis haben wir bis spät in die Nacht hinein über dieses Erlebnis gesprochen. Wir hatten eine Gebetserhörung erfahren dürfen, wie sie in solcher Weise sicher selten ist.

Sehr oft, wenn ich über das Thema »Gott erhört Gebet« oder »Gott hat die Fäden unseres Lebens in der Hand« spreche, denke ich an die »zweihundert« aus dem Ort im Zabergäu.

12.

Da ich auch für die musische Arbeit in unserem Werk verantwortlich war, mußte ich mir, um diesen großen Bereich bewältigen zu können, viele Mitarbeiter suchen. Nicht wenige von ihnen kamen nicht aus der unmittelbaren Mitarbeiterschaft, sondern wurden für bestimmte Sparten als Fachleute um Mitarbeit gebeten. So zum Beispiel für die Bereiche Malerei, Töpferei, Emaillieren, Theater, Pantomime und Tanz.

Es gelang mir, für den Tanz eine erfahrene Frau zu gewinnen, die auch an anderer Stelle in Rhythmik und Tanz unterrichtete. Sie besuchte die Gruppen in den einzelnen Einrichtungen und führte dort Kurse oder auch Seminare durch.

Leider wurde dieser hochbegabte Mensch eines Tages krank, wie sich bald herausstellte, sogar sehr schwer krank. Wir hatten uns schon oft über Glaubensfragen unterhalten. Ihre Einstellung zum Glauben war stets ablehnend. Sie erzählte mir von einem Erlebnis, das ihre schon lange verstorbenen Eltern betraf, in dem leider ein Pfarrer eine ungute Rolle gespielt hatte. Es war mir allerdings nicht möglich, dies nachzuprüfen.

Eines Tages rief mich ihr Mann an und sagte mir, seine Frau liege in einem Krankenhaus in Stuttgart und würde sich über einen Besuch sicher freuen. Ich vergaß bei dem kurzen Gespräch zu fragen, worum es sich bei ihrer Krankheit handelte und war daher erschrocken, als ich im Krankenhaus erfuhr, daß es sich bei Frau Keller um eine sehr schwere Kopfoperation gehandelt habe. Man könne nur hoffen, daß alles in Ordnung sei und nichts mehr nachkomme. Gegen einen Besuch hatte man nichts einzuwenden.

Sie lag in einem Einzelzimmer im obersten Stockwerk. Ihr Bett stand am Fenster, aus dem sie einen Blick über Stuttgart bis hinauf zum Fernsehturm hatte. Ihr Kopf war dick verbunden. Aber zu meiner Freude konnte sie einwandfrei sprechen, was nach dieser Operation auch anders hätte sein können.

Zunächst überbrachte ich Grüße von vielen Bekannten und von meiner Frau. In dem weiteren Gespräch erfuhr ich, daß sie aufs Ganze gesehen schmerzfrei war. Ich hatte auch den Eindruck, daß sie trotz ihres Zustandes zu einem tiefergehenden Gespräch bereit war. Doch fragte ich vorsichtig, ob unsere Unterhaltung sie nicht zu sehr anstrenge.

Sie verneinte es und sagte zu meiner Überraschung: »Ich weiß schon, worüber Sie mit mir sprechen wollen. Ich glaube kaum, daß ich meine Meinung inzwischen geändert habe.«

Die Schwere der Krankheit der uns nahestehenden Frau bewegte mich sehr. Ich rief Gott um Hilfe an. Aus den Worten des Arztes, den ich vor meinem Besuch gesprochen hatte, glaubte ich herausgehört zu haben, daß Hoffnung auf Heilung durchaus gegeben sei, daß man aber noch nichts Gewisses sagen könne.

Ich betete innerlich um die richtigen Worte. Da fiel mein Blick unversehens durch das Fenster zu dem auf der Höhe stehenden Fernsehturm. Im gleichen Augenblick durchfuhr mich ein Gedanke. Ich sprach ihn aus: »Sehen Sie«, sagte ich. »Dort oben steht der Fernsehturm. Sie können zu ihm hinschauen. Sieht er oben nicht wie eine geschlossene Hand mit ausgestrecktem Zeigefinger aus? Sollte das am Ende für Sie nicht eine Mahnung Gottes sein? Der Zeigefinger weist hinauf zu ihm.«

Ich erhielt keine Antwort, aber ihr Gesichtsausdruck zeigte mir, daß sie meinen Hinweis verstanden hatte.

Trotz aller Mühen der Ärzte war ihre Zeit bald abgelaufen. Wieder war es ein Anruf ihres Mannes, der uns in ihr Haus und an ihr Krankenbett rief.

Ich weiß nicht, ob sie mich verstehen konnte, während ich ihre Hand hielt. Leise sagte ich in ihr Ohr: »Denken

Sie an den ›Zeigefinger‹. Ob es für Sie nicht der Zeigefinger Gottes sein sollte?«

Wenige Stunden später rief Gott sie aus dieser Welt ab. Da sie der Kirche seit langem nicht mehr angehörte, was auch in ihrer näheren Umgebung bekannt war, konnte sie der zuständige Gemeindepfarrer nicht kirchlich beerdigen. Ihr Mann teilte mir mit, sie habe zuletzt noch den Wunsch geäußert, daß ich den Dienst an ihrem Grab tun möge. Nach dem Gespräch mit einem meiner Freunde im Pfarramt und dem Einverständnis des Dekans, konnte ich ihr diesen Wunsch erfüllen. Einer sehr großen Trauerversammlung durfte ich etwas vom ewigen Leben sagen, das Gott für uns bereithält, wenn wir Jesus Christus als unseren Herrn und Erlöser annehmen.

13.

Viele meiner Generation hatten glaubensentscheidende Begegnungen mit einem Mann, der Johannes Busch hieß. Er war lange Zeit der Leiter des CVJM-Westbundes und auch mir ein guter Freund.

Als ich nach 1953 zunächst in Castrop-Rauxel wohnte, hatte ich öfter die Möglichkeit der Begegnung mit ihm. Es sind vor allem zwei Erlebnisse, die mich lange sehr bewegt haben. Die zwei Begegnungen sind so unterschiedlicher Art, daß man sie nur zögernd hintereinander erzählen kann.

Ich hatte dienstlich in Wuppertal zu tun und fuhr ausnahmsweise mit der Bahn dorthin. Johannes Busch wollte mich zu einem Treffen vom Bahnhof Wuppertal-Barmen abholen. Es war ein schöner Tag. Pfarrer Busch kam zu Fuß und meinte gleich bei der Begrüßung, wir hätten dadurch länger Zeit zum Erzählen, womit wir sogleich begannen. Mein Anliegen war es vor allem, ihn für einen Besuch in meinem großen Jugenddorf zu gewinnen. Busch hatte die große Gabe, zu jungen Menschen über Gottes Wort und sein Wirken in unserem Leben überzeugend zu sprechen.

Wir waren während des Erzählens schon ein erhebliches Stück zur Bundeshöhe hinaufgekommen, als Johannes Busch mich plötzlich stehen ließ, über die Straße zur anderen Seite lief und drüben auf einen jungen Mann zuging, den er ansprach.

Dieser junge Mann muß darüber wohl sehr erstaunt gewesen sein. Ich konnte erkennen, daß er heftig den Kopf schüttelte und darauf weiterging.

Busch kam zu mir zurück und sagte zunächst gar nichts. Da mir sein Verhalten etwas unverständlich war, blieb ich stehen und fragte, ob dieser junge Mensch ein Bekannter gewesen sei.

Johannes Busch blickte mich lächelnd an. »Ich weiß

nicht, ob du mich verstehen wirst«, erwiderte er. »Ich kenne diesen jungen Mann nicht. Als ich ihn aber dort drüben so allein laufen sah, dachte ich, ich muß ihm ganz schnell eine Frage stellen.«

»Und was war das für eine Frage?« wollte ich nun wissen.

»Nun, ich habe ihn einfach gefragt, ob er den Herrn Jesus kennt und lieb hat.«

Als ich das hörte, war ich zunächst so verblüfft, daß ich nicht recht weiterwußte.

Johannes Busch aber setzte das Gespräch fort: »Ich denke«, sagte er, »diese Frage gehört doch zu den wichtigsten Fragen in unserem Leben. Ich konnte vorhin nicht anders, ich mußte einfach hinübergehen.«

»Und – was hat er geantwortet?« stotterte ich ein wenig.

»Ich soll ihn mit solchem Zeug in Ruhe lassen«, entgegnete Busch.

Wir haben uns noch länger über diese Begebenheit unterhalten, und ob man das Recht oder sogar die Pflicht habe, irgendeinem wildfremden Menschen eine solche Frage mitten auf der Straße zu stellen.

Diese und noch andere Begebenheiten zeigten mir, wie stark in Johannes Busch der missionarische Auftrag lebte. Er mußte einfach von seinem Herrn und Heiland sprechen und versuchen, andere Menschen auf den Weg zu ihm zu bringen.

Das zweite besondere Erlebnis mit Johannes Busch war ungleich ernsterer Art.

Mich erreichte die Nachricht: Johannes Busch ist mit dem Auto verunglückt! Sein Fahrer sei sofort tot gewesen, er selbst liege mit schwersten Verletzungen im Krankenhaus »Bergmannsheil« in Bochum.

Nicht oft hat mich eine Nachricht über einen mir bekannten oder gar befreundeten Menschen so erschüttert wie diese. Obwohl ich mir immer wieder sagte und es mir auch von anderen sagen lassen mußte, daß es nicht möglich ist, einen so lebensgefährlich verletzten Menschen zu besuchen, setzte ich mich doch in meinen Wagen und fuhr nach Bochum.

Dort angekommen, meldete ich mich auf der Chirurgischen Station. Der Stationsarzt stand dem CVJM freundlich gegenüber und berichtete mir, daß die Verletzungen von Johannes Busch lebensgefährlich seien. Es gebe kaum einen Knochen seines Körpers, der nicht mindestens angebrochen sei. »Sie werden den Herrn Pfarrer wohl kaum erkennen«, fügte er hinzu. »Er ist bis auf die Augen an jedem Teil seines Körpers verbunden, aber bei voller Besinnung. Er weigert sich häufig, schmerzstillende Spritzen anzunehmen. Wir müssen ihn damit regelrecht überfahren.«

Wenig später stand ich vor seinem Bett und sah dieses in Mull verpackte Bündel Mensch dort liegen. Man hatte ihn ein wenig aufgerichtet und in eine Stellung gebracht, die ihm die Schmerzen etwas verringerte.

»Lieber Bruder Busch«, mehr konnte ich in meiner Erschütterung nicht herausbringen.

»Bruder Reschke«, kam es leise zwischen den Binden hervor. »Lieber Bruder Reschke, du bist zu mir gekommen. Erkennst du mich denn überhaupt noch?«

Ich wußte nicht, was ich darauf antworten sollte. Statt dessen setzte ich mich neben das Bett auf einen Stuhl und versuchte ganz vorsichtig, eine seiner dick verbundenen Hände zu streicheln.

Da sagte dieser dick in Watte und Mull verpackte schmerzgeschüttelte Johannes Busch in seiner stillen Art: »Grüß mir die Brüder und die vielen jungen Menschen, die du zu betreuen hast, und sage ihnen, ich bete für sie. Bald werde ich vor Gottes Thron noch besser für euch alle eintreten können.«

Es waren seine letzten Worte, die ich vernommen habe.

Ich mußte den Arzt rufen. Die Schmerzen hatten ihn wieder schrecklich im Griff, das sah ich.

Johannes Busch durfte bald die Augen für immer schließen und wurde von seinen Schmerzen erlöst.

14.

Wer durch die Lage seines Wohnsitzes auf ein Auto angewiesen ist, wird das in der guten Jahreszeit gerne in Kauf nehmen, weniger aber im Winter bei Eis und Schnee. Von unserm Städtchen im Nordschwarzwald bis zur Autobahnauffahrt bei Pforzheim dauert die Fahrt etwa eine Stunde. In Richtung Stuttgart ist es nicht viel näher bis zur Autobahn. Wenn man jedoch nach Norden fahren muß, führt der Weg durch das schöne Enztal.

Ich kenne nach den vielen Jahren meines Fahrens beinahe jedes Stück Straßenpflaster auf diesem Weg. Herrlich ist es, im Frühling durch den Wald zu fahren, wenn zwischen den dunklen Tannen und Fichten das frische Grün zu sprossen beginnt. Aber auch der Sommer mit seinem satten Grün und der Herbst mit den bunten Farbtönen erfreut mich immer wieder.

Doch der Winter kann zum Problem auf einer Straße werden, die viele Kilometer bergab führt oder in umgekehrter Richtung bergauf. Solange sie trocken bleibt, ist alles gut. Wehe aber, wenn Eis und Schnee sie bedeckt oder gar Glatteis, dann hilft nichts anderes als ganz langsames Fahren. Da ist es gut, erst am späten Vormittag eine Fahrt anzutreten. Möglicherweise ist bis dahin die Straße gestreut. Doch nicht immer kann man es so einrichten, vor allem, wenn ein weiter Weg vor einem liegt. Und so kam es, daß ich wieder einmal schon morgens um sechs Uhr losfahren mußte.

Als ich hinter Simmersfeld in Richtung Pforzheim einbog, hatte ich das Gefühl, auf einer völlig trockenen Straße zu fahren. Doch schon bei der ersten größeren Kurve mußte ich feststellen, daß der Wagen hinten etwas wegrutschte. Im Scheinwerferlicht hatte ich kein Eis erkennen können. Trotzdem fuhr ich nun noch vorsichtiger als bisher. Ich hatte den größten Teil der stark abfallenden Straße bereits hinter mir, da brach der Wagen unmittelbar nach einer Rechtskurve völlig aus, schleuderte hin und her und konnte von mir nur mit großer Mühe am rechten Straßenrand an einem Bordstein zum Halten gebracht werden. Im ersten Augenblick war mir nicht ganz klar, ob mein rechter Vorderreifen dabei gelitten hatte. Ich wollte gerade aussteigen, da sah ich im Rückspiegel einen Wagen um die Kurve kommen. Ich erschrak sofort über das Tempo. Und was kommen mußte, das kam dann auch. Der Wagen geriet ins Schleudern, konnte aber wegen des höheren Tempos nicht mehr abgefangen werden und donnerte mit voller Wucht auf meinen Wagen drauf. Noch im letzten Augenblick konnte ich mich nach vorn mit Händen und Beinen abstemmen, sonst wäre ich durch die Gewalt des Aufpralls bestimmt schwer verletzt worden.

Ich bemerkte sofort, daß das Heck meines Wagens zusammengeschoben war, auch die Scheiben waren zersplittert. Zum Glück war bei dem Stoß meine linke Tür aufgesprungen, so daß ich wenigstens mühelos aus dem Wagen aussteigen konnte. An dem Wagen des auf mich aufgefahrenen Fahrers war vorn alles eingedrückt. Das Kühlerwasser floß dampfend heraus. Der Fahrer hatte sich den Kopf angeschlagen. Doch sah es nicht besonders böse aus.

Ich wollte ihn gerade fragen, warum er bei diesem Straßenzustand in solchem Tempo die Kurve genommen hatte, da kam auch schon der dritte Wagen um die Ecke. Dem Fahrer dieses Autos, das ein mäßiges Tempo fuhr, gelang es, kurz vor den beiden verunglückten Fahrzeugen anzuhalten. Es handelte sich um einen funkelnagelneuen BMW.

In heller Begeisterung über sein Glück, sprang der Fahrer des BMW heraus und reckte die Arme zum Himmel und rief: »Gott sei Dank! Mein guter neuer Wagen ist ja noch nicht einmal bezahlt!«

Wir beiden anderen gratulierten ihm zu seinem Glück.

Doch wir waren noch dabei zu überlegen, was zu tun sei, da kam auch schon der nächste Wagen – nun der vierte – um die Ecke. Wir drei sahen entsetzt, wie der Lenker dieses Fahrzeuges verzweifelt zu bremsen versuchte, was ihm nur zum Teil gelang. Er streifte den BMW noch an der linken Seite des Kofferraumes, kam dadurch aber noch mehr ins Schleudern und sauste den Abhang hinunter zur Enz. Dabei überschlug er sich zweimal und kam kurz vor dem Fluß auf seinen vier Rädern zu stehen.

Wir zwei ersten, die am schlimmsten betroffen waren, liefen sofort den Abhang hinunter, um Hilfe zu leisten. Während der BMW-Fahrer nun doch »bittere Tränen« vergoß, daß sein schöner neuer Wagen so angeschlagen war, halfen wir dem vierten Fahrer aus seinen Trümmern heraus. Einer von uns fragte etwas. Da stellten wir zu unserem Entsetzen fest, daß der arme Kerl sich beim Überschlagen die Zunge durchgebissen hatte. Sein Versuch, uns zu antworten, wurde nur ein elendes Gestammel, während ihm das Blut aus dem Mund lief.

Ich sah hinauf zur Straße. Hier war schnelle Hilfe dringend nötig. Ich stellte fest, daß inzwischen mehrere Fahrzeuge aus dem naheliegenden Ort talaufwärts gekommen waren und vor der Unglücksstelle hielten. Ich lief sofort hinauf und bat einen Autofahrer, der zum Glück Autotelefon hatte, Polizei und Unfallarzt zu rufen. In der Zwischenzeit kümmerten wir uns, so gut wir konnten, um den Verletzten, der immer noch heftig blutete.

Polizei und Notarztwagen waren bald zur Stelle. Ich hatte inzwischen die Möglichkeit, über Autotelefon meine Werkstatt in Altensteig anzurufen und um Hilfe zu bitten.

Die beiden Polizisten, die die Unfallaufnahme durchführten, waren verständnisvolle Männer. Sie hatten auf unseren Schwarzwaldstraßen schon allerhand Erfahrungen gesammelt und konnten unsere Situation gut beurteilen.

Ich kam als erster dran. Nachdem ich den Hergang mit meinem Wagen geschildert hatte, winkte einer der Männer bereits ab. »Sie haben sich, den Umständen entsprechend, durchaus richtig verhalten«, sagte er. »Wenn Ihnen dazu die Zeit geblieben wäre, hätten Sie bestimmt oben an der Kurve ein Warnschild aufgestellt.«

Inzwischen war schon ein Abschleppwagen meiner Autowerkstatt eingetroffen, und ich durfte mit Genehmigung der Polizisten den Heimweg antreten. Allerdings konnte ich nicht wissen, wie die anderen Vernehmungen verlaufen waren.

Als mich der Fahrer meiner Autofirma vor meiner Haustür absetzte, mußte ich feststellen, daß niemand daheim war. Jetzt erst, nach der Aufregung, fiel mir ein, daß meine Frau an diesem Vormittag unsere älteste Tochter in Stuttgart besuchen wollte, die dort in einer Klinik lag. Zum Glück hatte ich einen Hausschlüssel bei mir. In dem Augenblick aber, als ich versuchte, den Schlüssel in das Schlüsselloch zu stecken, brach bei mir die Schockwirkung voll durch. Ein Schütteln, das den ganzen Körper erfaßte, schlug mich regelrecht hin und her. Hilflos stand ich vor der Tür, unfähig, den Schlüssel zu gebrauchen.

Ich setzte mich auf die Steinstufen, während mir die Tränen über die Wangen liefen. Dort fand mich dann endlich eine Nachbarin, die mir zuerst aufhalf und mich dann in die Wohnung brachte.

Natürlich hatte das Unfallgeschehen noch ein Nachspiel. Es ging dabei um die Schuldfrage. Die beiden Polizeibeamten waren meine Rettung. Sie hatten in ihrem Bericht deutlich zum Ausdruck gebracht, daß mir kein schuldhaftes Verhalten vorzuwerfen sei. Damit gab sich aber nicht die Versicherung des Autofahrers zufrieden, der auf mich aufgefahren war.

Eines Morgens erschien in meinem Büro ein freundlicher Mann, der mir unbedingt beibringen wollte, ich müßte wenigstens eine Teilschuld zugeben. Das habe ich nicht getan, denn dann hätte ich meinen Wagen, der Totalschaden hatte, allein bezahlen müssen.

Noch heute, wenn ich an dieser Stelle vorüberfahre, muß ich an das Geschehen von damals denken, und das um so mehr, als kurz darauf beinahe an derselben Stelle etwas anderes geschah, das mir menschlich sehr naheging.

Ich kam von einer längeren Fahrt heim und begann jene besagte Straße hinaufzufahren. Da es viele Kurven gibt, gebietet schon die Vernunft, hier nicht zu schnell zu fahren. Doch was dann geschah, spielte sich ausgerechnet auf einem geraden Stück dieser Straße ab.

Ein Stück vor mir fuhr ein offensichtlich älterer Mann auf dem Fahrrad mühsam bergauf. Er fuhr zunächst richtig auf der rechten Straßenseite. Trotzdem gab ich, als ich zum Vorbeifahren ansetzte, ein kurzes Signal. Dann bog ich nach links hinüber, um vorbeifahren zu können. Als ich fast auf gleicher Höhe mit dem Radfahrer war, bog dieser plötzlich ohne ersichtlichen Grund nach links hinüber. Ich erschrak sehr, denn mir war blitzschnell klar, daß auch sofortiges Bremsen einen Zusammenstoß nicht mehr verhindern konnte. Weiter nach links auszuweichen, war mir leider unmöglich, da dort eine steile Böschung war. Was kommen mußte, das kam auch hier. Ich erfaßte den alten Mann mit der Stoßstange meines Wagens und schleuderte ihn von seinem Fahrrad. Er blieb auf der rechten Straßenseite liegen und stöhnte laut, während sein Rad noch ein Stück weiterrutschte. Ich sprang sofort aus meinem Auto und lief zu dem Alten, den ich auf weit über siebzig Jahre schätzte.

»Mann«, sagte ich erregt, »Sie müssen mich doch kommen gehört haben. Außerdem habe ich noch mit dem Signal gewarnt.«

Der vor mir Liegende schüttelte nur leicht mit dem

Kopf und stöhnte noch lauter. Er mußte große Schmerzen haben. Zum Glück kam in diesem Augenblick ein Wagen die Straße herab. Den Fahrer, der sofort anhielt, bat ich, im nächsten Ort den Unfall zu melden, damit vor allem schnellstens ein Krankenwagen kam.

Ich selbst blieb bei dem Alten, den wir gemeinsam vorher noch mit äußerster Vorsicht ein wenig zur rechten Seite gezogen hatten.

Während ich auf den Krankenwagen wartete, versuchte ich herauszubekommen, woher der Verletzte kam und wohin er fahren wollte. Aber er schien so verwirrt zu sein, daß ich keine klare Antwort erhielt.

Endlich kamen der Unfallwagen des nahegelegenen Krankenhauses und auch die Polizei. Es waren wieder die beiden Beamten, die ich von dem früheren Unfall her bereits kannte. Ihnen war der alte Mann nicht fremd, und sie schüttelten beide den Kopf. »Warum lassen ihn seine Kinder immer wieder mit dem Fahrrad fahren«, war ihre etwas ratlose Rede.

Diese Worte fanden bald darauf ihre Aufklärung, als ich den Verletzten, der leider einen Beckenbruch hatte, im Krankenhaus besuchen wollte. Ich erkundigte mich vorher bei seinem Sohn, wie es ihm gehe. Dieser sagte mir: »Machen Sie sich keine Vorwürfe, Vater hört fast nichts mehr. Er ist wieder einmal gegen unseren Willen mit dem Rad gefahren. Nun wird er es wohl endlich lassen.« Diese Auskunft hat mir sehr das Herz erleichtert.

15.

Sehr oft habe ich Erlebnisse erzählt bekommen, die mich stark bewegt haben. Oft waren es Geschehnisse, die fundamentale Glaubensfragen betrafen. Soweit es möglich war, habe ich den Wahrheitsgehalt solcher Berichte geprüft. Phantasien oder Phantastereien wollte ich kein Gehör schenken.

Es war an einem Abend, als ich gemütlich in der Sofaecke saß und in einem spannenden Buch las. Da klingelte das Telefon. Als ich mich meldete, erzählte ein mir sehr nahestehender Mann folgendes Erlebnis, das er erst vor wenigen Stunden gehabt hatte und worüber er innerlich sehr aufgewühlt war.

»Stell dir vor, ich mußte heute nachmittag zu einer Regierungsstelle nach Münster, um dort dienstlich etwas zu erledigen. Da es vor dem betreffenden Gebäude keine Parkmöglichkeit gab, stellte ich meinen Wagen nicht weit davon in einer größeren Straße auf einem ausgewiesenen Parkstreifen ab.

Die Besprechung dauerte länger als von mir angenommen. Als ich zu meinem Wagen ging, um heimzufahren, brannten bereits die Straßenlaternen. Ich setzte mich in den Wagen, steckte den Schlüssel in das Zündschloß und versuchte zu starten. Ich tat es immer wieder, aber es ging nicht. Sooft ich es auch versuchte, den Schlüssel herumzudrehen, er blieb auf halbem Wege stecken. Der Wagen ließ sich nicht starten. Ich stieg einen Augenblick aus und versuchte durch ein paar Freiübungen, meine von der langen Sitzung etwas steif gewordenen Glieder beweglicher zu machen. Danach stieg ich wieder in den Wagen ein. Jetzt sprang der Motor gleich beim ersten Startversuch an. Ich konnte das zwar nicht begreifen, aber ich war froh darüber.«

Mein Schwiegersohn, denn um diesen handelte es sich bei dem Ferngespräch, machte eine kurze Pause. Ich konnte hören, wie er tief durchatmete. Dann fuhr er fort: »Ich schaltete den ersten Gang ein und wollte losfahren. Soviel ich mich auch bemühte, der Gashebel gehorchte meinem Fuß nicht. Ich wurde richtig ärgerlich, denn ich wollte endlich nach Hause, weil am Abend noch eine Veranstaltung auf mich wartete. Nachdem ich immer wieder, fast verzweifelt, den Gashebel bedient hatte, ohne daß der Wagen sich bewegen ließ, stellte ich den Motor noch einmal ab und stieg wieder aus. Mißtrauisch geworden, ging ich einmal um den Wagen herum. Ich konnte aber nichts Nachteiliges erkennen. Also stieg ich wieder ein und unternahm die gleichen Versuche wie vorher. Sie hatten den gleichen Erfolg, nämlich gar keinen. Der Wagen ließ sich einfach nicht anfahren. Jetzt bekam ich allmählich Herzklopfen. Da stimmte doch etwas nicht. Ich sollte wohl nicht anfahren können. Oder hatten mir fremde Menschen einen üblen Streich gespielt und sich an meinem Motor zu schaffen gemacht?

Ich bin also wieder ausgestiegen und wollte noch einmal um den Wagen herumgehen, blickte statt dessen aber zuerst unter das Fahrzeug.«

Wieder entstand eine Pause. Ich konnte meinen Schwiegersohn heftig atmen hören. Dann aber klang es fast wie ein Aufschrei: »Du kannst mein Entsetzen vielleicht nachempfinden. Was ich da unter meinem Wagen sah, ließ mir fast das Herz stillstehen: Unter dem Auto, mit dem Kopf genau vor dem rechten Hinterrad, lag ein kleines Mädchen und spielte mit Bauklötzen. Beim Anfahren hätte ich den Kopf der Kleinen überfahren.

Mit einem Schrei des Entsetzens zog ich die Kleine hervor und stellte sie erst einmal vor mich. Sie mochte vielleicht fünf Jahre alt sein.

›Mädchen‹, habe ich gesagt, und sie dabei wohl ein wenig geschüttelt, ›was machst du denn da unter meinem Wagen? Denk einmal, wenn ich angefahren wäre, dann wärst du jetzt tot!‹

Das kleine Mädchen fing an zu weinen. ›Ach, Onkel‹, hat sie zu mir gesagt, ›du mußt nicht böse mit mir sein. Unter deinem Auto habe ich so schön spielen können. Drüben im Kindergarten haben mich die Jungen immer gestört und mir die Klötzchen weggenommen.‹

Ich habe den Wagen abgeschlossen, die Bauklötzchen in ein kleines Säckchen gepackt, das dabeilag, die Kleine auf den Arm genommen und bin mit ihr über die Straße gelaufen. Schräg gegenüber lag der Kindergarten. Du kannst dir das Freudengeschrei der Erzieherinnen kaum vorstellen, als ich mit der Kleinen eintrat. Seit Stunden hatte man sie überall gesucht. Auf den Platz unter meinem Wagen war natürlich niemand gekommen. Am liebsten wären mir die Damen um den Hals gefallen.«

Wieder gab es eine Pause im Hörer, die mir sehr lieb war. Ich konnte mir denken, was jetzt kam.

»Kannst du mir sagen, was ich von dem ganzen Erlebnis zu halten habe?« lautete die schwerwiegende Frage meines Schwiegersohnes.

Ich mußte einen Augenblick überlegen, aber da es ein Ferngespräch war, durfte die Überlegung nicht zu lange dauern. Ich habe ungefähr folgendes gesagt: »Erstens solltest du Gott danken, daß du vor einem Unglücksfall mit Todesfolge bewahrt geblieben bist. Zweitens möchte ich mit gutem Gewissen sagen, hier hat Gott selbst seine Hand über einen kleinen Menschen gehalten und ihm weiterhin das Leben geschenkt. Drittens dürfen wir Menschen immer wieder besondere Bewahrungen erleben. Sie sind allerdings nicht oft von solcher Deutlichkeit, wie es bei dir heute der Fall war. Wir sollten für ein solches Wunder Gott Lob und Dank sagen.«

Ich denke, daß mein Schwiegersohn das auch getan hat – bereits auf dem Heimweg, schon vor seinem Gespräch mit mir.

Hoffen kann ich nur, daß auch die Eltern des kleinen Mädchens, die von den Erzieherinnen bestimmt von der wunderbaren Bewahrung ihres Kindes erfahren haben, den Dank gegenüber dem himmlischen Vater nicht vergessen haben!

Ein ähnliches Erlebnis habe ich selbst beobachten können. Es war auf einem Flugtag. Ich saß in der Nähe einer Familie, deren ältester Sohn – etwa 19 Jahre alt – zu einer Jugend-Fliegergruppe gehörte, die bei diesem Flugtag mit Leuten vom Roten Kreuz den Ordnungsdienst ausrichteten. Der Flugtag nahm einen glänzenden Verlauf. Alle Vorführungen und Übungen, die gezeigt wurden, klappten vorzüglich. Die Begeisterung der Zuschauer und auch der Teilnehmer war groß. Als das eigentliche Programm zu Ende ging, wurde durch Lautsprecher bekanntgegeben, daß die jungen Männer vom Ordnungsdienst zur Belohnung zu einem Rundflug eingeladen werden. Als erste sollten sich dazu die Jugendlichen von der Jugend-Fliegergruppe auf dem Flugfeld einfinden.

Der junge Mann der Familie aus meiner Nähe durfte auch dabeisein. Wir haben aus der Ferne nicht sehen können, welche Teilnehmer dieses Rundfluges die Maschine bestiegen. Bald war sie oben in der Luft und zog ihre Kreise. Plötzlich ertönte aus mehr als tausend Kehlen ein Schreckensschrei: »Die Maschine stürzt ab!«

Ja, wir konnten es alle sehen: Die Maschine raste der Erde entgegen. Auf einem Acker, nicht weit von dem Flugfeld entfernt, schlug sie auf und explodierte.

Entsetzt drehte ich mich nach der Familie um, deren Sohn auch dabei war. Ja, so dachten wir, bis zu dem Augenblick, als ein unglaublicher Freudenschrei ertönte; denn der junge Mann kam über das Flugfeld gelaufen, raste durch die Reihen und fiel seinen Eltern um den Hals. Es stellte sich heraus, daß man ihn auf seinem Weg zum Flugzeug mit einer wichtigen Frage aufgehalten hatte. Der Pilot der Maschine aber hatte nicht gewartet, und dieses Nicht-Warten wurde zur Rettung des jungen Mannes.

Oder ging es gar nicht um das Warten, sondern darum, daß Gott ihm noch Zeit für sein Leben schenken wollte? Ich weiß nicht, ob der junge Mann und seine Eltern darüber nachgedacht haben. Ich kann es nur hoffen.

Als ich einmal vor Schülern in einer Ausbildungsstätte für Sozialpädagogen über solche Erlebnisse erzählte, sagte ein junges Mädchen: »Ja, Herr Reschke, Sie in Ihrem Alter können viele solcher Erlebnisse berichten. Wir aber sind noch so jung und haben mit Gott bisher kaum etwas erlebt.«

Das brachte mich auf einen Gedanken. Ich sah auf meine Uhr und sagte: »Wir haben noch zwanzig Minuten Zeit. Nehmen Sie einen Bogen Papier zur Hand, halten Sie Abstand zu Ihrem Nachbarn, und schreiben Sie im Telegrammstil die Ereignisse auf, bei denen Sie gedacht haben: Au, das ist nochmal gutgegangen, oder: Da habe ich aber Schwein gehabt, oder: Die Sache hätte ins Auge gehen können! Vielleicht entdecken Sie dabei, daß Sie vor Schmerz oder noch Ärgerem bewahrt geblieben sind.«

Als wir in der nächsten Stunde – natürlich ohne Namensnennung – die Blätter durchgingen und über die Erlebnisse sprachen, war für mich interessant, daß keines der Blätter leer geblieben war.

16.

Seelische Erschütterungen können auch zum Segen werden.

Vor vielen Jahren habe ich eine Frau kennengelernt, die ihren einzigen Sohn nach einer schweren Krankheit hergeben mußte. Frau Hoffmann, wie ich sie einmal nennen will, wohnte in einem wunderschönen kleinen Ort im Badischen. Sie hatte dort von ihren Eltern ein Häuschen geerbt, das inmitten eines schönen Gartens ein richtiges Kleinod war. Viele Bekannte, auch manche ihrer Nachbarn, beneideten sie darum.

Ihr sehr früh verstorbener Mann hatte ihr ein kleines Vermögen und eine gute Rente hinterlassen. Sie litt also keine äußere Not. Aber – mit der inneren Not wurde sie nicht fertig. Dabei ging es nicht so sehr um den verstorbenen Mann, mit dem sie eine gute Ehe geführt hatte, sondern vielmehr um den Sohn. An ihm hatte sie mit großer Liebe gehangen. Nach dem Tod des Gatten war er ihr Lebensinhalt. Und ihn mußte sie nun hergeben.

Ich lernte Frau Hoffmann bei einem Vortrag kennen, den ich in der Gemeinde hielt, der sie angehörte. Sie suchte ein längeres persönliches Gespräch mit mir.

Als ich nach einem Jahr wieder dorthin kam und sie mit mir sprach, merkte ich, daß sich bei der Frau etwas verändert hatte.

Frau Hoffmann erzählte nicht mehr so sehr von ihrem eigenen Kummer, sondern davon, was die Pfarrersleute, bei denen ich übernachtete, in der letzten Zeit hatten durchmachen müssen. Das Leid dieser Menschen bewegte sie sehr. Dabei wurde mir bald klar, daß das, was das Pfarrerehepaar so schwer getroffen hatte, nicht allein deshalb ihr Mitgefühl bewegte, weil es der Gemeindepfarrer war. Nein, hier war tiefe menschliche Anteilnahme mit dem Geschick eines anderen Menschen.

Ich war über diese Einstellung sehr froh, denn sie

zeigte mir, was mitempfundenes Leid für die Bewältigung der eigenen Not bedeuten kann.

Aber es kam noch etwas dazu, was mich sehr in Erstaunen setzte. »Denken Sie einmal, Herr Reschke«, sagte sie plötzlich, »was ich vor einigen Tagen erlebt habe.«

Als ich sie gespannt anblickte, sagte sie: »Ich habe etwas sehr Schönes geträumt. Sie wissen ja, wie sehr ich daran trage, daß mir mein Sohn genommen wurde. Als ich neulich von unseren Pfarrersleuten heimkam und noch ganz bewegt war von der Not, die sie durchzumachen haben, ging ich zum ersten Mal mit dem Gedanken zu Bett, daß es noch Schwereres gibt als das, was Gott mir auferlegt hat. Und dann träumte ich, daß plötzlich mein Sohn vor mir stand, mich lieb ansah und sagte: ›Mutter, sei doch nicht mehr so traurig! Wo ich jetzt bin, da ist es so schön.‹

Ich wollte ihn noch etwas fragen, aber da sah ich ihn schon nicht mehr. Ich wachte auf und hatte das Gefühl, er wäre bei mir im Zimmer gewesen. Was sagen Sie dazu?«

Ich blickte Frau Hoffmann nachdenklich an und bat dabei im Stillen um das rechte Wort. »Liebe Frau Hoffmann«, sagte ich. »Gott hat jede Möglichkeit, uns etwas deutlich zu machen. Auch aus der Bibel wissen wir, daß Gott je und dann Träume benutzt. Ich meine, der Traum, den Sie hatten, soll Ihnen sicher sagen, daß Sie Ihrem Sohn die ewige Ruhe lassen sollen. Ganz bestimmt ist er auch so zu verstehen, daß Sie nicht weiter in großer Trauer leiden sollen. Ist es nicht seltsam, daß Sie gerade jetzt auf die großen Nöte im Pfarrhaus aufmerksam wurden? Ich meine, auch das ist für Sie ein Fingerzeig Gottes. Ich jedenfalls freue mich, daß Sie innerlich einen großen Schritt getan haben und so eine Aufgabe sehen, die Gott Ihnen vor die Füße gelegt hat.«

Wir haben noch lange gesprochen und auch miteinander gebetet. Frau Hoffmann verließ mich als ein Mensch, der wieder Freude am Leben gefunden hatte.

An dieser Stelle möchte ich von dem notvollen Erlebnis berichten, das mir selbst zum Segen wurde.

Seit vielen Jahren kannte ich ihn schon – meinen lieben Gottfried Neuermann und dessen Frau. Er leitete seit längerer Zeit eine große Einrichtung für belastete junge Menschen, denen durch das Erlernen eines Berufes auf eine gute Bahn geholfen werden sollte.

Eines Tages wechselte er zu einem großen beruflichen Umschulungswerk über und übernahm dort eine soziale Aufgabe, die ihm in seiner gütigen Art besonders lag.

Mehrere Jahre hindurch konnte er in dem Werk vielen Menschen Gutes tun. Der Ort, in dem diese Einrichtung lag, gehörte schon zur südlichen Pfalz auf linksrheinischem Gebiet. Wenn ich dort dienstlich zu tun hatte, besuchte ich noch andere Orte, in denen ich beruflich zu tun hatte. Sehr oft wurde ich von Gottfried Neuermann gebeten, bei solchen Gelegenheiten Vorträge über geistliche Fragen zu halten, was ich auch gerne tat.

Eines Tages, Neuermann war inzwischen in den Ruhestand gegangen, erhielt ich von seiner Frau die Nachricht, daß er mit einem Schlaganfall im Krankenhaus liege. Schon wenige Tage danach konnte ich ihn besuchen.

In dem Krankenzimmer kam mir mein guter alter Freund zwar etwas vorsichtig und gehemmt, aber trotz allem ziemlich munter entgegen. Ich war froh, ihn so zu sehen, denn ich hatte schon befürchtet, er sei nun gelähmt. Gott sei Dank war es nicht so. Wie immer war er fröhlich und guter Dinge und machte schon wieder Pläne, was er nach seinem Krankenhausaufenthalt noch alles tun könnte. Wir haben uns lange unterhalten, und ich konnte mich von ihm froh verabschieden.

Um so größer war mein Schrecken, als ich nach nicht allzu langer Zeit von einem zweiten Schlaganfall hörte. Aus mancherlei Gründen konnte ich ihn nicht sogleich besuchen. Von seiner Frau hörte ich, daß es ihm sehr schlecht gehe. Er sei diesmal völlig gelähmt. Weder Arme noch Beine konnte er bewegen, auch die Sprache war ihm fast ganz genommen. Den Kopf konnte er ebenfalls nicht bewegen. Nur die Augen blickten in alter Lebendigkeit die Menschen an.

Einige Zeit nach dem zweiten Schlaganfall nahm seine Frau ihn aus dem Krankenhaus nach Hause und pflegte ihn mit stundenweiser Hilfe einer Schwester selbst. So schwer das auch für sie war, sie wollte für ihren Gottfried selbst sorgen.

Als ich ihn daheim besuchte, war ich tief erschüttert. Da lag vor mir in seinem Bett ein hilfloses Bündel Mensch, der nur gelegentlich einmal die Finger der linken Hand bewegen, aber nichts sagen konnte. Nur seine Augen blickten den Besucher freundlich, beinahe sprechend an.

Da ich von seiner Frau wußte, daß er alles verstand, habe ich ihm lange erzählt, was für ihn von früher her interessant sein könnte. Nach einem Gebet habe ich anschließend versucht, seiner Frau für die schwere Aufgabe Mut zu machen.

Gottfried Neuermann lag lange Zeit in seinem Bett, ohne daß es auch nur die geringste Aussicht auf eine Besserung seines Zustandes gab.

Bei jedem Besuch, den ich mindestens jede zweite Woche durchführte, habe ich immer nur bewundert, mit welcher Liebe und Hingabe Frau Neuermann die schwere Aufgabe der Pflege ihres Mannes bewältigte. Ich selbst war nach solchen Besuchen immer tief bewegt über den langen Leidensweg meines Freundes, der so hilflos in seinem Bett lag. Wie oft habe ich nach einem solchen Besuch in meinem Wagen die Hände gefaltet und den Vater im Himmel um sein Erbarmen angerufen.

Es kam eine Zeit, in der ich durch eigene schwere Erlebnisse stark mitgenommen war. Ich überlegte lange, ob ich mit meinem eigenen Kummer, mit meinem schweren Herzen, einen Besuch bei meinem leidenden Freund verkraften würde.

Doch das Wissen, daß es einem Menschen sehr viel schlechter ging als mir, trieb mich dann doch zu ihm. Und da geschah etwas Merkwürdiges. Während ich am Bett dieses elenden Menschen saß, und er mich mit seinem liebevollen Blick ansah, da hatte ich das Gefühl, Gottfried Neuermann möchte mir etwas sagen. Obwohl ich wußte, daß er das gar nicht konnte, beugte ich mich über ihn und hielt mein Ohr ganz dicht an seinen Mund. Plötzlich erschrak ich. Sehr mühsam und ganz leise kam aus dem Munde meines kranken Freundes das Wort »danke« – und dann noch einmal, fast noch leiser: »Danke«.

Erschrocken richtete ich mich auf. Da traf mich der Blick seiner Augen, und mir war, als wollte er damit sagen: Du dummer Mensch, freue dich doch, daß du noch deine gesunden Glieder hast, daß du laufen, reden und handeln kannst!

Nach einem kurzen Abschied bin ich langsam die Treppe hinuntergegangen und habe mich in meinen Wagen gesetzt. Bis dorthin schaffte ich es noch, dann erschütterte mich ein heftiges Weinen. Dazu schämte ich mich meines Kleinglaubens, der nicht stark genug gewesen war, mit meinen inneren Nöten fertig zu werden. Da mußte mir erst ein so schrecklich kranker Mensch durch ein einziges Wort zurechthelfen und mich dazu bringen, trotz allem »danke« zu sagen.

Ich habe Gottfried Neuermann noch öfter besuchen können. Eines Tages aber brach seine liebe Frau unter der Schwere der Last zusammen. Er mußte in ein Pflegeheim gebracht werden. Dort ist er dann vierzehn Tage später verstorben.

Seine Beerdigung wurde zu einem einzigen Dankeschön vieler Menschen, die Gottfried Neuermann kannten und ihn liebten.

Nicht lange danach wurde seine Frau selbst sehr schwer krank. Ich habe sie oft, einmal auch in einer sogenannten »Schmerzklinik« besucht. Sie lebte nicht mehr lange und folgte ihrem Gottfried bald nach.

Ich aber habe gelernt, daß der Umgang und die Anteilnahme mit dem Leid anderer Menschen uns oft zum Segen werden kann. Der eigene Kummer wird leichter, wenn man das Leid anderer Menschen wahrnimmt und daran teilnimmt.

17.

Der Ort Wolfstein liegt in der Pfalz, unweit von Kusel. Man kann ihn über die Autobahn bis Kaiserslautern und dann über die Bundesstraße 270 in Richtung Lauterecken erreichen.

In Wolfstein gibt es eine große Einrichtung für junge Menschen zur Berufsfindung und auch zur Berufsausbildung. Da dieses Jugenddorf einen landwirtschaftlichen Bereich hat, kann dort der nicht gerade häufige Beruf des Pferdewirtes erlernt werden.

Die Leitung der Einrichtung legt darauf Wert, daß die jungen Menschen auch mit dem christlichen Glauben konfrontiert werden. So habe ich dort öfter sogenannte »Bibel- und Glaubens-Seminare« gehalten, meistens an einem Wochenende, das für die jungen Menschen nicht zur Heimreise frei war.

Am Sonnabend-Abend eines solchen Seminares führte ich ein Experiment durch. Ich gab bekannt, daß im großen Saal zwei Gruppen miteinander diskutieren sollten. Die eine Gruppe hatte die Aufgabe, den christlichen Glauben und die Aussagen der Bibel zu vertreten, die andere sollte versuchen, gegenteilige Meinungen zu äußern.

Es lagen Listen aus, in denen die Jugendlichen eintragen konnten, zu welcher Gruppe sie gehören wollten. Ich hatte angenommen, daß die Zahl der sogenannten »Glaubensgegner« viel größer sein würde als die der »Verteidiger«. Doch das Gegenteil war der Fall. Die Gruppe der sogenannten »Verteidiger« würde voraussichtlich um ein Drittel größer sein als die der anderen.

Der Abend kam heran. Der große Saal war bis auf den letzten Platz gefüllt. Die Stühle waren so gestellt, daß die beiden Gruppen einander gegenüber saßen. Ich versuchte den jungen Leuten klar zu machen, daß es hier nicht um einen Kampf auf »Hauen und Stechen« ging, sondern daß wir versuchen wollten, die Argumente beider Seiten zu hören und darauf einzugehen.

Ich zählte einige Diskussionspunkte auf, an die man sich aber nicht unbedingt halten müsse. Unter diesen Diskussionshinweisen waren unter anderem:

Gibt es überhaupt einen Gott, der Himmel und Erde und auch die Menschen erschaffen hat?

Müssen wir die Gebote Gottes halten – wenn ja, warum?

Kann man an ein Leben nach dem Tod glauben?

Soll man beten? Was ist Beten, und wie betet man?

Was sagen wir zu Jesus Christus, was ist er für uns?

Brauchen wir die christliche Kirche? Können wir auch ohne sie als Christen leben?

Dies waren so einige der Fragen, die von vielen mitgeschrieben wurden, wie ich sehen konnte. Und dann begann die Diskussion.

Wieder war ich überrascht, daß die »Glaubensgegner« zuerst loslegten. Viele gar nicht so schlechte Argumente trafen die andere Seite. Das ging so lange, daß ich als Gesprächsleiter Einhalt gebieten mußte, damit die andere Seite antworten konnte.

Und wieder hatte ich Anlaß, erstaunt zu sein. Es ist mir leider heute nicht mehr möglich, Einzelheiten aus der Diskussion wiederzugeben. Nur soviel kann ich sagen, daß die Angriffe auf den christlichen Glauben mit großem Ernst und klugen Entgegnungen weithin abgewehrt wurden.

Man biß sich gleich zu Anfang an einer bestimmten Frage fest, die von der anderen Seite mehrfach in die Debatte geworfen wurde, nämlich: »Gibt es überhaupt einen allmächtigen Gott? Wenn ihr meint, daß es ihn gibt, wie erklärt ihr es dann mit seiner Allmacht, daß so viel Unrecht und Böses in unserer Welt geschehen kann?«

Die erste sehr einfache Antwort, die aber den Kern der Sache traf, gab einer der jüngsten unter den Verteidigern des christlichen Glaubens. Er stand auf, kam an das Pult und sagte, indem er seine Hände darauf legte: »Dieses Rednerpult ist von selbst entstanden. Alle Holzstücke sind von allein zusammengelaufen und haben sich mit den anderen einfach verbunden. Kein Tischlermeister hat dazu etwas getan.«

Ein brausendes Gelächter antwortete dem jungen Mann. Dazwischen aber sprang ein Glaubensgegner wütend auf und schrie: »Mit solchem Blödsinn kannst du uns nicht veralbern!«

Noch einmal stand der junge Mann auf, der das Beispiel gebracht hatte, und sagte: »Du aber willst uns zumuten, wir sollen glauben, daß alles, was wir um uns sehen und oft auch bestaunen, von ganz alleine entstanden sei.« Und dann fügte er hinzu: »Bleib mir ja mit den naturwissenschaftlichen Theorien vom Leibe, die letztlich alle auf Vermutungen aufgebaut sind.«

Besonders heftig wurde die Diskussion, als es um Jesus Christus und um seine Aufforderung zum Beten ging.

Einer der ältesten unter den jungen Männern, dem sich sofort ein junges Mädchen anschloß, sagte: »Ich habe von meinen Eltern gelernt und später selbst erfahren, daß man in Jesus nur dann seinen Herrn und Heiland erleben kann, wenn man nicht nur gelegentlich zur Kirche geht, sondern ihn für das eigene Leben ganz ernst nimmt, ihm sein ganzes Vertrauen schenkt und im Gebet mit ihm redet.«

Ich muß noch einmal sagen, daß es mir nach so vielen Jahren nicht möglich ist, die ganze Debatte wiederzugeben. Aber eine sehr frohe Empfindung habe ich daraus mitgenommen, und die ist mir geblieben: Man darf nicht meinen, die sogenannte »Jugend von heute« sei nur gottlos oder unchristlich. Sicher ist diese Jugend in vielem anders als die früherer Jahre. Einerseits ist sie vielfach sachlicher, andererseits aber auch emotionaler. Da aber, wo man sie stellt, kann man mit diesen jungen Menschen auch über Fragen des christlichen Glaubens offen reden. Mir war dieses Gespräch in Wolfstein sehr aufschlußreich.

Vor einigen Jahren begegnete ich einem Mann, der es zu einer beachtlichen Stellung gebracht hat und heute große Verantwortung für viele Menschen wahrnimmt. Nach unserer Begrüßung sagte er: »Können Sie sich noch an unsere Gespräche erinnern, die wir nach einigen Vorträgen von Ihnen hatten?«

Erst als er mich an Einzelheiten erinnerte, wußte ich wieder, was er meinte und in welcher Zeit dies war. Mehr als zwanzig Jahre lagen dazwischen. Und dann sagte dieser Mann: »Damals habe ich zum persönlichen Glauben an Jesus Christus gefunden, der meinem Leben eine ganz andere Richtung gab. Was ich heute bin und tun darf, das verdanke ich auch jenen Gesprächen.«

18.

Es gibt in Süddeutschland und auch im Südwesten der Bundesrepublik – in der Pfalz – eine Anzahl Badeorte in einer wundervollen Landschaft. Ich denke da besonders an einen Ort, der am Fuß des Pfälzerwaldes liegt, umgeben von herrlichen Wäldern.

Ein Freund von mir – ich darf schon sagen, ein alter Freund, nicht nur an Jahren, sondern auch im Blick auf unsere Freundschaft – lebt dort. Seit längerer Zeit gehört er der Senioren-Vereinigung an, die ich leite.

Wir haben in den langen Jahren unserer Freundschaft so manche Unterhaltung geführt und dabei oft genug auch Meinungsverschiedenheiten ausgetragen. Das alles aber hat unserer Freundschaft keinen Schaden zugefügt, sondern sie vielmehr gestärkt.

Vor einigen Wochen aber habe ich etwas mit meinem Freund Markus erlebt, was ich nicht für möglich gehalten hätte und was mich sehr bewegt hat. Bei unseren vielen Gesprächen wurde nämlich – soweit ich mich erinnern kann – immer ein Thema ausgeklammert: Wir sprachen nie über Glaubensfragen. Inzwischen ist der arme Markus von einigen notvollen Ereignissen hart gerüttelt worden. Und zum Schluß traf es ihn selbst. Er konnte nicht mehr allein in seiner Wohnung bleiben und mußte sich seinen Platz in einem Seniorenheim suchen. Dort lebt er jetzt in einer Pflegeabteilung.

Markus sitzt viel in einem Rollstuhl. Ab und zu reichen seine Kräfte noch zu einem kleinen Spaziergang, den er mit Hilfe eines lieben Menschen schafft.

Wieder einmal war ich auf dem Weg zu meinem Freund Markus. Es war nach langem Regenwetter ein schöner, sonniger Tag, und ich hatte meine Freude schon auf der Fahrt zu ihm.

Das flache Ackerland vor den in der Ferne aufsteigenden Bergen war zum größten Teil abgeerntet. Da und dort hatte man den Boden schon umgebrochen. Nur in einigen Wingerten hing noch die Spätlese an den Reben. Möglicherweise sollte sie sogar zum Eiswein werden.

Ich ließ mir Zeit und genoß die Fahrt. Als ich das Seniorenheim erreicht hatte und zu dem Einzelzimmer gelangt war, das Markus bewohnt, erwartete mich nach dem Öffnen der Tür eine Überraschung.

Ich muß vorausschicken, daß ich meinen Freund beim letzten Besuch in sehr schlechter Verfassung angetroffen hatte. Um so mehr war ich jetzt erstaunt, daß er sich – im Rollstuhl sitzend – sofort zu mir umdrehte und mich fröhlich begrüßte. »Willi, wie schön, daß du schon wieder kommen kannst. Ich freue mich so!« So begann unser Gespräch, in dem bald manche gemeinsamen Erlebnisse zur Sprache kamen.

Plötzlich erhob sich Markus aus seinem Rollstuhl und trat zu meinem Erstaunen zur Tür.

»Komm«, sagte er, »wir machen einen kleinen Spaziergang durch den Flur!«

Ich war erschrocken, denn ich hatte eine solche Beweglichkeit bis dahin nicht für möglich gehalten.

»Aber Markus, kannst du das denn?« war meine Reaktion.

»Du wirst es sehen«, hieß seine Antwort.

Und dann liefen wir nicht nur den Flur entlang, sondern auch noch ein Stück die Treppe zum nächsten Stockwerk hinauf und wieder zurück.

Als wir wieder in seinem Zimmer waren, geschah etwas, was ich von meinem Freund Markus nicht erwartet hätte.

Als ich nach einer Weile aufgestanden war und mich verabschieden wollte, sagte er plötzlich: »Ach Willi, bete doch noch mit mir!«

Ich bin selten so bewegt gewesen wie in diesem Augenblick. Alles hätte ich von Markus erwartet, nur eine solche Bitte nicht.

Ich habe mit ihm gebetet – nein, ich habe für ihn gebetet. Er selber konnte es wohl nicht, doch ich bin gewiß: Wenn Gott uns wieder ein solches Zusammensein schenkt, dann wird vielleicht auch er Gebetsworte finden.

Zum Abschied umarmte er mich. Ich aber bin voller Lob und Dank weitergefahren. Bestimmt war sein Herz ebenso von Dank erfüllt.

Ich weiß, nicht alle Leser sind Freunde des gemeinsamen Betens, weil es leicht zu einer selbstgefälligen Rede werden kann. Das soll uns aber nicht abschrecken, miteinander die Hände zu falten und zu dem zu sprechen, der unser aller Herr ist.

19.

In jedem Menschenleben gibt es Zeiten besonderer Hochstimmung. Doch bald darauf kann es wieder ganz anders sein. Körperliche Gebrechen oder irgendwelche seelischen Erschütterungen bringen uns manchmal stark durcheinander.

Am ärgsten ist es, wenn beides zusammentrifft, wenn zu den körperlichen Beschwerden die seelischen Nöte hinzukommen. In solchen Zeiten brauchen wir Menschen, die uns nicht nur verstehen, sondern sich auch in unsere Nöte einfühlen können.

Steht man selbst im seelsorgerlichen Dienst, dann ist das für die eigenen Kümmernisse nicht leicht. Angehörige und Freunde haben dann oft die Meinung, daß einer, der anderen Menschen zu helfen versucht, mit ihnen leichter fertig werden müßte. Es wird nicht nur meine Erfahrung sein, daß ein im seelsorglichen Dienst stehender Mensch mit seinen eigenen inneren Nöten oft ganz allein bleibt.

Nein, ganz stimmt das nicht. Er ist nicht allein, denn er weiß ja um den, der letztlich helfen kann: Jesus Christus. Im Frühjahr des Jahres, in dem ich dies schreibe, befand ich mich in einer solchen Not und das in doppelter Hinsicht: in körperlicher und seelischer Not.

Schon längere Zeit merkte ich, daß ein Organ meines Körpers mir Schwierigkeiten bereitete. Ich sprach darüber mit meinem Arzt, der meinte, man sollte noch abwarten, wie sich die Sache entwickeln würde.

Meine Frau, die davon natürlich etwas mitbekam, konnte hierzu nicht viel sagen. Sie hat eigene Nöte durchzustehen, die mit der Lähmung ihrer Beine zusammenhängen.

Eines Nachts war es dann soweit. Bestimmte Körperfunktionen versagten völlig, die Schmerzen wurden unerträglich! Mitten in der Nacht mußte der Arzt gerufen werden, der zunächst eine gewisse Erleichterung verschaffen konnte, aber sogleich sagte, daß ein sofortiger Krankenhausaufenthalt unbedingt nötig wäre.

Wie sollte das gehen? Wer würde meine Frau in diesen voraussichtlich drei Wochen umsorgen und ihr die Verrichtungen abnehmen, die sie beim besten Willen nicht allein bewältigen konnte?

In solchen Nöten dürfen wir zu Gott schreien. Und ich habe den Rest der Nacht hindurch zu Gott gerufen.

Weißt du, lieber Leser, welches die Telefonnummer Gottes ist? Merke sie dir: Psalm 50, Vers 15. Dort steht »Rufe mich an in der Not, so will ich dich erretten, und du sollst mich preisen.«

Wie oft ist mir in meinem Leben diese Psalmstelle zum rechten Hinweis geworden, auch in dieser Nacht. (Siehe auch Seite 260.)

Noch in derselben Woche konnte ich ins Krankenhaus, und meinen Enkelkindern war es möglich, abwechselnd der Oma zur Hilfe zu gehen und bei ihr zu sein.

Wenn man dies im nachhinein schreibt, scheint alles wie von alleine glattgegangen zu sein. Aber es war durchaus nicht selbstverständlich. Den Menschen und meinen Enkelkindern, die so wunderbar geholfen haben, daß ich ohne Sorgen im Krankenhaus sein konnte, muß ich im nachhinein noch von Herzen danken.

Es dauerte ein wenig, ehe der Arzt sich an die Operation wagen konnte, denn mein Herz ist nicht das allerbeste. Nach einigen Tagen lag ich dann auf dem Operationstisch, betreut von drei Fachärzten, die sich meiner annahmen. Eine Rückenmark-Narkose wird von vielen Patienten abgelehnt. Ich habe sie als sehr hilfreich bzw. sogar als angenehm empfunden, denn dadurch war ich in der Lage, bei diesem Eingriff in meinen Körper manches zu beobachten. Neu war für mich, daß man mir über diese besonderen Stunden dadurch hinweghelfen wollte, daß ich über Kopfhörer Musik nach meiner Wahl hören konnte. Ich habe das als angenehm empfunden. Aber von dem, was mir wichtiger war, konnte mich die Musik nicht ablenken. Ich habe mit meinem Vater im Himmel und mit meinem Herrn Jesus Christus geredet. Bewußt gab ich mich in die allmächtigsten Hände und habe von daher Trost und Kraft empfangen.

Als ich dann wieder in meinem Zimmer lag und mich längere Zeit kaum rühren durfte, habe ich mich einem wohltuenden Schlaf überlassen. Ich wußte ja: Mein Herr ist bei mir.

Langsam ging es wieder aufwärts. Der Heilungsprozeß machte gute Fortschritte. Als ich auch noch die Nachricht erhielt, daß man nichts Bösartiges hatte entfernen müssen, erfüllte mich noch tiefere Dankbarkeit.

Je mehr sich der Allgemeinzustand besserte, desto größer wurde die Freude, endlich wieder ausführlich in meiner Bibel lesen zu können. Leider begnügen wir Christen uns im Getriebe des Tages allzuoft mit der – etwas häßlich ausgedrückt – »Hungerration«, ich meine die Losungen der Brüdergemeine. Ich schätze sie sehr und kann mir einen Tag ohne sie kaum vorstellen. Aber auf die Dauer können sie ein wirkliches Bibellesen nicht ersetzen. Wie sollen wir sonst den Inhalt der »Guten Nachricht«, der »Frohen Botschaft«, erfahren, wenn wir uns nicht immer wieder ganz in sie vertiefen!

Die Tage der Besserung vergingen. Ich fing an, ungeduldig zu werden. Ich wußte auch, daß meine Frau trotz der Hilfe der Enkelkinder auf mich wartete.

Doch jedesmal, wenn ich den Chefarzt nach dem Entlassungstermin fragte, winkte er ab. »Sie müssen Geduld haben!« waren stets seine Worte.

Sicher war es nicht verkehrt, daß der gute Mann von mir Geduld forderte; denn eines Tages war es soweit, daß ich meine Gedanken, vor allem meinen Dank gegenüber Gott, in einem Gedicht zu Papier bringen mußte. Im Grunde genommen verdanke ich es dem Leitenden Arzt der Klinik, daß die nachfolgenden Verse entstanden:

Danke!

Mein Herz will singen meinem Herrn
und danken jeden Morgen.
Was mich bewegt, ich sag es gern:
Du bist mir nahe, bist nicht fern
den Freuden und den Sorgen.

Dir sag ich Lob und Preis und Dank
für alle deine Treue,
die Du mir heut und lebenslang,
auf leichtem Weg und schwerem Gang,
bewiesen stets aufs Neue.

Hilf Du, o Herr, auch fernerhin
in allen meinen Tagen.
Laß im Gebet auch zu Dir hin –
den liebsten Menschen zum Gewinn –
ihr Flehn und Bitten tragen.

Ich weiß, daß Du mein Heiland bist
und möcht so gern das Leben,
das Du mir heut und weiter gibst,
der Botschaft weihn, daß Du uns liebst.
Gib dazu deinen Segen.

Manchmal ist es merkwürdig mit unserem Erleben. Da ist man plötzlich in einem Gefühl gefangen, das den ganzen Menschen durchdringt und das nach einem besonderen Ausdruck sucht. Bei mir waren es dann recht oft Verse, die mir – ich kann nur so sagen – gleichsam zufielen. In diesem Fall blieb es nicht allein bei dem Empfinden. Ich fühlte mich wirklich wohler, kräftiger, und offensichtlich war mir dies auch anzusehen.

Am nächsten Morgen wandte sich der Chefarzt bei der

Visite mir zu und sagte zu meiner Überraschung: »So, ich glaube, am Wochenende können wir Sie nach Hause schicken.«

Am liebsten wäre ich ihm um den Hals gefallen. Dafür habe ich ihm bei der Abschlußuntersuchung gesagt, daß ich ihm von Herzen dankbar sei und es bleiben werde. Außerdem habe ich ihm als sichtbaren Dank mein Buch »Er hat die Fäden in der Hand« geschenkt.

Eins aber weiß ich heute genau, was mir damals gar nicht so klar war: Die Zeit im Krankenhaus war für mich eine Zeit der Besinnung, der neuerlichen Vertiefung in Gottes Wort. Dafür bin ich meinem Herrn von Herzen dankbar.

Lebensbilanz

Vor einer Reihe von Jahren hatte ich zum ersten Mal auf einer Freizeit für Konfirmanden der evangelischen Kirchengemeinde von Altensteig zu sprechen. Der Pfarrer war ein guter Freund von mir und hatte mich gebeten, den jungen Menschen von den Führungen Gottes in meinem Leben zu erzählen.

Nun, was ich sagen wollte, das wußte ich schon. Mir war auch klar, welches Bibelwort ich den Jungen und Mädchen besonders ans Herz legen würde. Dennoch suchte ich nach einem Wort oder Satz, den ich ihnen besonders einprägen konnte. Bei diesem Überlegen fiel mir plötzlich folgende Begebenheit ein:

Vor mehr als dreißig Jahren, noch drüben in der damaligen DDR, wurde im Land zwischen Magdeburg und Halle bekannt, daß es gelungen sei, den bekannten Wilhelm Busch aus Westdeutschland für Vorträge zu gewinnen. Er sollte in der größten Kirche von Halle evangelistische Vorträge halten.

Diese Evangelisation wurde für mehr als tausend Menschen in mehrfacher Hinsicht zu einem Erlebnis besonderer Art. Schon lange vor Beginn des ersten Abends war die Marktkirche überfüllt. Auch in den Gängen standen und saßen die Menschen, die nicht nur aus der Stadt Halle, sondern auch aus der näheren und weiteren Umgebung gekommen waren. Die Türen mußten geschlossen werden. Und dann brauste der erste Choral durch den Raum. Es war ein eindrucksvolles Bekenntnis.

Und dann geschah etwas, was wohl niemand erwartet hatte. Plötzlich sprang ein Mann mit einigen großen Sätzen die Stufen zur Kanzel hinauf, reckte beide Arme in die Höhe und rief: »Leute, hört mal her! Ich habe euch etwas ganz Wichtiges zu sagen!« Damit fing Wilhelm Busch eine gewaltige Rede an.

Ich kann und will auch nicht ihren Inhalt wiedergeben. Aber eines ist mir fest im Gedächtnis haftengeblieben. An einer Stelle, an der er besonders eindringlich vom Beten sprach, hielt er plötzlich inne. In dem überfüllten Raum war es ganz still. In diese Stille hinein sagte er – besser, er fragte: »Kennt ihr die Telefonnummer Gottes?«

Viele Menschen blickten sich fragend um und dann wieder hinauf zur Kanzel. Und von dorther kam auch schon die Antwort: »Es ist die Nummer 5015. Psalm 50, Vers 15. Wißt ihr auch, was dort steht? ›Rufe mich an in der Not, so will ich dich erretten, und du sollst mich preisen.‹«

Seit jenem merkwürdigen Abend in Halle an der Saale habe ich diese Zahl nicht mehr vergessen. Mehr noch: Ich habe sie oft gebraucht, persönlich und für andere.

Und nun stand ich vor den Konfirmanden, den Jungen und Mädchen aus Altensteig. Ich stellte ihnen die Frage, die uns damals Wilhelm Busch gestellt hat: »Kennt ihr die Telefonnummer Gottes?«

Die Jugendlichen blickten mich ratlos an. Sie wußten mit dieser Frage nichts anzufangen. Sicher glaubten einige von ihnen, ich wollte sie – wie man so sagt – auf den Arm nehmen.

Jeder, der dies liest, sollte sich auch fragen, ob er diese Telefonnummer kennt und vor allem benutzt. Was hilft es, wenn wir um das Wort aus dem 50. Psalm wissen, aber nicht danach handeln. Ist es nicht so: Wenn wir nicht weiter wissen, fragen wir oft Menschen, die aber meist dieselben Fragen und Nöte zu bewältigen haben und uns nicht helfen können. Wir sollten lieber gleich die richtige Stelle anrufen!

Wenn ich heute mein Leben überdenke, muß ich mich immer wieder wundern. Es geht dabei nicht so sehr um die großen Etappen, die da heißen: Berlin, Neinstedt/Harz, Quedlinburg, Wittenberg, Mansfeld, Castrop-Rauxel, Göppingen-Faurndau.

Es geht um etwas ganz anderes. Man könnte es letztlich mit dem Begriff »Heimat« überschreiben.

Berlin ist meine Geburtsstadt. Mit ihr verbinden mich viele Erinnerungen und Erlebnisse.

Die anderen oben aufgeführten Orte haben mit meinem beruflichen Weg zu tun, wobei Neinstedt auch persönliche Schwerpunkte beinhaltet. Dazu gehört vor allem das Finden der Ehegefährtin und die sich daran anschließende Gründung der Familie. Dabei spielen auch die Orte Wittenberg und Mansfeld eine besondere Rolle.

Was mich im stillen oft bewegt hat, ist das Erleben und die sich daraus ergebende Beziehung zu einer Landschaft, die den Namen »Schwarzwald« trägt.

Berlin ist mir trotz mancher entscheidender Kindheitserlebnisse nie so recht Heimat geblieben.

Die anderen Orte danach waren mehr oder weniger Durchgangsstationen. Seltsamerweise lief letztlich alles auf den Ort zu, der im Schwarzwald liegt: Altensteig! Dabei ging es anfänglich gar nicht so sehr um diesen Ort selbst. Ausschlaggebend war letztlich der Schwarzwald! Und das kam folgendermaßen: Die evangelische »Dreifaltigkeitsgemeinde« in Berlin umschloß in den zwanziger und dreißiger Jahren den ganzen Stadtbereich, der sich um den Wilhelmplatz, die Wilhelmstraße und weitere Haupt- und Nebenstraßen gliederte.

Den größten Teil meiner Kindheit und Jugend habe ich hier verlebt. Mein Vater, Beamter im Reichsverkehrsministerium, bekam im Bereich Wilhelm- Ecke Voßstraße Mitte der zwanziger Jahre eine Dienstwohnung zugewiesen. Von hier aus begann ich meine Schulzeit und später auch meine Ausbildung als Glasmaler.

Mit dieser Wohnung meiner Eltern verbindet sich ein Erlebnis, das vielleicht nicht ganz uninteressant ist: Es muß Mitte 1935 gewesen sein, da kam ich zu einem kurzen Urlaub nach Hause. Von unserem Küchenfenster aus konnten wir in den Garten hinter der Reichskanzlei hinüberblicken. Oft haben meine Eltern sehen können, wie Adolf Hitler auf der Terrasse hinter der Reichskanzlei frühstückte, mit und ohne Gäste.

Ich ging bei diesem Besuch, ohne mir dabei etwas zu denken, mit den Worten zum Küchenfenster: »Na, frühstückt er wieder?« Mit einem Schrei des Entsetzens riß mich meine Mutter vom Fenster zurück: »Junge, geh schnell weg! Es wird sofort geschossen.«

Ja, so war es damals! Es gab eben nicht nur Anhänger, sondern auch Gegner des Diktators. Man hatte wohl von diesem Haus aus einen Anschlag auf sein Leben versucht. Seitdem ging ständig eine Wache mit geladenem Gewehr an der Parkfront entlang und achtete auf die Fenster der angrenzenden Häuser.

Aber darum geht es jetzt gar nicht. Was ich zuerst berichten will, geschah viele Jahre früher.

Unsere Kirchengemeinde kümmerte sich nicht nur um die erwachsenen Glieder, sondern auch um die jüngeren, die Kinder. Jedes Jahr wurden solche, die der Arzt als blutarm bezeichnete, in eine schöne Gegend Deutschlands zur Erholung geschickt.

Nach meiner schweren, fast ausgeheilten Lungentuberkulose war man auch bei mir der Meinung, ich sei blutarm und brauchte dringend Erholung. Meine Eltern waren damit einverstanden, um so mehr, als die Gemeinde die vollen Kosten übernahm. So wurde ein Transport von etwa vierzig Jungen zusammengestellt, der unter Begleitung eines Mitarbeiters der Gemeinde die Fahrt in den Süden zum Schwarzwald antrat.

Ich wußte damals mit zwölf Jahren nicht viel von dieser Gegend, auch meine Eltern konnten mir nichts sagen. Als wir uns vor dem Gemeindehaus in der Wilhelmstraße versammelten, dort einen Bus bestiegen und zum Anhalter-Bahnhof fuhren, hörten wir zum ersten Mal Näheres über die drei Wochen unserer Erholungsreise. Es sollte mit der Bahn über Stuttgart bis nach Nagold gehen. Dort sei ein christliches Erholungsheim, das uns aufnehmen würde.

»Jungens«, sagte unser Reisebegleiter, »ihr habt ein Glück, ausgerechnet in den herrlichen Schwarzwald zu kommen! Der letzte Transport ging in den Harz. Dort hatten sie es nicht besonders gut angetroffen.«

Da aber dieser Herr Klein, so hieß er wohl, selbst noch nicht in Nagold gewesen war, konnte er uns nicht mehr sagen. Wir fuhren die Nacht hindurch. Eine Nachtfahrt ist immer etwas Besonderes, nicht nur für Kinder. Nur gut, daß wir reservierte Abteile hatten. Manchen Mitreisenden haben wir die Fahrt nicht gerade leicht gemacht. Viele von uns erlebten zum ersten Mal eine längere Bahnfahrt. Vor allem hatten sich einige recht schlecht darauf eingerichtet.

Bald stellten sich bei vielen Hunger und Durst ein. Der Zug führte über Nacht aber keinen Speisewagen mit sich, so daß wir, die wir besser ausgerüstet waren, das Mitgenommene mit anderen teilen mußten. Das ging natürlich nicht ohne Krach und Streit ab. Herr Klein mußte immer wieder eingreifen und die Streithähne auseinanderbringen. Da wir über mehrere Abteile verteilt waren, war das für ihn eine recht schwierige Sache. Schließlich – es war schon lange nach Mitternacht – gebot er mit Hilfe des Zugschaffners absolute Ruhe. Er ging von Abteil zu Abteil und las ein kurzes Bibelwort, dem er jedesmal ein bekanntes Nachtgebet folgen ließ. Ob wir alle die Worte wirklich mitbekommen haben, weiß ich nicht mehr. Aber sie wirkten so, daß danach endlich Ruhe einkehrte.

In Stuttgart mußten wir umsteigen. Der letzte Teil der Fahrt ließ uns bereits etwas vom Schwarzwald sehen. Und dann hieß es: »Nagold«. Vorher ging es noch durch einige Tunnel hindurch, die jedesmal mit lautem Jubel begrüßt wurden.

Einige jüngere Frauen in weißer, schwestern-ähnlicher

Tracht begrüßten uns. Das heißt, sie sagten etwas zu uns, wovon wir aber so gut wie nichts verstanden. Wir blickten Herrn Klein ratlos an, aber dem ging es wohl genauso. Vor dem Bahnhof bestiegen wir einen Bus, der uns zuerst durch die Stadt führte und danach einen Berg hinauf bis zu einem großen Anwesen mit einem sogenannten Haupthaus, in das wir eintreten mußten.

Da wir vom Vorabend an – es ging jetzt auf 17 Uhr zu – unterwegs waren, hatte man für uns eine fürstliche Kaffeetafel gedeckt, an die wir uns zuerst einmal setzen durften, um Hunger und Durst zu stillen.

Dann ging es in die oberen Etagen, wo wir auf die Zimmer verteilt wurden. Auch dabei gab es wieder Schwierigkeiten mit der Verständigung. Aber, es sollte noch besser kommen! In jeden der schlicht eingerichteten Räume zogen vier Jungen ein. Jeder hatte sein Bett, einen Nachttisch und einen schmalen Schrank, in den er mit etwas gutem Willen seine Sachen unterbringen konnte. Auf jeder Etage gab es einen Waschraum mit anschließender Dusche und eine Toilette.

Es dauerte einige Zeit, bis wir uns eingerichtet hatten. Weil es bereits um sechs Uhr Abendessen geben sollte, mußten wir uns beeilen. Das aber hatte seine Schwierigkeit, vor allem deshalb, weil wir die Anweisungen, die uns die sogenannten »Tanten« gaben, nur selten verstanden. Oft blickten wir uns hilflos an und zuckten hinter dem Rücken einer solchen »Tante« – wie wir sie nennen sollten – hilflos mit den Schultern.

Erwin, einer der Jungen, der aus meiner Gemeinde kam, flüsterte mir zu: »Ich glaube, wir sind hier im Ausland gelandet.« Weil er diese Worte im schönsten Berliner Dialekt sprach, konnte ihn die sich sofort umdrehende Tante nicht verstehen.

Ehe wir uns dann in den Speisesaal begaben, konnte ich noch rasch vor die Haustür gehen und mich umsehen.

Ich glaube, ich habe in diesem Augenblick dort zum ersten Mal tief durchgeatmet und gespürt, welch herrliche Schwarzwaldluft uns umgab. Oben, weiter den Berg hinauf, begann der Wald, und drüben, jenseits des Nagoldtales, war in der beginnenden Abenddämmerung nichts als dunkler Wald zu sehen. Als Berliner Junge kannte ich natürlich die Kiefernwälder an Havel und Spree. Aber was ich hier sah, das ging weit über alles mir Bekannte hinaus.

Leider hatte ich an diesem Abend nur einen Augenblick die Möglichkeit zu einem solchen Rundblick. Er brachte mir übrigens den ersten Tadel von der Tante ein, die das Kommando im Speisesaal hatte.

Ich konnte zwar nicht verstehen, was sie sagte, aber an ihrem Gesicht las ich ab, was mir bei den Worten entging. Genau da lagen unsere Schwierigkeiten als Berliner Jungen, im schwäbischen Land zurechtzukommen.

Um es ehrlich und kurz zu sagen: In den ersten Nächten haben viele von uns geweint. Wir kamen uns alle so vor, als wären wir ins benachbarte Ausland gebracht worden, anstatt in dem Land zu sein, das wie Berlin zu Deutschland gehört. Es ging zwar vor allem um die Sprache, die wir nicht verstehen konnten. Aber es waren auch andere Dinge, die uns Schwierigkeiten bereiteten, so zum Beispiel verschiedene Tischsitten und Umgangsformen in der Hausgemeinschaft.

Das wurde besonders arg, als am nächsten Tag unser Herr Klein wieder abgereist war. Jetzt gab es keinen Dolmetscher mehr, der uns dies oder jenes erklären konnte, auch wenn es ihm selbst oft schwerfiel.

Ich erinnere mich, daß ich während des Mittagessens häufig in einer Ecke des Speisesaales stehen mußte, während es sich die anderen gut schmecken ließen. Ich hatte wieder einmal nicht verstanden, was eine der Tanten von mir wollte, und daraufhin bestimmt das Gegenteil von dem getan, was erwartet wurde.

Aber bald begann eine andere Zeit: Wir Berliner Jungen versuchten, die uns fremde Art und Sprache zu verstehen, zeigten es aber nicht sofort und machten uns ein Vergnügen daraus, diejenigen zu spielen, denen man eigentlich Unrecht tat.

Wir hatten daran viel Spaß. Aber auch diese kurze Zeit ging vorüber. Wir merkten, je länger je mehr, wie gut wir es getroffen hatten. Daran hatte vor allem der »Schwarzwald« seinen guten Anteil. Die herrliche Luft, die wunderbaren Wälder, die wir auf langen Wanderungen kennenlernten, nahmen uns mehr und mehr gefangen. Ich spürte sehr bald, wie die restlichen Schwierigkeiten meiner überwundenen Lungentuberkulose verschwanden. Ich konnte wieder tief durchatmen und mein Gewicht, das einen erheblichen Tiefstand erreicht hatte, stieg zusehends.

Doch dann gab es wieder Augenblicke, die nicht nur uns, sondern auch den »Tanten« viele Schwierigkeiten machten. Dazu gehört ein Erlebnis, das für alle recht unangenehm war.

Wir waren ja in einem christlichen Heim, was man auch an den Tischgebeten und den kurzen Morgenandachten erkennen konnte. Am Sonntag gingen wir alle zu einem Kindergottesdienst, den ich nicht vergessen kann.

Man hatte uns gesagt, heute werde ein besonderer Prediger zu uns sprechen, und das würde ganz sicher hochinteressant werden. Ja, es wurde auch interessant, aber ganz anders, als es von uns und sicher auch von unseren Tanten erwartet worden war. Wir saßen alle erwartungsvoll in dem Kirchenraum, hatten ein Lied gesungen und blickten gespannt auf den Mann, der vom Altar her auf uns zutrat und zu erzählen begann.

Zuerst las er eine Bibelstelle vor. Ich weiß leider nicht mehr, welche es war. Aber dann begann schon das, was uns völlig durcheinanderbrachte und beinahe in einem nur mühsam unterdrückten Gelächter unterging. Der gute Mann – ich weiß nicht, ob es ein Pfarrer oder irgendein Prediger war – stotterte. Die ersten Sätze kamen ihm noch einigermaßen glatt von den Lippen. Aber dann verhaspelte er sich, und da war es um seine Aussprache geschehen. Er hatte einen derartig starken Sprachfehler, daß es uns Jungen unmöglich war, das Lachen zu unterdrücken. Je mehr wir aber lachten, um so mehr stotterte er. Das wurde so schlimm, daß der Gottesdienst abgebrochen werden mußte.

Der Zorn unserer Tanten auf die bösen Berliner Jungen war grenzenlos. Es half auch nichts, daß wir ihnen deutlich zu machen versuchten, daß wir doch für unser Lachen nichts könnten. Zur Strafe fiel das Mittagessen für alle aus, und wir bekamen zwei Strafstunden Bettruhe auferlegt.

Ich habe später öfter darüber nachgedacht, wo bei diesem Vorfall die Schuld lag? Ganz sicher nur zum Teil bei uns Jungen.

Trotzdem: Immer mehr begann ich den Schwarzwald zu lieben. Und mit ihm das ganze schwäbische Land. Das kam so: Eines Morgens sagte uns die diensthabende Tante, daß wir uns zu einem längeren Spaziergang fertigmachen sollten. Als wir alle vor dem Haupteingang standen, wunderten wir uns, daß wir abwechselnd zwei größere Körbe tragen mußten. Als ich eine der drei Tanten, die mit uns gingen, fragte, was denn in den Körben drin sei, lachte sie und sagte, diesmal in gutem Hochdeutsch: »Ja, wollt ihr denn den ganzen Tag hungern?«

Durch diese Antwort wurde uns klar, daß der Spaziergang bestimmt eine längere Wanderung werden würde.

So war es dann auch. Wir gingen auf Wunsch der Tanten immer zu zweit und fast nur durch Waldgebiet. Zuerst führte der Weg ein ganzes Stück hinauf zu einem Höhenweg in Richtung Calw, wie man uns erklärte. Da keiner von uns eine Ahnung hatte, daß in größerer Entfernung ein Ort Calw lag, und die Tante, die uns die

Marschroute erklärte, in ihrer Mundart nicht gerade deutlich sprach, verstanden wir statt »Calw« Kalb! Wenn einer von uns fragte, wie lange wir noch zu laufen hätten, dann sagte er: »Wie weit ist es noch bis zum Kalb?«

Nachdem dies einige Male geschehen war, erhielt der nächste Frager einen sogenannten »Katzenkopf« oder – wie der Berliner sagt – eins »hinter die Löffel«.

Das alles aber hat mich nicht allzu sehr bewegt. Ich konnte mich einfach nicht satt sehen an dem herrlichen Wald, an den riesigen Bäumen, die – wie mir schien – bis in den Himmel hinaufragten. Hin und wieder gab es einen Blick hinab ins Nagoldtal. An einer solchen Stelle konnte ich mich wieder einmal nicht lösen und mußte von einer der Tanten nachgeholt werden. Eine von ihnen, die sonst ein mir kaum verständliches Schwäbisch sprach, blieb einen Augenblick neben mir stehen und fragte: »Ja, Bub, habet ihr denn in Berlin gar kö Wald?«

Ich schüttelte damals wohl den Kopf und sagte: »Wald haben wir schon, aber, Menschenskind, unser Wald und der hier, det is vielleicht een Unterschied!«

Trotz meiner Ausdrucksweise muß die Frau es wohl gespürt haben, wie mich das Erleben des Schwarzwaldes innerlich bewegte. Sie blieb eine ganze Zeitlang an meiner Seite und machte mich immer wieder auf einen besonders schönen Blick über das Tal hinweg aufmerksam. Als wir an einer Stelle vorbeikamen, an der geschlagene Baumstämme lagen, die schon entästet und geschält waren, hielt sie mich an und sagte: »Bub, nun schreite mal diesen Stamm hier ab. Mach recht große Schritte. Dann wirst du sehen, wie hoch unsere Bäume hier werden.«

Ich tat es und wollte hinterher kaum glauben, was ich selbst festgestellt hatte, daß einer dieser riesigen Baumstämme länger als vierzig große Schritte war.

Auf dieser Wanderung, die sich über den ganzen Tag erstreckte, gab es noch viel Interessantes zu sehen. Dazu gehörte auch das Kloster Hirsau, eine Benediktinergründung aus dem 9. Jahrhundert, und die Aurelius-Kapelle. Eine unserer Tanten, die uns begleitete, hatte sich auf die Besichtigung dieser Stätten gut vorbereitet und verstand es, interessant darüber zu erzählen. Ich kann mich erinnern, daß auch die wildesten aus unserer Berliner Schar ihr aufmerksam zuhörten. Einer der ältesten von uns, der so etwas wie den Sprecher machte, bettelte immer wieder, wenn sie mit Erzählen aufhören wollte: »Ach, Tante Anneliese«, so hieß sie, »bitte, erzählen Sie noch ein bißchen.« Diese »Tante Anneliese« hatte es uns angetan. Sie war sehr fürsorglich und immer darum bemüht, daß es uns gut ging. So kam es denn auch, daß ich mir eines Tages einen kleinen Vers ausdachte, der bald unser Leibspruch wurde. Ich habe ihn bis heute behalten. Er lautete:

Anneliese, unser Stern,
haben wir von Herzen gern.
Hat einmal einer Bauch-Weh-Weh,
dann kocht sie gleich Kamillentee.

Doch zurück zu unserer Wanderung. Als wir an diesem Abend in den Betten lagen und ich den Tag noch einmal ein wenig überdachte, da waren es in erster Linie nicht die Kulturstätten, die mich im nachhinein bewegten, sondern es war der Wald, der herrliche Schwarzwald mit seinen mächtigen Bäumen. Da kam zum ersten Mal der Gedanke in mir auf: Hier, in dieser Gegend, möchte ich einmal leben.

Noch etwas anderes erlebte ich dort im Erholungsheim in Nagold zum ersten Mal: Jeden Morgen wurde eine Morgenandacht gehalten, und dabei wurden viele Lieder gesungen, die ich vorher noch nie gehört hatte. Sie standen auch nicht im Gesangbuch. Eine der Tanten begleitete den Gesang auf einem alten Harmonium, aus dem die Töne manchmal recht kläglich herauskamen. Wir mußten uns dann das Lachen verbeißen, denn sonst gab es wegen des Lachers kein Frühstück. Aber in der Rückerinnerung ist diese Empfindung ganz deutlich wieder da: Ich wurde je länger je mehr von diesen Liedern gefangengenommen und habe sie auch in der Zeit danach oft vor mich hingesummt. Meine Mutter, eine von Herzen fromme Frau, bat mich bald, ihr doch die Lieder vorzusingen, die ich behalten hatte.

In der letzten Woche bin ich, sooft es möglich war, heimlich fortgelaufen, um durch den herrlichen Wald zu gehen. Dabei habe ich mich einmal schrecklich verlaufen. Ich blieb nicht immer auf den Wegen, sondern lief am liebsten die Berge hinauf, auf denen die größten Tannen und Fichten standen. Inzwischen hatte ich gelernt, diese beiden Baumarten gut zu unterscheiden, obwohl ich sie aus der Umgebung Berlins kaum kannte. Da geschah es dann, daß ich plötzlich nicht mehr wußte, wo ich mich befand. Statt nun einfach hinunter ins Tal zu laufen, stieg ich immer höher hinauf. Ich meinte, dort auf der Höhe hätte ich einen besseren Blick zur Orientierung.

Dabei hatte ich eins nicht bedacht, daß es schon spät am Nachmittag war. Außerdem zogen mehr und mehr dunkle Wolken auf, so daß es im Wald überraschend schnell dunkel wurde. Als dann noch ein erster Blitz die zunehmende Dunkelheit durchfuhr, war es um meine anfängliche Tapferkeit geschehen. Ich bekam Angst, ganz gemeine schreckliche Angst. In diese Angst hinein kam mir ein Wort meiner Mutter in den Sinn, das sie mir einmal gesagt hatte, als wir im Grunewald auch von einem Gewitter überrascht wurden: »Vor den Eichen mußt du weichen, doch die Buchen sollst du suchen.«

Ich blickte mich um und zu den Baumwipfeln hoch, soweit dies bei dem sich rasch verschlechternden Wetter möglich war. Zu meiner Beruhigung stellte ich fest: Hier gab es keine Eichen, allerdings auch keine Buchen. Wie sich ein Blitz bei Fichten und Tannen verhielt, das wußte ich nicht.

Wieder durchzuckte ein grelles Licht die Dunkelheit.

Ich fuhr zusammen. Sekunden später folgte der Donner in beachtlicher Stärke. Meine Angst wurde immer größer.

Verzweifelt hockte ich mich an den Stamm eines großen Baumes. Unwillkürlich faltete ich meine Hände.

Wieder war es die Stimme meiner guten Mutter, die mir innerlich Trost zusprach. Was sagte sie doch immer, wenn ich Angst davor hatte, aus dem dunklen Keller, in dem nur selten eine Glühbirne brannte, Kohlen heraufzuholen? »Du brauchst keine Angst zu haben, Willi! Du bist doch nicht allein. Auch im dunklen Keller ist unser Herr Jesus bei dir. Du bist niemals allein!«

Daran habe ich in diesen Augenblicken denken müssen, und meine Angst verlor ein wenig ihre Kraft.

Plötzlich aber erschrak ich sehr. Ein Mann stand vor mir und blickte kopfschüttelnd auf mich herunter. Ich hatte ihn nicht kommen hören. Doch noch ehe er etwas sagen konnte, atmete ich tief auf. Der Mann vor mir war der Förster. Ich kannte ihn auch, denn er hatte uns vor ein paar Tagen einen interessanten Vortrag gehalten. Es war mehr eine Erzählstunde von seinen Erlebnissen mit seinem Wald gewesen.

»Ja, Bub, was machst du denn hier?« Der Förster beugte sich zu mir herunter. »Hat dich deine Liebe zum Wald in die Irre geführt?«

Er reichte mir seine Rechte und zog mich von der Erde hoch. »Da werden die Tanten aber nicht gerade freundlich mit dir sein. Du hast dich sicher verlaufen und dich im Heim bestimmt nicht abgemeldet!«

Ich konnte nur nicken und war dabei so froh, daß der Mann, ohne viel zu fragen, mit mir den Berg hinunterstieg. Kurz vor dem Heim hielt er aber noch einmal an. Er blickte zu mir herunter und sagte: »Weißt du, jetzt läßt du mich mit der Tante reden, denn sonst könnte es sein, daß für dich heute das Vesper ausfällt.«

Förster Schaible hat es dann auch getan. Das muß wohl so gut angekommen sein, daß mich Tante Anneliese überhaupt nicht mehr wegen dieser Sache angesprochen hat.

Leider war schon wenige Tage danach unsere Zeit in Nagold zu Ende. In der letzten Nacht, die wir im Heim verbrachten, habe ich kaum geschlafen. Ich sah vor meinen inneren Augen nur den Wald, den Schwarzwald. Ob ich ihn je wiedersehen würde?

Es vergingen einige Jahre. Ich war inzwischen sechzehn und hatte den damals üblichen Urlaub eines Lehrlings. Der betrug 14 Tage. Als wir an einem Abend nach dem Essen noch ein wenig zusammensaßen – mein Vater rauchte seine geliebte Pfeife –, da blickte er mich plötzlich an und richtete das Wort an mich. Ich erwähne es deshalb, weil das selten vorkam. Mein Vater war ein recht schweigsamer Mann.

Er sagte: »Junge, wie denkst du dir in diesem Jahr deinen Urlaub?«

Ich war über diese Frage so verblüfft, daß ich zunächst gar nicht antworten konnte.

Das wiederum gefiel meinem Vater nicht. Er erwartete, wenn er schon mal etwas fragte, auch schnellstens eine Antwort. »Nun, was ist, willst du mir keine Antwort geben?«

Ich aber wußte noch immer nicht, was diese seltsame Frage bedeuten sollte. Mein Vater hatte im vergangenen Jahr nicht nach meinen Urlaubsabsichten gefragt. Aus Verlegenheit fragte ich zurück: »Was meinst du, Vati?«

»Was soll ich denn meinen?« war die etwas ungeduldige Antwort. »Ich möchte halt wissen, ob du dir für deinen Urlaub schon etwas vorgenommen hast, vielleicht mit deinen Freunden.«

Nein, das hatte ich nicht. Aber bisher hatte das meinen Vater noch nie interessiert. Also mußte etwas dahinterstecken.

Ich antwortete also wahrheitsgemäß: »Ich habe mir darüber noch keine Gedanken gemacht.«

»So, du hast dir also noch keine Gedanken gemacht.«

Vater zog einige Zeit heftig an seiner Pfeife und stieß starke Rauchwolken aus, so daß meine Mutter vor dem Qualm flüchtete und die Stube verließ.

»Aber ich habe mir Gedanken gemacht und wollte sie dir jetzt mal sagen.«

Vater lehnte sich in dem alten Plüschsessel zurück, in dem er inzwischen Platz genommen hatte.

Nun stand auch ich auf und ging zu dem Sessel, der an der anderen Seite des Tisches stand. Am liebsten hätte ich gesagt: Da bin ich aber neugierig. Aber eine solche Antwort hätte ich mir nie erlaubt. Statt dessen blickte ich meinen Vater erwartungsvoll an.

»Hör mal, Willi«, begann er nach einer kurzen Pause, »ich habe mir folgendes gedacht.«

Wieder stiegen dicke Qualmwolken zur Decke hinauf. »Was meinst du dazu, wenn wir beide eine längere Wanderung machen würden?«

Vater blickte mich erwartungsvoll an.

Ich aber war innerlich entsetzt. Nur das nicht, dachte ich, mit Vati eine Wanderung. Das konnte, ja, das mußte furchtbar werden. Vater brachte es fertig, einen ganzen Tag lang kaum ein Wort zu sagen.

Ehe ich jedoch weiterdenken oder gar etwas sagen konnte, sprach mein Vater weiter. »Was hältst du von einer Wanderung durch den Schwarzwald, etwa von Nord nach Süd, vielleicht von Freudenstadt bis zum Bodensee? Wir hätten dazu fast vierzehn Tage Zeit und könnten uns eine entsprechende Wandertour aussuchen. Natürlich müßten wir uns dabei an Orte halten, in denen wir übernachten könnten. So wie du das mit deinen Freunden vom CVJM machst, draußen im Wald im Zelt zu schlafen, das ist nichts mehr für mich. Das habe ich als Soldat oft genug tun müssen.«

Ich war platt! Einen solchen Vorschlag hätte ich niemals erwartet. Mein Vater wollte mit mir durch den

Schwarzwald wandern. Urplötzlich stand das Erleben des herrlichen Schwarzwaldes bei Nagold vor meinen inneren Augen. Wie viele Jahre war das her? Damals war ich zwölf, jetzt war ich sechzehn. Konnten das wirklich schon vier Jahre sein? Verging die Zeit so schnell?

Ehe ich weiterdenken konnte, traf mich wieder die Stimme meines Vaters. »Was ist, Willi? Du sagst ja gar nichts? Du hast doch Mutter oft gesagt, du würdest so gern einmal dort in der Nähe oder im Schwarzwald wohnen. Stimmt das nicht mehr?«

»Doch, Vati, das stimmt noch. Dein Vorschlag kommt mir nur so überraschend. Ich war gar nicht darauf vorbereitet.«

»Darum spreche ich ja mit dir, Junge. Ich mache dir halt einen Vorschlag, weil ich von Mutti weiß, wie gerne du dort unten warst.«

Ich konnte nur mit dem Kopf nicken. Aber dann sagte ich: »Vati, gib mir bitte ein paar Tage Zeit zum Nachdenken. Ich freue mich über deinen Vorschlag. Wir haben ja noch über drei Monate Zeit, uns zu entscheiden.«

Mein Vater blickte mich prüfend an, dann stand er auf. Im Hinausgehen sagte er nur noch: »Überlege es dir nicht zu lange. Eine solche Wanderung muß man vorbereiten. Das geht nicht von heute auf morgen.«

Bei diesen Worten blieb es, damit ließ er mich allein. Später sprach ich darüber mit meiner Mutter. Sie redete mir zu. Ich hatte den Eindruck, daß sie sich freute, wenn mein Vater einmal mit mir solch eine Tour machen würde. Sie wußte nur zu gut, wie selten sich Vater mit mir abgab.

»Du solltest Vater keine Absage geben«, sagte sie. »Freue dich, wenn er einmal wirklich Zeit für dich hat.«

Als wir dann ein paar Monate später in Freudenstadt den Zug verließen, konnte ich es kaum fassen, daß mein Wunsch von Nagold Wirklichkeit geworden war. Mein geliebter Schwarzwald hatte mich wieder.

Aber noch etwas anderes mußte ich bemerken. Ich konnte es nicht übersehen: Ich lernte meinen Vater von einer ganz anderen Seite kennen. Vom Einsteigen in Berlin an war Vater völlig verändert. Es war, als ginge ein älterer Kamerad – um nicht zu sagen Freund – neben mir. Das war mir besonders auf dem Bahnhof in Stuttgart aufgefallen. Wir mußten dort umsteigen. Dabei hatte ich, ein wenig übermüdet, gar nicht darauf geachtet, was auf den anderen Bahnsteigen vor sich ging.

»Sieh mal«, mein Vater zeigte hinüber, »dort drüben kommen lauter junge Leute an, mit Wimpeln und Fahnen. Die scheinen zum CVJM zu gehören. Hast du neulich nicht irgend etwas davon gesagt, daß es in Stuttgart ein großes Treffen gibt?«

Er hatte recht. Durch die Nachtfahrt, die mich sehr ermüdet hatte, war bei mir die Sache ganz in Vergessenheit geraten.

Aber auch jetzt in Freudenstadt war Vater die Fürsorge selbst. Er wollte unbedingt mit mir in ein nahe liegendes Gasthaus gehen, wo wir vor dem ersten längeren Marsch etwas essen sollten.

Wir fanden das uns empfohlene Haus auch bald und wurden bestens versorgt. Dabei kam mir in Erinnerung, wie bald wir Berliner Jungen uns damals an die schwäbische Küche gewöhnt hatten und sie uns gut schmecken ließen.

Ich sprach darüber mit meinem Vater. Er blickte mich überrascht und – wie es mir schien – auch erfreut an.

»Das ist aber schön«, sagte er, »daß ich das einmal von dir höre. Mutter hat mir darüber eine Andeutung gemacht. Du selbst hast mir davon nichts erzählt.«

Ich konnte nur nicken. Aber dann mußte ich doch denken: Wie hätte ich davon zu ihm sprechen können? Ob er damals überhaupt hingehört hätte? Und nun erlebte ich in ihm einen guten Freund, einen Kameraden.

So blieb es die ganzen vierzehn Tage hindurch.

Vielleicht wird sich mancher Leser jetzt fragen: Wie war denn das Verhältnis zwischen dir und deinem Vater wirklich? Das ist bald beantwortet.

Mein Vater mußte sein Leben lang körperlich sehr schwer arbeiten. Er hatte eine karge Jugendzeit gehabt. Seine Eltern gehörten zu dem einfachsten Personal für die Hof- und Feldarbeiten eines großen ostdeutschen Gutes. Dort mußten auch die Kinder außerhalb der Schulzeit fest zupacken.

Später ging er nach Berlin. Da war er schon mit meiner Mutter verheiratet, die aus der gleichen Gegend stammt. Sie glaubten, in Berlin ließe sich leichter und etwas mehr Geld verdienen. Aber auch dort war es nicht sehr viel anders. Vater versah den Dienst eines Kutschers für eine Brauerei auf einem Pferdewagen.

Ein solcher Lebensweg hatte ihn wohl zu einem schweigsamen Menschen gemacht. Zumeist war er nach einem sehr langen Arbeitstag viel zu müde, um sich noch mit seinen zwei Kindern zu unterhalten. Ich hatte eine sieben Jahre ältere Schwester.

Nun aber erlebte ich den anderen Menschen, der unter der Last der Tage verborgen geblieben war.

Wir marschierten also los – in Richtung Kniebis und Rippoldsau. Das sollte für den ersten Wandertag unser Ziel sein. Wir erreichten es, wie man so sagt, hundemüde und waren froh, als wir in einem kleinen Gasthof eine gemütliche Unterkunft in einem Zweibettzimmer fanden.

Wenn ich heute nach Bad Rippoldsau komme, dann ist es mir einfach unmöglich, das schlichte Haus von damals zu erkennen. Die modernen Bauten, das große Kurhaus und vieles mehr haben den Ort verändert und sicher auch attraktiver gemacht.

Wir waren damals mit dem, was wir fanden, hoch zufrieden. Trotz des langen Marsches nach der Nachtfahrt, waren wir auch erquickt durch den Weg im herrlichen Wald, meinem Schwarzwald. Immer wieder hatte ich nach oben geblickt, denn ich konnte mich an den wunderbaren Tannen und Fichten nicht satt sehen. Auch mein Vater blieb oft stehen, besonders dann, wenn sich ein schöner Fernblick bot. Wir kamen in der zweiten Hälfte unseres Marsches von der Höhe des Kniebis hinunter ins Tal der Wolfach, die hinter Rippoldsau unseren weiteren Weg bestimmen sollte.

Der Gasthof, in dem wir einkehrten, hatte für meinen Vater noch einen besonderen Reiz. Ehe ein entfernter Vetter ihm eine bescheidene Hausdienerstelle in einem Ministerium besorgte, hatte er – wie schon berichtet – für eine Brauerei gearbeitet. Von daher rührte bei ihm das Interesse für die verschiedenen Bierarten, ohne dadurch ein großer Trinker zu sein.

Dieser Gasthof besaß eine eigene kleine Brauerei, wie man es damals im Schwarzwald häufiger fand.

Wir waren nach der langen Wanderung natürlich sehr durstig und ließen uns zur Vesper ein Glas Bier gut schmecken.

Dabei wurde die Tour für den nächsten Tag durchgesprochen und der Wanderabschnitt festgelegt. Immer wieder fragte mein Vater, ob mir eine solch lange Strecke auch nicht zu viel werden würde. Ich mußte schließlich lachen und sagte: »Weißt du, Vati, wenn wir im Verein eine Wochenendtour vorbereiten, fragt niemand, ob der Weg einem von uns zu weit wird. Werner, unser Gruppenleiter, legt die Strecke fest, und dann wird sie gelaufen.«

»Hältst du das für richtig?« war meines Vaters Gegenfrage. »Ich dachte immer, ihr würdet ein bißchen demokratischer vorgehen.«

Ich sah ihn erstaunt an. Dabei kam mir in den Sinn, daß Vater trotz seiner sonst nicht gerade nachgiebigen Art viel für Demokratie übrig hatte.

Wir besprachen also die Wanderstrecke und waren dann der Ansicht, es täte uns gut, bald ins Bett zu gehen.

Dabei ergab sich ein Gespräch, das ich niemals erwartet hatte.

Wir hatten das Licht nicht gleich ausgeschaltet, ich mich aber mit auf der Bettdecke gefalteten Händen zurechtgelegt, da richtete sich mein Vater noch einmal auf und blickte zu mir herüber.

»Sag mal, Willi, betest du auch jetzt noch vor dem Einschlafen?« Das war eine Frage, wie ich sie von meinem Vater nie erwartet hätte.

Ich antwortete, vielleicht ein wenig leise: »Ja, das tue ich immer.« Dazu muß ich bemerken, daß ein bewußtes und zu meinem Herrn gewandtes Beten erst viel später zu meiner Lebenswirklichkeit gehörte, nämlich nach meiner vorübergehenden Erblindung.

So antwortete ich jetzt weiter: »Mutti hat als Kind immer mit mir gebetet:

Müde bin ich, geh zur Ruh,
schließe meine Augen zu.
Vater, laß die Augen dein
über meinem Bette sein.

Und das habe ich beibehalten. Hast du was dagegen?«

Ich muß sagen, eine solche Frage hätte ich mich vor unserer Wanderung nie an meinen Vater zu stellen getraut.

Was mein Vater über diese kurze Unterhaltung gedacht hat, habe ich nie erfahren. Er machte das Licht aus und sagte nur: »Gute Nacht, schlaf gut!«

Auch am nächsten Tag, überhaupt nie mehr kam er auf dieses kurze Gespräch zurück.

Erst sehr viele Jahre später, als ich meine Mutter und meinen Vater in der wunderschönen Schloßkapelle auf Schloß Mansfeld zu ihrer goldenen Hochzeit vor dem Altar mit dem Lukas-Cranach-Bild einsegnen durfte, kam er hinterher zu mir, umarmte mich und sagte leise: »Ich danke dir, mein Junge, daß du so geworden bist!«

Am anderen Morgen machten wir uns auf den Weg in Richtung Schappach, Wolfach und Hausach.

Wenn ich mich recht erinnere, hatten wir neben dem wunderbaren Wald unsere Freude immer wieder an der Wolfach, die uns auf dem ganzen Weg begleitete, bis sie dann bei Wolfach selbst in die Kinzig einmündete.

Die Flüsse hatten sehr viel Wasser, das oftmals an den im Flußbett liegenden Felsbrocken hoch aufschäumte. So wurden für mich Wald und Wasser zu einer großartigen Einheit, die mich den ganzen Tag hindurch bewegte.

Der Ort Wolfach selbst mit seinen schönen alten Bauten lud uns zu einer kurzen Pause ein. Ein Fruchtsaft mit Sprudel aus den in der Nähe entspringenden Quellen erfrischte uns und machte uns Mut, trotz der aufkommenden Hitze weiterzuwandern.

Diese Wanderung fand zunächst in Hausach ihr Ziel. Von hier aus sollte es ein Stück mit der Schwarzwaldbahn weitergehen.

Ich habe nun vergeblich überlegt, wie weit wir damals mit dem »Bähnle« gefahren sind. Es war jedenfalls eine wundervolle Fahrt durch herrliche Täler, lange Tunnel mit einer kurzen Unterbrechung in Triberg, um die dortigen Wasserfälle zu sehen. Ich hatte davon noch nie gehört und war meinem Vater besonders dankbar, daß er diesen Ort in seine vorbereitende Planung mit einbezogen hatte.

Dabei mußte ich mich im stillen immer wieder wundern, wie er das geschafft hatte. Soweit ich über das Leben meines Vaters Bescheid wußte, hatte er selbst diese Gegend Deutschlands noch nie gesehen.

Wir haben lange am Fuße der Wasserfälle gestanden und konnten uns an dem herrlichen Naturschauspiel nicht satt sehen: Stunde um Stunde, Tag um Tag, Jahr um Jahr stürzten die Wassermassen in die Tiefe. Auch dieses

Erlebnis trug letztlich dazu bei, daß meine Liebe zu diesem Teil Deutschlands noch größer wurde.

Wie wir dann eines Tages in Lindau am Bodensee angekommen sind, weiß ich nicht mehr. Aber an die Figur des Löwen in der Hafeneinfahrt kann ich mich noch gut erinnern.

Hier in Lindau wurde nun ein ganzer Rasttag eingelegt, denn wir hatten die Bahnfahrt ja immer wieder unterbrochen und den Weg unter unsere Füße genommen. Trotzdem saßen wir nicht still. Wir sahen uns die Stadt und den Hafen an, wobei ich erfuhr, daß wir von hier aus mit einem der großen Bodenseedampfer nach Konstanz fahren würden.

Es gab noch etwas anderes, das man besonders hier zwischen Lindau und Friedrichshafen sehen konnte. Das waren die großen Obstplantagen, die uns bis hinauf nach Berlin mit dem guten Obst versorgten. Plantagen in ähnlicher Größenordnung hatte ich wohl schon im »Alten Land« zwischen Hamburg und Bremen gesehen. Ich konnte mir aber denken, daß hier Obstsorten gediehen, die schon etwas südlichere Temperaturen brauchten. Auf unseren Spaziergängen haben wir viele Apfel- und Birnensorten probiert und waren davon begeistert.

Am nächsten Tag begaben wir uns gegen Mittag auf das Schiff, das uns nach Konstanz bringen sollte.

Von diesem Schiff aus bekam ich erst einen richtigen Eindruck von der Größe des Bodensees, den sie im Schwabenland auch das »Schwäbische Meer« nennen. Das Schiff selbst war ein Raddampfer, wie ich ihn zuvor noch nie gesehen hatte.

Wir hatten herrliches, sonniges Wetter. Es ging nur wenig Wind. Bald hatten mein Vater und ich es uns auf Liegestühlen bequem gemacht und ließen uns von der Sonne bräunen. Das allerdings bekam uns nicht besonders gut. Durch den Fahrtwind empfanden wir die Sonnenwärme nicht so stark, wie sie in Wirklichkeit auf uns einwirkte. In der folgenden Nacht in Konstanz haben wir sehr daran denken müssen.

Jetzt aber genossen wir erst einmal die Fahrt.

Das Schiff legte zuerst in Friedrichshafen und dann in Meersburg an. Langenargen sahen wir nur von weitem.

Meersburg machte auf mich, und sicher auch auf die anderen Fahrgäste, einen starken Eindruck. Ich war aufgestanden und blickte zu dem Schloß hinauf, das hoch oben auf den Felsen thront. Dabei stand ich neben einer Schülergruppe und hörte, wie der Gruppenleiter, wahrscheinlich ein Lehrer, seinen Schülern erzählte, welche berühmten Frauen dort einmal gewohnt hatten. Dazu gehörte Annette von Droste-Hülshoff in der Zeit von 1841–1848.

Gegen Abend waren wir dann in Konstanz. Ehe wir aber die Mitte des riesigen Sees verließen, hatten wir noch ein besonderes Erlebnis. Plötzlich riefen einige Fahrgäste begeistert aus: »Die Alpen, die schneebedeckten Berge«, und zeigten dabei nach Süden. Wirklich, was wir schon vermißt hatten, weil eine Dunstschicht den Blick nach Süden verwehrte, jetzt konnten wir sie sehen, die Bergriesen mit ihren weißen Häuptern.

In der folgenden Nacht konnte ich nicht schlafen. Immer wieder tauchten vor meinem inneren Auge die Bilder und Stationen unserer Wanderung und der Fahrten auf. Das begann bei riesigen Tannen in der Nähe des Kniebis. Dazu gehörten die Wolfach und die Kinzig, die Triberger Wasserfälle und das Schwäbische Meer. Es war eine solche Fülle von Schönem und Großem, daß ich es kaum verarbeiten konnte. Und morgen sollte es noch einmal weitergehen.

Als die Uhr vom Konstanzer Münster die zweite Morgenstunde schlug, meinte ich doch, es wäre höchste Zeit zum Schlafen. Mein Vater war auch auf dieser Fahrt ein Frühaufsteher.

Ehe ich mich auf meine rechte Einschlafseite drehte,

faltete ich noch einmal die Hände. Nur »Ich danke dir, lieber Gott!« konnte ich noch leise sprechen, dann war ich endlich eingeschlafen.

Während ich dies alles berichte, wundere ich mich selbst darüber, wie sehr mich die Erinnerung überfällt.

Mir werden Begebenheiten deutlich, an die ich im einzelnen bestimmt nicht mehr gedacht hatte.

Der nächste Tag, der vorletzte unserer Wanderung, brachte noch einmal ein unerwartetes Erlebnis.

Wir waren tatsächlich einmal etwas später aufgestanden als sonst. Das Frühstück schmeckte uns ausgezeichnet, und dann machten wir uns auf den Weg zum Münster.

Man hatte uns geraten, das Gebäude, in dem das Konzil zu Konstanz stattgefunden hatte, aufgrund dessen der tschechische Reformator Huss verbrannt wurde, erst am Nachmittag aufzusuchen. Dann wäre es dort nicht mehr so voll. Wir gingen also zuerst zum Münster und am Nachmittag zum Konzil-Gebäude.

Hier also wurde 1415 das Urteil über einen Menschen gesprochen, der mit seinen Predigten und Reden, wie später noch einmal Luther, die Kirche reformieren wollte.

Hier hatte man das Johannes Huss zugesagte freie Geleit gebrochen und ihn zum Tode durch Verbrennen verurteilt. Mich schauderte es. Aber ich konnte nicht an mich halten. Immer wieder stellte ich dem uns führenden Mann neue Fragen. Ich wollte mehr wissen über das, was damals geschehen war. Wahrscheinlich war der Mann froh, als wir endlich das Gebäude verließen.

Den letzten Tag vor unserer Heimfahrt haben wir zu einem kurzen Ausflug auf die Insel Mainau genutzt. Die Erinnerungen, die ich daran habe, beziehen sich vor allem auf die Pracht der Bäume und Büsche und der blühenden Anlagen, die uns ihre schönste Blütenpracht zeigten, die wir je gesehen haben.

Das alles trug letztlich dazu bei, daß ich das schwäbische Land und im besonderen den Schwarzwald noch mehr liebte. Als wir später mit der Eisenbahn immer wieder an Berghängen mit riesigen Tannen vorbeifuhren, dachte ich: Ach, könnte ich hier einmal zu Hause sein!

Es gibt in einem jeden Menschenleben Ereignisse, die für den ganzen weiteren Lebensverlauf entscheidend sind. Leider haben viele Menschen kein Gespür dafür, wenn solche Ereignisse sich ankündigen oder gar geschehen. Manchmal wird ihnen erst viel später klar, daß sie Entscheidendes übersehen und damit in der Folge etwas verpaßt haben, was für sie von Bedeutung hätte werden können.

Ich selbst hatte nun schon zweimal ein solches Erlebnis gehabt. Beim ersten Mal spürte ich, daß sich in mir ein ganz bestimmter Wunsch regte. Dasselbe geschah auch beim zweiten Mal, bei der Schwarzwald-Wanderung mit meinem Vater. Jeder Wald, jeder Berg, jedes springlebendige Flüßchen schien mich zu rufen. Und immer stand der Wunsch dahinter: Ich möchte hier, wo es diesen herrlichen Wald gibt, einmal ganz leben.

Merkwürdig, beim dritten Mal, als es dann wirklich zur Entscheidung kam, hatte ich zunächst in diese Richtung gar keine Gedanken.

Ende 1959 sagte mein Chef, der Präsident des CJD, zu mir: »Willi, ich brauche dich in der Zentrale unseres Werkes. Die Leitung deines Jugenddorfes muß ein anderer übernehmen.«

Nun, diese Aufforderung kam mir nicht ganz überraschend. Sie war mir schon vor Jahren angekündigt worden. Was aber bedeutete diese Aussage des Präsidenten? Sie hatte nicht nur den anderen Arbeitsplatz zur Folge, sondern notwendigerweise auch den Umzug der ganzen

Familie in den süddeutschen Raum, ins Schwäbische Land. Das war leichter gesagt als getan. Ende 1959 und ebenso Anfang bis Mitte 1960 gab es in der weiteren Umgebung von Stuttgart oder gar in oder bei Göppingen, wo sich die Zentrale des Werkes befindet, keine Wohnungen. Damals wurde wenig gebaut. Monate habe ich nach einer passenden Wohnung für vier Menschen gesucht. Es war nichts zu machen. Ich mußte also meinen Dienst im Gesamtwerk zunächst von Castrop-Rauxel aus aufnehmen. Das war recht schwierig, denn mein Büro befand sich ja in einem Stadtteil von Göppingen.

In Altensteig im Schwarzwald ist die größte Schule des Werkes, ein staatlich anerkanntes privates Gymnasium. Zu meinem Dienst gehörte die musische, politische und geistliche Bildungsarbeit. Bei dem letzteren handelte es sich zumeist um Vorträge oder Bibelwochen in den Jugenddörfern.

Der Jugenddorfleiter der Jugenddorf-Christopherusschule in Altensteig fragte bei mir an, ob ich im Herbst 1960 bei ihnen eine Woche lang Vorträge zu biblischen Themen und Fragen halten könnte. Ich sagte zu, denn ich freute mich auch, wieder einmal etwas länger in den Schwarzwald zu kommen. Das Städtchen Altensteig war mir bis dahin kaum bekannt. Ich wußte nur, daß es etwa 12–14 Kilometer von Nagold entfernt lag.

Ich fuhr also guten Mutes nach Altensteig. Die Schule und die Internatsgebäude liegen auf der Höhe über der Stadt. Meine Unterbringung für diese Woche erfolgte in einem Café mit Pension unten im Nagoldtal, am Stadtausgang, fast schon im Wald.

Es ist keine leichte, aber eine sehr schöne Aufgabe, mit jungen Menschen über die Botschaft der Bibel zu sprechen. Eine solche Arbeit hat mir stets viel Freude gemacht. Und ich muß sagen, die jungen Menschen waren auch gern dabei.

Eines Tages, nach einem lebendigen Gespräch mit den

jungen Leuten, ging ich noch zum Leiter des Jugenddorfes, meinem inzwischen heimgegangenen Freund Hermann Ertle. Er war ein rechter Schwabe. Seine ganze Art drückte dies aus, nicht nur seine Sprache. Er verstand Spaß und besaß einen urwüchsigen Humor.

Als ich an diesem Tage zu ihm kam und ihm von der letzten Stunde kurz berichtet hatte, blickte er mich nachdenklich an. Einige Zeit war es still zwischen uns. Ich selbst hatte den Eindruck, der Hermann will dir etwas sagen, und er weiß nicht, wie er damit anfangen soll. Hoffentlich ist es nichts Unangenehmes.

»Sie suchen doch eine Wohnung«, sagte er plötzlich. »Oder haben Sie schon eine?«

Das kam im schönsten Schwäbisch heraus, so daß ich zweimal hinhören mußte. Endlich hatte ich ihn verstanden und bejahte, daß ich eine Wohnung suchte, wobei wohl ein trauriger Ton in meiner Stimme lag.

»I hab eine, die könnt' Sie vielleicht gebrauchen. Ja mei, sie ist halt net so, wie ma sie sich wünschen möchtet.«

Ich wurde immer hellhöriger.

»Wo ist denn die Wohnung?« fragte ich zurück.

»Ha, die ist halt ganz nahe. Wir könnet gleich hinlaufen, wenn Sie möchtet.«

»Und ob ich möchte!« Eine andere Entgegnung fiel mir darauf nicht ein. Dabei war ich bereits aufgestanden. Hermann lachte.

»Wir könnet uns Zeit lassen, die lauft nit weg«, sagte er nur auf meine Eile hin. Aber dann stand auch er auf.

Wir gingen etwa hundert Meter die Straße hinab und ein wenig nach rechts. Freund Ertle zog einen Schlüssel aus der Tasche, öffnete zuerst die Haustür und dann die Tür zu der Wohnung, die im Erdgeschoß lag.

Ehe er Licht machte, denn es war inzwischen völlig dunkel geworden, hielt er mich einen Augenblick vor der Wohnungstür auf.

»Sie werden einiges sehen«, er sagte es natürlich auf

schwäbisch, »was Ihnen bestimmt nicht gefallen wird. Darum gehen wir am besten zuerst nur kurz durch. Sie schauen mal von dem schönen Balkon auf die Stadt hinunter, und danach sehen wir weiter.«

Es dauerte gar nicht lange, da wußte ich, warum er diese Vorsichtsmaßnahme ergriffen hatte. Die Vormieter, die vor einiger Zeit ausgezogen waren, mußten eine eigene Ansicht von der Pflege einer Wohnung gehabt haben. Ich möchte darüber keine nähere Beschreibung geben, nur soviel: Ich war erstaunt und entsetzt zugleich über den Zustand der Wohnung.

Mein Freund Hermann blickte mich fragend an. Er erwartete wohl eine klärende Äußerung von mir. Ich hielt es aber für besser, gar nichts zu sagen.

Die Räumlichkeiten selbst waren so, wie wir sie uns nur wünschen konnten. Das ist mit ein Grund dafür, daß wir nach mehr als dreißig Jahren noch immer in derselben Wohnung wohnen. Ganz besonders gefiel mir der Balkon, der die ganze Talseite der Wohnung umgibt. Der Blick auf die Stadt Altensteig und die Berge dahinter ist einmalig. Zur rechten Seite öffnet sich dem Auge das Nagoldtal, links und rechts von Waldbergen begrenzt. Nach links blickt man auf die evangelische Kirche mit ihrem Glockenturm und ein Stückchen rechts davon auf das alte Schloß oder das, was davon übriggeblieben ist.

In der Tiefe, eingebettet in die Berge, breitet sich das Städtchen aus, von dessen Straßenlärm nur wenig bis zur Höhe heraufdringt.

Auf jedem Schritt folgte mir Hermann Ertle. Immer wieder sah er mich von der Seite her fragend an.

Als ich mich dann voll zu ihm herumwandte und sagte, daß mir die Wohnung, besonders ihre Lage gefalle, überzog ein Strahlen sein Gesicht.

»Ich freue mich!« Mehr sagte er im Augenblick nicht.

Als wir die Wohnung verlassen hatten, ohne den Hauseigentümer gesehen zu haben, meinte er, wir könnten uns später noch einmal zusammensetzen und über alles sprechen.

Ich war damit gern einverstanden, dies noch mehr, als Hermann Ertle daraus eine Einladung zu einem guten schwäbischen Vesper in einem der Gasthöfe unten im Städtchen werden ließ. Diese Einladung für später war mir deshalb sehr lieb, weil ich bis dahin Gelegenheit hatte, daheim anzurufen und die Neuigkeit zu verkünden.

Vorher machte ich mich auf den Weg zum nahen Wald. Ich mußte erst einmal allein sein und meine Gedanken ordnen, die mich innerlich bestürmten.

Ich ging über den weichen Waldboden zu dem schmalen Weg, den ich später noch oft gegangen bin, wenn ich dafür zwischen dienstlichen Gesprächen ein wenig Zeit fand.

Voller Verwunderung ließ ich mich auf einer Bank nieder. Ich konnte kaum begreifen, was mir heute begegnet war: Mir und meiner Familie wurde eine Heimat angeboten, und zwar die Heimat, die ich mir seit meinem zwölften Lebensjahr immer wieder gewünscht hatte, der Schwarzwald – und nunmehr Altensteig. Gab es so etwas im Leben, daß ein Wunsch, der mit zwölf Jahren begann, mit rund 48 Jahren Wirklichkeit wird?

Immer wieder sah ich hinauf zu den Bäumen des Waldes, die es mir vor so vielen Jahren angetan hatten. Dann aber falteten sich wie von selbst meine Hände, und aus meinem Herzen stieg ein Gebet auf zu dem, der auch um solche Gedanken weiß und sie je und dann erhört.

Nach meinem Anruf daheim und der Freude, die mir aus dem Telefonhörer entgegenklang, ließ ich mir mit Hermann Ertle das schwäbische Vesper gut schmecken. Es wurde ein langer, gemütlicher Abend und danach eine von vielen Gedanken erfüllte Nacht.

Zwei Tage danach mußte ich aber noch eine Hürde

bewältigen, die nicht ganz einfach zu nehmen war. Der Präsident unseres Werkes war nicht sofort mit der Wohnung in Altensteig einverstanden.

»Das ist zu weit von unserer Zentrale entfernt«, betonte er immer wieder. Erst als ich ihm deutlich machte, daß nicht das Dienstzimmer für meine Arbeit entscheidend sei, sondern meine Anwesenheit in den vielen Einrichtungen unseres Werkes, gab er seine Zustimmung zu dem Umzug.

Einige Jahre später hat sich meine Entscheidung für Altensteig in einer besonderen Weise bestätigt.

Als wir im Januar 1961 in die Wohnung einzogen, wurde gerade die evangelische Kirche renoviert. Wir sahen sie zwar von unserem Balkon und auch sonst, aber ihr Inneres lernten wir erst zwei Jahre später kennen. Was ich dann aber in der Kirche sah, wurde mir zu einem besonderen Erlebnis und machte mich noch mehr froh, hier Heimat gefunden zu haben.

Ich saß bei unserem ersten Kirchenbesuch mit meinen Angehörigen kaum in einer der Kirchenbänke, da fiel mein Blick – wie sollte es anders sein – auf den Altar. Von dort aber wanderte er hinaus und zur Höhe hinauf. Was ich da sah, das war und ist etwas so Schönes, Einmaliges, daß ich die Blicke kaum davon wegnehmen konnte und sicher so manches überhört habe, was vom Altar aus gesprochen wurde.

Ich sah zum ersten Mal das riesige Bild, das über die ganze Wand hinter dem Altar reicht, bis hinauf zur Decke. Mitten in diesem Bild, in halber Höhe, befindet sich die Kanzel, von der aus ich in den folgenden Jahren öfter predigen durfte.

Dieses Bild jedoch nimmt wohl jeden Menschen gefangen, der zum ersten Mal dieses Gotteshaus betritt: Zunächst sieht man über der Kanzel den auferstandenen Christus – nicht gemalt, sondern als Statue. Darunter, daneben und darüber hat der Maler dieses Fresko-

Gemäldes ein großes Stück biblischer Geschichte dargestellt, wie ich es auf diese Weise weder vorher noch nachher je gesehen habe. Unten rechts sieht man die Gesetzestafeln, teilweise zerbrochen und dadurch für den Beschauer sehr eindrücklich. Gegenüber auf der anderen Seite erblickt man etwas vom »Weinstock und seinen Reben« (Joh. 15, 5). Darüber leuchten sieben Sterne auf, während auf der gegenüberliegenden Seite die brennenden Öllampen, aber auch die Lampen ohne Öl zu sehen sind (Matth. 25, 1). Oben auf dem Bild sieht man über dem Haupt Christi dargestellt »Jerusalem, du hochgebaute Stadt«, und ganz zum Schluß, in einem goldenen Schein, das Dreieck der göttlichen Dreieinigkeit.

Das Ganze ist eine einmalige Predigt für sich. Ich bin damals davon bewegt und ergriffen worden und bin es bis heute immer wieder. So wurde dieses Bild nachträglich zu einer Bestätigung meines Entschlusses, in dieser Stadt zu leben, in das schwäbische Land hineinzuwachsen und es liebzugewinnen.

Nach so vielen Jahren großer Sehnsucht wurde der Schwarzwald zur Heimat, die ich mir ersehnt hatte. Jahre später habe ich das Gedicht geschrieben, das den Schluß dieses Buches bilden soll. Es ist wirklich so: »In Gottes Händen steht unsere Zeit!« Er allein weiß, wohin unser Weg führt, wir aber dürfen ihm vertrauen, uns ihm anvertrauen. Darum:

Tu auf Herz und Hände,
sei immer bereit
zu nehmen, was Er dir
noch schenkt für die Zeit.

In Gottes Händen!

In Gottes Händen steht unsere Zeit,
sie reicht von Geburt bis zur Ewigkeit.
Die Hoffnung stand Pate
am Anfang im Leben,
sie hat auf den Weg
viele Wünsche gegeben.

In Gottes Händen steht unsere Zeit,
sie reicht von Geburt bis zur Ewigkeit.
Viel Arbeit und Mühe
und manches Sichplagen,
das haben die Stunden,
die Jahre getragen.

In Gottes Händen steht unsere Zeit,
sie reicht von Geburt bis zur Ewigkeit.
Oft ging es hinauf und
hinunter die Pfade.
Du gabst, was du konntest,
doch vieles war Gnade.

In Gottes Händen steht unsere Zeit,
sie reicht von Geburt bis zur Ewigkeit.
Das Schönste, das schenkten
dir Güte und Liebe.
Du solltest Gott bitten,
daß Liebe dir bliebe.

In Gottes Händen steht unsere Zeit,
sie reicht von Geburt bis zur Ewigkeit.
Tu auf Herz und Hände,
sei immer bereit
zu nehmen, was Er dir
noch schenkt für die Zeit.